Ernst Peter Fischer

Gott und der Urknall

Ernst Peter Fischer

Gott und der Urknall

Religion und Wissenschaft
im Wechselspiel der Geschichte

HERDER

FREIBURG · BASEL · WIEN

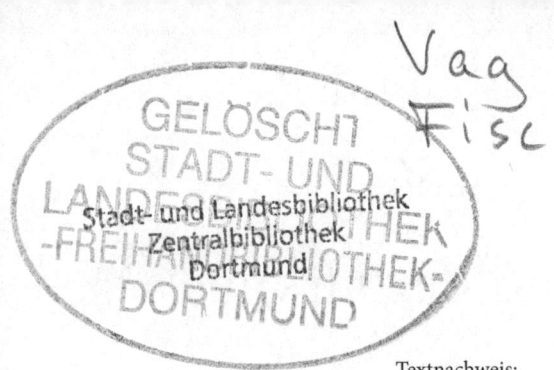
Textnachweis:
Seite 7: EINE FESTSTELLUNG, aus: Erich Kästner, KURZ UND BÜNDIG,
© Atrium Verlag 1948 und Thomas Kästner.

MIX
Papier aus verantwor-
tungsvollen Quellen
FSC® C083411

© Verlag Herder GmbH, Freiburg im Breisgau 2017
Alle Rechte vorbehalten
www.herder.de

Satz: Daniel Förster, Belgern
Herstellung: CPI books GmbH, Leck

Printed in Germany

ISBN 978-3-451-32986-9

Inhalt

Einblick
Der Himmel der Vögel und der Engel   7

1. »Alle Dinge sind voll von Göttern«
Die Anfänge des Wissens in der Antike 17

2. »Der Philosoph hat zu beweisen, was er sagt«
Die Harmonie von Wissen und Glauben im Mittelalter 41

3. »Wie nun der Schöpfer gespielet ...«
Wissenschaft als Gottesdienst in der Neuzeit 69

4. »Das Erfahren von Wahrheit ist das Ziel«
Alchemisten und Augen im arabischen Haus der Weisheit 105

5. »Gott dauert für immer, auch ist Er überall anwesend«
Der Aufstieg der modernen Physik
und seine gläubigen Betreiber 129

6. »Meine Speziestheorie ist mein Evangelium«
Die Evolution des Lebens und die Reaktionen der Gläubigen 179

7. »Das Losungswort lautet: Hin zu Gott«
Auf dem Weg in das Innerste der Welt und an ihren äußeren Rand 221

8. »Zigeuner am Rand des Universums«
Zur Gottlosigkeit der Molekularbiologen in Zeiten des Urknalls . . . 267

Ausblick
»Wer Wissenschaft und Kunst besitzt,
der hat auch Religion« (Goethe). 293

Angaben zur Literatur und Zitaten 299

Zeittafel 307

Namensregister 315

Einblick

Der Himmel der Vögel und der Engel

»Imagine there's no heaven
above us only sky«

John Lennon

Wir haben's schwer,
Denn wir wissen nur ungefähr, woher,
jedoch die Frommen wissen gar,
wohin wir kommen!
Wer glaubt, weiß mehr.

Erich Kästner, Eine Feststellung

Wer tagsüber an den Himmel schaut, erblickt oftmals Wolken, die als gestaltfreudige und meist weiße Ansammlungen von Wassertröpfchen und Eiskristallen vor einem blauen Hintergrund schweben, ohne herunterzufallen (was kein Wunder ist, sondern erklärt werden kann und einen Versuch lohnt). Wer nach Einbruch der Dunkelheit an den Himmel schaut und dies in Regionen unternimmt, die nur gering oder gar nicht mit Straßenbeleuchtung ausgestattet sind, kann in einer wolkenlosen klaren Nacht anfangen, die Sterne am Himmelszelt zu zählen, die mit bloßem Auge sichtbar sind. Menschen benutzen diesen Ausdruck »Himmelszelt« gerne für das kosmische Gewölbe, das sich augenscheinlich über ihnen spannt und das früher auch als Firmament bekannt war und in dieser Form Eingang in die Dichtung gefunden hat. Der alte und heute vielleicht noch in Liedern gebräuchliche Name erklärt sich daher, dass die Menschen sich in vorwissenschaftlichen Zeiten vorstellten, an diesem Firmament, das sich sprachlich vom lateinischen Ausdruck für »Befestigungsmittel« ableitet, seien die Himmelskörper angebracht, deren funkelndes Licht die Augen erreicht, von dem die Menschen erst verzückt und dann zu Beobachtungen angeregt werden. Hinter diesem soliden Gebilde läge dann der eigentliche offene Himmel, der zwar einer sinnlichen Erfahrung entzogen bleibt, den Menschen aber schon früh im Verlauf ihrer kulturellen Geschichte als einen wirklich vorhandenen höheren Ort für etwas Überirdisches auserwählt haben. Diese himmlische Vorstellung lässt sich ohne Umschweife auch als eigenständige und wirkmächtige Sphäre des Überirdischen oder Göttlichen beschreiben, wie gleich noch genauer erläutert wird.

Wer tagsüber seinen Blick nach oben richtet, kann auch heute dort zwei Arten von Himmel sehen oder wahrnehmen wollen, die in der englischen Sprache als »sky« und »heaven« unterschieden werden und mit denen der als vergänglich erlebte Aufenthaltsbereich von Menschen von dem als ewig angesehenen Gemach für das Göttliche abgetrennt wird.

Aus der deutschen Romantik ist die Idee bekannt, dass Menschen über zwei Augenpaare verfügen und beim Betrachten der Welt mit den sinnlichen Sehorganen im Kopf erst das auf sie zukommende äußere Licht wahrnehmen, bevor sie mit den inneren – seelischen – Augen im Dunkel das Eigentliche erkennen. Mit dem ersten (organischen) Augenpaar in ihrem Gesicht sehen die Menschen den einen Himmel, den *sky*, aus dem die Luft kommt, die sie atmen, und in dem unter anderem Vögel, Fußbälle und Flugzeuge umherfliegen. Und mit dem zweiten (ätherischen) Augenpaar in ihrem Inneren sehen die Menschen den anderen – höheren – Himmel, den *heaven,* und in dem »muss ein lieber Vater wohnen«, wie der Chor in Schillers »Ode an die Freude« überzeugt ist und jubelnd mit der Musik von Beethoven singt. Dort »überm Sternenzelt« muss man den Schöpfer suchen, wie der Dichter vorschlägt und verkündet, und viele Menschen schauen tatsächlich dankbar in die empfohlene Richtung, wenn ihnen etwas Besonderes gelungen ist, wie etwa bei Fußballspielern nach einem erfolgreichen Torschuss beobachtet werden kann. Sie recken die Arme in die Höhe und blicken verzückt auch an einen wolkenverhangenen oder künstlich beleuchteten Himmel und versuchen dabei keineswegs, im erdzugwandten Bereich des Himmels Sterne zu zählen. Sie hoffen vielmehr, dass dort oben ein »lieber Vater« in seiner über- oder außerirdischen Sphäre bemerkt, wie sie mit strahlenden Augen zu ihm hinaufschauen, weil sie sein huldvolles Wirken und gnädiges Eingreifen beim erfolgreichen Torschuss bemerkt haben – allerdings ohne sich zu fragen, was der gerade überwundene Torhüter der gegnerischen Mannschaft jetzt von dem »lieben Vater« zu halten hat, der ihm doch wohl gründlich die Laune verdorben und seinem Team den möglichen Sieg vermasselt hat.

Im siebten Himmel

Übrigens: Wer Grund zu übergroßer Freude hat, fühlt sich manchmal »im siebten Himmel« oder »auf Wolke sieben«, wie jeder schon einmal gesagt und hoffentlich auch erlebt und empfunden hat. Diese Siebenzahl leitet sich aus dem Denken des griechischen Philosophen Aristoteles ab. Bei ihm kann auf der einen Seite die

kosmische Zweiteilung des Weltalls gefunden werden, die oben als
irdische und überirdische Bereiche eingeführt worden ist. Aristoteles richtet sein Denken dabei am Mond aus und unterscheidet eine
sublunare Sphäre mit den Menschen und ihren Zufälligkeiten von
einer supralunaren Sphäre ohne sie. In ihr soll eine Art vollkommene Regelmäßigkeit herrschen, wie sie nur Göttern zu verdanken
sein kann. Bei Aristoteles findet sich aber auch eine Einteilung
des Himmels in sieben durchsichtige Gewölbe (Schalen), wobei
deren Zahl durch die Menge der damals bekannten Planeten zu
erklären ist, von denen noch die Rede sein wird. In dem skizzierten
Schema gibt es also einen siebten Himmel, und mit ihm kommt
die antike Welt zu einem Abschluss. Im siebten Himmel endet
in dieser heidnisch kosmischen Konstruktion die materielle Welt,
und das Reich der Wünsche und Träume öffnet seine Tore, ganz
wie es sich die Menschen damals und heute erhoffen und immer
wieder ausdrücken.

Die Vorstellung von sieben Himmeln findet sich übrigens
nicht nur in der zitierten heidnischen Philosophie der griechischen Gelehrten, sondern auch im hebräischen Talmud und im
muslimischen Koran. Trotz dieser Universalität soll die Siebenzahl hier nur vorübergehend erwähnt werden, weil das ungeteilte
Augenmerk der erwähnten, nach wie vor unübersehbaren und
durchgängigen Dopplung des Firmaments gelten soll, und solch
eine Dichotomie oder Dualität ist nicht nur an dieser Stelle der
menschlichen Geschichte zu finden. Sie macht offenbar einen
Grundzug im humanen Denken aus, auch wenn viele Menschen
darüber gerne hinwegsehen. So zeigt sich die Zweiteilung in einen weltlichen und einen göttlichen Himmel unter anderem in
dem Mit- und Nebeneinander von heidnischen und christlichen
Kulturen. Sie zeigt sich weiter in dem Gegenüber von säkularen und religiösen Haltungen und Vorgehensweisen, und sie tritt
ganz allgemein in dem durchgehenden Wettstreit von Glauben
und Wissen in der menschlichen Kultur in Erscheinung, der in

seinem historischen Verlauf das Thema dieses Buches sein soll. Seine These lautet:

> *Menschen suchen immer das Eine, und sie finden es, wenn sie das Andere nicht vergessen, das dazugehört und zu ihm hin-führt.[1] Um zu verstehen, wie das Eine und das Andere sich den Menschen gezeigt haben, lohnt der Blick auf einen besonderen Wendepunkt in der Kulturgeschichte, der im Folgenden vorge-stellt wird.*

Die Achsenzeit

Die Menschen, die heute leben, können als Nachfahren von Volks-gruppen oder Gemeinschaften betrachtet werden, die das erfahren und durchlebt haben, was seit den Tagen des Philosophen Karl Jas-pers als Achsenzeit bekannt ist und was von Historikern und Philo-sophen seit diesem Anfang erst allmählich und inzwischen immer intensiver erforscht wird. Wie Jaspers in seinem 1949 erschienenen Buch »Vom Ursprung und Ziel der Geschichte« anmerkt, kommt es in den Jahren zwischen 800 und 200 vor Christus (vor der mo-dernen Zeitrechnung) zu einer besonderen Entwicklung bei dem Werden von Menschen und dem Erwachen ihres Denkens. In den damaligen Hochkulturen – in Indien ebenso wie in Iran, in China genauso wie in Palästina und Griechenland – kommt weltweit das überlieferte mythische Denken mit seinen sagenhaften Erzählun-gen zu einem Ende, und es wird umfassend abgelöst und ersetzt von systematisch vorgehenden Reflexionen über die Grundbedin-gungen des menschlichen Daseins, die dann zu Fragen nach dem

---

1 An dieser Stelle sei der privat anmutende Hinweis erlaubt, dass sich auch die Sexualität in die-ses Denkmuster einfügt. Wie es so heißt, wollen Menschen dabei immer nur das Eine. Sie brauchen aber den Anderen oder die Andere dazu. Das Eine geht nur mit den jeweils Anderen.

rechten Handeln führen. Es kommt – nach einem Vorschlag des Soziologen Hans Joas – zu einer scharfen quasi-räumlichen Trennung zwischen dem Weltlichen (*sky*) und dem Göttlichen (*heaven*), und bei diesem Umbruch tauchte aus nach wie vor geheimnisvollen Gründen und auf bislang rätselhaft bleibenden Wegen die Vorstellung auf, »wonach es ein jenseitiges, eben transzendentes Reich gebe«. Während zuvor, so Joas, »im mythischen Zeitalter, das Göttliche in der Welt und Teil der Welt war, also keine wirkliche Trennung zwischen dem Göttlichen und dem Irdischen stattgefunden hatte und die Geister und Götter direkt beeinflusst und manipuliert werden konnten, weil sie eben Teil der Welt waren oder das Reich der Götter zumindest nicht viel anders funktionierte als die irdische Welt, tut sich mit den neuen Erlösungsreligionen und Philosophien der Achsenzeit eine erhebliche Kluft auf zwischen beiden Sphären. Das Göttliche – so der zentrale Gedanke – ist das Eigentliche, das Wahre, das ganz Andere, dem gegenüber das Irdische nur defizitär sein kann.«

Es dauerte nach diesem historischen Wendepunkt eine geraume Zeit, bis Menschen vor allem in Europa im frühen 17. Jahrhundert dem Irdischen erneut einen Wert bemessen und ihr Nachdenken verstärkt auf die Natur und ihre Abläufe richten, um mehr Wissen über sie zu erwerben mit dem Ziel, Einfluss auf die Dinge der Welt nehmen zu können. Sie träumen davon, »die Bedingungen der menschlichen Existenz zu erleichtern«, wie Bert Brecht seinen Helden im »Leben des Galilei« ausrufen lässt. Er definiert mit diesen Worten, was als Ziel der modernen Wissenschaft verstanden werden kann, die in den kommenden Epochen neben der Religion entsteht und zu ihrem ständig an Überzeugungskraft gewinnenden Konkurrenten heranwächst. Seit den Tagen von Galilei und seinen Zeitgenossen gilt für Menschen, was Robert Musil den Helden in seinem Roman »Mann ohne Eigenschaften« in doppelter Verneinung formulieren lässt, nämlich »man kann nicht nicht wissen wollen«. Und seitdem stehen die

Mitglieder der Spezies *Homo sapiens* – und vor allem ihre heute lebenden Exemplare – vor einem Dilemma.

Auf der einen Seite streben alle Menschen von Natur aus nach Wissen, wie bereits Aristoteles zu Beginn seiner »Metaphysik« festgestellt hat, weil sie Freude an der Welt unter ihren Füßen haben, die ihnen sinnlich zugänglich ist, was sie neugierig macht und sie anregt, sie verstehen zu wollen. Auf der anderen Seite glauben sie an das Vorhandensein einer göttlichen Sphäre, der gegenüber das irdische Jammertal belanglos, unwesentlich und überwindungsfähig erscheint und mit der sie in Kontakt kommen oder bleiben wollen, weil sie von dort Hinweise auf den Sinn des Lebens erwarten.

Sowohl die Möglichkeiten des unerschütterlichen Glaubens an einen Himmel voller Engel als auch das Potenzial, immer mehr Wissen über einen Himmel voller Planeten und Kometen zu erlangen, gehören gemeinsam und untrennbar zu den grundlegenden Fähigkeiten von Menschen und entfalten sich durch ein spannendes Wechselspiel im Verlauf ihrer Geschichte. Dabei gibt es Zeiten, in denen der Glaube dominiert. Und sie werden abgelöst von Zeiten, in denen mehr dem Wissen ein höherer Wert zugeschrieben wird. Es gibt im Leben des Einzelnen und im Leben der Gattung Mensch immer die zwei erwähnten Augenpaare der Romantiker, die sowohl das Eine als auch das Andere sehen, wobei in diesem Buch eine schärfere Formulierung vorschlagen und vertreten wird. Sie lautet, dass das ersehnte Eine überhaupt erst durch das erlebte Andere entsteht. Das Eine, das zum Beispiel als Einheit des Wissens oder als Einheit des Glaubens lockt und angestrebt wird und in dem sich der menschliche Wunsch nach einer – wörtlich verstandenen – Einfachheit zeigt, kommt nur dadurch und in dem Moment zustande, in dem »das Eine durch das Andere« gesehen wird, in dem – mit anderen Worten – das Eine als etwas begriffen wird, zu dem zwei gehören – der eine Himmel zum Beispiel als Ort der Wolken und als Reich des

Herrn, der eine Jesus aus den biblischen Erzählungen als Sohn
Gottes und als Kind von Maria und Josef, und der eine Mensch,
der heute als *Homo sapiens* die Erde bevölkert und als Lebewesen
sowohl seinen freien Willen auslebt als auch durch eine göttliche Vorbestimmung oder gar die Vorsehung an einen Herrn im
Himmel gebunden zu sein glaubt. Diese Zusammengehörigkeit
drückt sich in dem Wort »religiös« aus, das von einer Rückbindung kündet, einer Religion eben.

Das Eine durch das Andere – das gehört längst auch zum Er-
kenntnisprinzip der Naturwissenschaft, mit dem etwa das eine
Licht, das den Menschen leuchtet, nicht nur als Erscheinung einer Welle, sondern auch als Bewegung von Teilchen erfasst, und
mit dem eine Person, die jemand ist, auf der einen Seite als indi-
vidueller Körper und auf der anderen Seite mit gleicher Berech-
tigung als Teil einer Gemeinschaft zu verstehen ist, ohne die es
den Menschen nicht gibt. Die Einsicht in die Doppelnatur des
Lichtes geht auf Albert Einstein zurück, der in diesem Zusammenhang 1905 auch bemerkt hat, dass mit diesem Gedanken etwas Besonderes in die Welt der Wissenschaft gelangt. Denn wenn
Licht sowohl Welle als auch Teilchen und beides zugleich sein
kann, dann können Menschen nicht mehr eindeutig sagen, was
es ist. Licht bleibt somit trotz aller Wissenschaft und technischen
Verfügbarkeit geheimnisvoll, und das sollte man dankbar zur
Kenntnis nehmen. Denn damit erlaubt die exakte Wissenschaft
den Menschen, ein Gefühl für das Geheimnisvolle der Welt zu
entwickeln, und das ist das Schönste, was ihnen passieren kann,
wie Einstein ebenfalls in diesem Zusammenhang bemerkt und
festgehalten hat.

Aber nicht nur die Wissenschaft kann auf diese wunderbare
Weise die Welt verzaubern. Der Religion gelingt dies auch – und
wahrscheinlich sogar unmittelbarer und deshalb für viele Menschen überzeugender –, denn »das Christentum ist die Sprache
eines Weltgefühls, das den Überschuss [im Welterleben] als das

Aufleuchten göttlicher Gegenwart in der Welt versteht«, wie Jörg Lauster in seiner Kulturgeschichte des Christentums anmerkt, der er den Titel »Verzauberung der Welt« gegeben hat. Religion und Wissenschaft, sie beide verzaubern die Menschen und gehören allein deshalb zusammen. »Wissenschaft ohne Religion ist lahm, Religion ohne Wissenschaft blind«. So hat erneut der unvermeidliche Einstein den Gedanken auf wunderbare Weise formuliert, wobei er über sich selbst die Auskunft gegeben hat, dass er bei seinem Weg zum Erkennen so etwas wie eine kosmische Religiosität empfindet. Das Eine geht nicht ohne das Andere. Das Eine braucht das Andere – wie in jedem Dialog, der sich mit Bildung abmüht. Bildung meint etwas, das (gebildet) ist, und etwas, das (gebildet) wird. Darum geht es auf den kommenden Seiten. Es geht um das Weltbild, das entsteht, wenn die Religion die Wissenschaft hervorbringt und die Wissenschaft die Religion beeinflusst. Ein spannendes Spiel, bei dem die Menschen Zuschauer und Mitwirkende zugleich sind.

1. »Alle Dinge sind voll von Göttern«

Die Anfänge des Wissens in der Antike

»Religion ist die Bindung des Menschen an Gott«, wie es der große Physiker und Philosoph Max Planck in einer persönlich gehaltenen Rede ausgedrückt hat, für die er im Mai 1937 in das Baltikum gereist ist. Der erklärte Begriff ist heute sehr gebräuchlich und leicht verständlich, aber ein Wort für die von Planck gemeinte Art von »Religion« stand weder der vorchristlichen Zeit noch der lateinischen Sprache zur Verfügung, wie der Kirchenvater Augustinus mehr als tausend Jahre vor Planck in seinen Schriften beklagt hat. Die Betrachtung des Wechselspiels von Religion und Wissenschaft muss somit in einer Zeit beginnen, in der es weder das eine noch das andere in dem heute vertrauten und definierbaren Sinne gab. Gemeint ist die griechische Antike, in der bekanntlich die Geburt der Philosophie – das Aufflackern der menschlichen Liebe zur Weisheit – zu feiern ist und in deren Verlauf unabhängig von der genannten sprachlichen Situation viele herausragende Individuen eine Fülle von Wissen erwerben konnten. Und während sie dies taten, ließen ihre Zeitgenossen weiter in ihren Hinterköpfen den Gedanken zu, dass nach wie vor zahlreiche Götter tätig waren und auf die Geschicke der Welt und ihrer Bewohner sehr persönlich Einfluss nahmen.

Etwa im Jahre 700 vor Christi Geburt hat der griechische Dichter Hesiod eine Schöpfungsgeschichte vorgelegt, die als Theogonie bekannt ist und vom Auftreten der Götter berichtet, die auf diese Weise in eine von Menschen bewohnte Welt kommen und sich anschließend in ihr umtun und auf sie einwirken. Hesiod stellt sich nach einem als Chaos bezeichneten Anfang der Welt als Ganzes den Auftritt von einigen Urgottheiten vor, zu denen unter anderem ein Wesen namens Nyx gehört, das als Göttin der Nacht fungiert. Mit ihr erklärt sich auf diese höchst personale Weise das allmähliche Hereinbrechen der Dunkelheit am Abend, das moderne Menschen eines wissenschaftlich geprägten Zeitalters humorlos als Schatten der Erde verstehen.[2] Mit den angesprochenen »göttlichen« Erklärungen erhebt die aufkommende griechische Philosophie ihr kluges Haupt, um sich bald von mythologischen Inhalten zu lösen und versuchen, statt phantasievoller Erzählungen natürliche Erklärungen für den aus dem Chaos gebildeten Kosmos zu liefern. Sie raubt damit den fernen Göttern einen Teil ihrer Macht und weist den nahen Menschen eine aufklärende Rolle zu. Anzumerken ist, dass es den frühen Naturphilosophen nicht um das Finden von Naturgesetzen ging, von deren Existenz sie weder etwas wussten noch etwas wissen konnten. Selbst wenn man ihnen gesagt hätte, dass es zum Beispiel so etwas wie ein Gesetz der Schwerkraft gibt, hätten sie sich – anders als moderne Zeitgenossen – darüber sehr gewundert und sich erkundigt, wer solch ein Gesetz denn erlassen und in die Welt gebracht habe. Eine gute Frage, zweifellos, und mit ihr sind die Menschen nach wie vor beschäftigt, wie im Verlauf der kommenden Darstellungen immer wieder betont und verdeutlicht wird.

---

2   Loriot würde sagen, der heutige rationale Mensch hat ja recht, aber das macht ihn nicht unbedingt sympathisch.

Der erste Astronom

Den ersten Erwerb des frühen Wissens in moderner Form schreiben die Historiker dem Auftreten und Wirken eines Mannes namens Thales von Milet zu. Der antike Urvater der Wissenschaft lebte um 600 vor Christus, und als er zum Beispiel über Geometrie nachdachte, erkannte er bei seinen Bemühungen, dass ein Dreieck, das man in einen Halbkreis einzeichnet und dessen Grundseite der dazugehörige Durchmesser ist, dort einen rechten Winkel bekommt, wo das Dreieck mit seiner Spitze den Kreisbogen berührt. Dieser vielleicht kompliziert klingende, aber leicht zu veranschaulichende »Satz von Thales« gehörte in meinen Tagen noch zum Schulstoff – und ich erinnere mich bis heute an seinen Beweis –, während er zu Lebzeiten des Geometers kaum besonderes Interesse gefunden hat. Es gab zu viel anderes, das die philosophische Aufmerksamkeit und das Denken der Griechen fesselte (Abb. Der Satz von Thales und sein Beweis).

Der Satz von Thales und sein Beweis

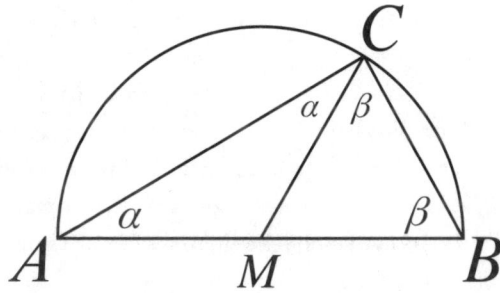

Zum Beweis des Satzes von Thales zieht man eine Gerade von der Spitze des ursprünglichen Dreiecks auf die Mitte M der Grundseite. Dadurch bekommt man zwei kleinere Dreiecke, in denen jeweils zwei Seiten gleich lang sind – so lang wie der Radius r des Kreises. Der Winkel, auf den es ankommt, kann als Summe $(\alpha + \beta)$ von zwei Winkeln berechnet werden, die es in den beiden gleichschenkligen Dreiecken zweimal gibt. Da die Winkelsumme in jedem Dreieck 180° ausmacht und die beiden Winkel bei M ebenfalls 180° ergeben, ist leicht auszurechnen, dass dann auch 2α und 2β dieselbe Winkelsumme zusammenbringen. Mit anderen Worten, $\alpha + \beta$ zusammen bilden einen rechten Winkel, was zu beweisen war – quod erat demonstrandum (qed).

In seinen irdischen Tagen berühmt geworden ist der antike Philosoph und Forscher durch eine Leistung, über die der Geschichtsschreiber Herodot in seinen vielgelesenen Historien berichtet. Ihm zufolge konnte Thales für den 28. Mai 585 vor Christus mit Erfolg das Auftreten einer Sonnenfinsternis vorhersagen – ein Phänomen, das die Menschen heute noch beeindruckt und das damals ganz sicher ungeheure Aufmerksamkeit auf sich lenken konnte, selbst wenn oder gerade weil man auf eine kommende Konfiguration am Himmel hinweisen und das Geschehen auf diese Weise gedanklich beherrschen konnte. Und wenn auch nicht überliefert ist, mit welchen Methoden dem Mann aus Milet die himmlische Prognose gelungen ist, so zeigt sich mit diesem Hinweis doch, dass er hauptsächlich als Astronom tätig war und Erfolg hatte, wie man heute sagen würde. Das heißt, Thales von Milet profilierte sich in der ältesten aller Wissenschaften, die sich kurioserweise mit den am weitesten entfernten Objekten abgibt. Es heißt zwar als Redensart: »Warum in die Ferne schweifen, wenn das Gute liegt so nah.« Aber die fernen Sterne am Himmel zogen trotzdem die erste wissenschaftliche Aufmerksamkeit der Menschen auf sich, weil sie in der hier verhandelten Zeitepoche der griechischen Antike das zugleich bestimmte und geheimnisvolle Gefühl bekamen, in einem Kosmos zu leben. Gemeint ist mit dem ansprechenden Wort eine schöne Welt, deren Ordnung sich als etwas herausstellte, das den Menschen und ihrer Vernunft zugänglich war. Und wenn sie dies so empfanden, dann konnte in ihnen die Idee auftreten, dass die Götter, die den Kosmos aus dem Chaos geschaffen hatten, ihren Geschöpfen auf der Erde mit den strahlenden Formationen am Horizont und darüber hinaus etwas mitteilen wollten. Als Folge davon entstand eine Astrologie, die sich bemühte, die göttliche Botschaft – also den Logos – zu deuten, die in den Sternen stecken musste und für ihre Beobachter zu lesen sein sollte. Der zweite Teil des alten Namens Astrologie lebt merkwürdigerweise in der modernen Wissenschaft mit dem ursprünglichen Kosmos in Form einer Kosmologie fort, die längst nicht mehr nach Botschaften im Weltall Ausschau hält. Sie würde daher besser Kosmonomie heißen und damit wie die Astronomie klingen, die es seit den Tagen von Thales gibt. Ihm ging es nicht um das Lesen göttlicher Nachrichten, sondern um das Verstehen natürlicher Gegebenheiten und Abläufe, die sich am Himmel zu erkennen gaben, wie jetzt zu schildern sein wird, wobei gleich anzumerken ist, dass es noch mehr als 2000 Jahre dauern wird, bis die Menschen die Naturgesetze erkennen und in geeigneter mathematischer Form aufschreiben konnten, mit denen sich die Verläufe der zahlreichen Himmelskörper bestens verfolgen und gut berechnen lassen.

Die Qualitäten und Einsichten des Thales von Milet sind nicht in eigenen Schriften überliefert, sondern in Texten von Zeitgenossen zu finden, die bis in die heutige Zeit überlebt haben und emsig tradiert und ediert werden. Gemeint sind unter anderem die Werke der Philosophen Aristoteles und Platon. In ihnen finden sich zwei Anekdoten über das Leben des Thales, die beide Hinweise auf die Art und Weise geben, wie Menschen agieren können, wenn sie Lust an einem Wissen bekommen haben, das offenbar stimmt und die Neugierde befriedigt, was sie vor allem dazu bringt, ihren Blick immer wieder und weiter zu den Sternen am Himmel zu richten.

Bei Aristoteles geht es – nachzulesen in seiner Schrift zur Politik – darum, dass Thales aufgrund von astronomischen Beobachtungen in der Lage war, nicht nur eine seltene Sonnenfinsternis, sondern auch den Umfang der jährlich kommenden Olivenernte vorherzusagen. Und dieses Können hat der erste Astronom geschickt genutzt, wie Aristotles beschreibt:

> »Als man ihm [Thales] wegen seiner Armut den Vorwurf machte, als ob die Philosophie nichts tauge, habe er, sagen sie, da er aufgrund seiner astronomischen Kenntnisse vorausgesagt hatte, dass die Olivenernte reichlich sein würde, noch im Winter mit dem wenigen Geld, das ihm zur Verfügung stand, als Handgeld, sämtliche Ölpressen in Milet und Chios für einen niedrigen Preis gemietet, wobei niemand ihn überbot. Als aber die Zeit [der Ernte] gekommen war und auf einmal und gleichzeitig viele Pressen verlangt wurden, da habe er seine Pressen so teuer verpachtet, wie er nur wollte und auf diese Weise sehr viel Geld verdient: zum Beweis dafür, dass es für Philosophen ein leichtes ist, reich zu werden, wenn sie dies wollen, dass es aber nicht das ist, was sie wollen.«

Es bleibt für heute lebende Menschen schwierig zu sagen, was Thales wirklich wollte. Bekannt ist nur, dass er den Sternen zugeneigt und der sich in ihnen zeigenden himmlischen Ordnung verfallen war, wie der Vorfall verdeutlicht, von dem Platon in seiner Schrift »Theaitetos« berichtet:

> »Es wird erzählt, ... dass Thales, als er astronomische Beobachtungen anstellte und dabei nach oben blickte, in einen Brunnen gefallen sei und dass eine witzige, reizende thrakische Magd ihn verspottet habe: Er strenge sich an, die Dinge am Himmel zu erkennen, von dem aber, was ihm vor Augen und vor Füßen liegen, habe er keine Ahnung.«

Platon ergänzt diese Anekdote noch durch den Hinweis, »derselbe Spott aber passt auf all diejenigen, die sich mit der Philosophie einlassen«.

Das Lachen der Thrakerin hat Menschen bis in das 21. Jahrhundert hinein veranlasst – unter anderem den Philosophen Hans Blumenberg, der ein ganzes Buch darüber verfasst hat –, über die Besonderheiten von zerstreuten Professoren oder anderen Intellektuellen nachzusinnen, die komplizierte Theorien über Gott und die Welt entwerfen und im einfachen Alltag verloren gehen, wenn sie etwa in einem Supermarkt Papiertücher einkaufen und an der Kasse bezahlen sollen. Doch da die oben vorgeführte Geschäftstüchtigkeit des Thales es unwahrscheinlich macht, dass er den Brunnen – und damit das, was ihm im Alltag vor Augen kommt und zu beschäftigen hat – in tiefe Gedanken versunken übersehen hat, lohnt die Überlegung, ob nicht eine andere Deutung der Geschichte in Frage kommen könnte. Sie besteht darin, dass die lachende Magd gar nicht verstanden hat, wie und warum Thales in den Brunnen gekommen ist. Er ist vielleicht überhaupt nicht in den Schacht hineingefallen, sondern hat sich gezielt in ihn hineinbegeben, weil sich aus der Perspektive und Tiefe eines Brunnens die Sterne besser beobachten lassen. Es waren schließlich deren Regelmäßigkeiten, die Thales interessierten und mit deren Verständnis er den Menschen einige Ängste nehmen konnte – zum Beispiel die vor einer verfinsterten Sonne, die man jetzt nicht mehr fremden (göttlichen) Mächten überlassen musste, sondern die man vorhersagen und erwarten und damit in gewisser Weise beherrschen konnte. Mit anderen Worten, Thales nutzte jede Gelegenheit zur wissenschaftlichen Tätigkeit, um auch denen zu helfen, die über ihn lachten, während er sich unter ungewöhnlichen Umständen abmühte. Wer vom Wunsch nach Wissen gepackt ist, kann ihn nicht zu einer bestimmten Stunde des Feierabends oder durch verständnislose Betrachter abstellen. Er muss diesem seinem ganz persönlichen und zutiefst menschlichen Wollen vielmehr sein

Leben widmen, und Thales unternimmt genau diesen mutigen Schritt mit aller Konsequenz. Wer über ihn lachen will, sollte sich das genau überlegen. Es gehört sich eigentlich nicht.

»Alles ist aus dem Wasser und voll von Göttern«

Es muss eine mit dramatischen Gefühlen verbundene ungeheure Entdeckung gewesen sein, als Menschen zu erkennen begannen, dass sie in der Lage sind, den sie umgebenden und sie aufnehmenden Kosmos verstehen und vorhersagen zu können. Und es muss den ersten Vertretern von rationalen Analysen der empirischen Welt ein immenses Glücksgefühl verschafft haben, als ihre Einsichten durch die Naturvorgänge bestätigt wurden, die genau so eintraten, wie man sich das gedacht und vorgestellt hatte. Es ist möglich, dass einige von ihnen diese ihre erschütternde Einsichtsfähigkeit als göttliche Offenbarung erlebt haben. Und es ist psychologisch verständlich, wenn sie sich unter diesen Vorgaben und mit wachsender Zuversicht daran machten, umfassende Theorien der Welt zu entwerfen, die möglichst rational nachvollziehbaren Gesichtspunkten folgten. Im Falle von Thales tauchte in ihm die grandiose Idee auf, dass Wasser der Ursprung aller Dinge sei, wie Aristoteles in seiner Schrift »Metaphysik« berichtet. Das Land, so soll Thales nach Worten aus dieser Schrift gelehrt haben, »ruhe auf dem Wasser«, und Aristoteles erläutert:

> »Den Anlass zu dieser Ansicht bot ihm wohl die Beobachtung, dass die Nahrung aller Wesen feucht ist, dass die Wärme selber daraus entsteht und davon lebt; woraus aber jegliches wird, das ist der Ursprung von allem.«

Aristoteles ist dabei nicht entgangen, dass diese Ansichten von Thales nicht neu waren und

»... schon die Uralten, die lange Zeit vor dem gegenwärtigen Zeitalter gelebt und als die ersten in mythischer Form nachgedacht haben, die gleiche Annahme über die Substanz gehegt hätten. Diese bezeichneten Okeaonos und Tethys als die Urheber der Weltentstehung und das Wasser als das, wobei die Götter schwören.«

Wenn man will, kann man Thales als jemanden ansehen, der dadurch, dass er am Anfang des wissenschaftlichen Vorgehens steht, zugleich auch die Abkehr von traditionellen mythischen Erklärungen vorantreibt. Mit anderen Worten, Thales steht und agiert an einem Wendepunkt im abendländischen Denken, und verdeutlicht findet sich dieser Umschlag in dem Satz, mit dem er sowohl die Existenz einer Ursubstanz als auch die Allgegenwart des Göttlichen ausdrückt: »Alles ist Wasser, und die Welt ist voller Götter«, so soll der erste Forscher abendländischer Prägung gesagt haben, was unter anderem zeigt, dass schon bei ihm umfassend an eine zweigeteilte Wirklichkeit gedacht wird. Der philosophische Satz von Thales bedeutet auch, dass die Menschen in den Göttern stecken und sich in ihnen aufhalten. Die christliche Religion wird diesen Grundsatz umkehren und ihren Gott in die Menschen hineinbefördern, aber für diesen Schritt braucht es noch einige Jahrhunderte, und erst einmal haben die griechischen Philosophen aus heidnischen Tagen das Wort, was die Frage erlaubt, ob und wie weit man ihnen trauen kann. Anders ausgedrückt: Trifft das Wissen zu, das antike Autoren vortragen? Stimmen ihre Behauptungen? Oder spekuliert da jemand und denkt sich einfach mal etwas aus, das ihm passt und vernünftig erscheint? Welches Wissen von Thales kann als sicher verbucht werden – von den beweisbaren geometrischen Angaben über die rechten Winkel von Dreiecken, die in Halbkreisen entstehen können, einmal abgesehen? Worauf basierten seine Ein- und Ansichten?

Keine Frage: Thales hat irdische und himmlische Abläufe so vorhergesagt, wie sie eingetroffen sind. Aber es ist nicht überliefert, dass er irgendwelche Gesetze des Himmels gekannt hat, und die zitierte Idee mit dem Wasser wird niemand in unseren Tagen als zutreffend oder hilfreich bewerten. Somit stellt sich erneut und genauer die Frage: Was haben Thales und seine Mitstreiter in der griechischen Antike gewusst, und zwar in dem Sinne, wie er auch in der Gegenwart des 21. Jahrhunderts akzeptiert würde? Und wie haben sie es erfahren, gefunden und geprüft? Damit ist zum Beispiel gemeint, dass heute bekannt und verstanden ist, dass Gegenstände zu Boden fallen, weil es eine Schwerkraft gibt, die dafür sorgt, dass sich Massen gegenseitig anziehen. Ebenso gilt heute als verstanden, dass die Wärme (Temperatur) von Objekten durch die Bewegung ihrer Bestandteile (letztlich Moleküle und Atome) zustande kommt, selbst wenn man die nicht unmittelbar sehen kann.

Eine Einsicht, die weniger auf Gesetze und mehr auf die von den Griechen so geschätzte Geometrie abzielt, betrifft die Gestalt der Erde, die bereits in den vorchristlichen Jahrhunderten von den gebildeten Menschen nicht mehr als Scheibe angesehen wurde, auch wenn manche Schulbücher bis heute mit dieser Behauptung Geld verdienen und, viel schlimmer noch, ihre jungen Leser damit dumm halten. Bereits bei Pythagoras, der wenige Jahre nach der von Thales vorhergesagten Sonnenfinsternis geboren wurde, zeigte sich – wahrscheinlich anfänglich vor allem aus ästhetischen Gründen – davon überzeugt, dass die Erde als Kugel im Kosmos zu denken ist. Und spätestens Aristoteles hat diese Ansicht naturwissenschaftlich unterstützt und raffiniert begründet, indem er zum Beispiel auf den kreisförmigen Erdschatten hinwies, der sich bei einer Mondfinsternis am wolkenlosen Himmel zeigt, wobei der griechische Philosoph als guter Geometer zielsicher wusste, dass nur eine Kugel – im Unterschied etwa zu einem Zylinder – aus jeder möglichen Position heraus einen kreisförmigen Schatten entstehen lässt.

Natürlich stellt die Einsicht in eine kugelförmige Erde keine Lösung, sondern vor allem ein Rätsel dar, denn noch kennt in jenen Tagen niemand die vielfältigen Bewegungen und Drehungen des

Heimatplaneten der Menschen, und auch weiß niemand über die oben erwähnte Schwerkraft Bescheid. Dies legt den Gedanken nahe, dass sich die Völker der Antike vorgestellt haben müssen, oben auf der von ihnen besiedelten Erdkugel zu wohnen, die selbst in Ruhe blieb und ihre Position hielt. Man kann sich dann den für Menschen zugänglichen Teil der Kugel sogar als eine Art Scheibe vorstellen, die in dem mit den äußeren Augen erkennbaren und den eigenen Gliedmaßen begehbaren Ausmaß kaum gekrümmt ist und an dem Horizont so etwas wie einen Abschluss findet. Das heißt, gewusst haben die griechischen Philosophen vor allem, dass sie mit ihrem Wissen ganz am Anfang steckten und noch nicht sehr viel wussten, was schließlich der berühmteste von ihnen – also Sokrates – kurz und bündig in dem ewig zitierten Satz zusammengefasst hat: »Ich weiß, dass ich nicht weiß.« Anzumerken ist dabei, dass es bei Sokrates nicht heißt, »Ich weiß, dass ich nichts weiß«, wie gerne zitiert wird. Denn eines wusste der weise Mann doch, dass er nämlich neugierig war und wissen wollte. Nur stand er zuletzt nach allem Suchen mehr vor offenen Fragen als vor abgeschlossenen Antworten, und selbst mit denen wusste er eben immer noch nicht, was er eigentlich wissen wollte, als er mit dem Fragen einsetzte.

Neben der Kugelgestalt der Erde gab es noch etwas Weiteres, das den Menschen in der Antike als Wissen deutlich vor Augen stand, weil sie es aus empirischen Beobachtungen und sorgfältigen Notizen gewonnen hatten. Diese Kenntnisse bekommen ihren besonderen Reiz, weil sie etwas Unerwartetes und vielleicht sogar Unerhörtes zu verstehen geben. Zu den umfassenden Überzeugungen der Antike gehörte die Ansicht, in einem Kosmos zu leben, also in einer geordneten und gottgefälligen Welt, die man auf diese Weise einer planenden Instanz – eben einer Göttersphäre – zuschreiben konnte, die dann auch dafür sorgte, dass die Himmelskörper auf Kreisen umliefen. Auf was für Bahnen denn sonst? Götter treten als perfekte Geometer in Erscheinung und lassen ihre Hervorbringungen auf Kreisen zirkulieren, und zwar regel-

mäßig und in voller Harmonie, wie man meinen sollte – doch
zum allgemeinen Entsetzen traf genau dies nicht zu. Tatsächlich
wurde im Verlauf der Himmelsbeobachtungen – die natürlich mit
unbewaffnetem Auge und ohne eine Art von Fernrohr unternommen wurden – nach und nach deutlich, dass es Objekte im Weltall
gab, die sich nicht an die erwartete göttliche Ordnung und ihr
Gleichmaß hielten und sich stattdessen anders bewegten und am
Himmel entlangwanderten. Diese Wanderer heißen heute Planeten, weil die Wurzel des dazugehörigen griechischen Wortes genau
dies bedeutet. Zu diesen Planeten rechneten die antiken Astronomen neben Sonne und Mond noch fünf sichtbare Himmelskörper
namens Merkur, Venus, Mars, Jupiter und Saturn, und deren am
Firmament beobachteten Verläufe brachten gravierende Probleme
mit sich (siehe unten: Die Namen der Planeten). So irritierte es
die alten Astronomen, »dass die zuletzt genannten fünf Planeten
ihre nach Osten gerichteten Bahnen in auffällig unbeständigen
Zyklen vollendeten, dass sie in Relation zu den Fixsternen perio-
disch schneller oder langsamer zu werden, manchmal sogar völlig
stillzustehen und die Richtung zu wechseln schienen, während sie
gleichzeitig mal mehr und mal weniger hell strahlten. Aus unerklärlichen Gründen setzten sich die Planeten über die perfekte
Symmetrie und kreisförmige Einförmigkeit der Himmelsbewegungen hinweg«, wie sich zusammenfassend bei dem amerikanischen Philosophen Richard Tarnas in dessen Buch nachlesen lässt,
in dem die Wege des westlichen Denkens unter dem Titel »Idee
und Leidenschaft« beschrieben werden.

Immerhin – die griechischen Astronomen kannten diese Ab-
weichungen und Unregelmäßigkeiten, auch wenn damit der
Beweis hinfällig wurde, mit dem Platon die Existenz des Göttlichen im Universum zeigen und festnageln wollte. Die Wander-
bewegungen der Planeten gefährdeten den platonischen Glauben an die harmonische Göttlichkeit des Universums, was den
Philosophen auf eine Idee brachte. Er drehte den Spieß um und

behauptete schlicht und einfach, dass sich die Planeten im offenen Widerspruch zum empirischen Augenschein tatsächlich in einheitlichen Kreisbahnen von perfekter Regelmäßigkeit bewegten, auch wenn er außer seinem Glauben an die Göttlichkeit der Himmelskörper keinen einzigen Hinweis auf diese spekulative Volte finden und anbieten konnte. Platon rief dafür seine Kollegen auf, mit ihren Überlegungen ihm recht zu geben und herauszufinden, »welche die einheitlichen und geordneten Bewegungen sind, durch deren Annahme die offenbaren Bewegungen der Planeten erklärt werden können«. Ein merkwürdiges Unterfangen, bei dem der Wunsch Vater des Gedankens war und das wenig mit wissenschaftlichem Vorgehen zu tun hat.

Die Namen der Planeten

Die Planeten spielen in der Geschichte des Wissens und der Wissenschaften eine besondere Rolle, beginnt doch die moderne Astrophysik damit, dass Johannes Kepler im 17. Jahrhundert drei Gesetze für die Bewegungen der Himmelswanderer aufzustellen in der Lage ist, wie an entsprechender Stelle noch erzählt wird. Deshalb lohnt der Hinweis, dass die Namen der Planeten eng mit Religion und Mythologie verbunden sind und einen Blick in den tiefen Brunnen der Vergangenheit erlauben, der Menschen seit jeher reizt. Planeten tragen heute Namen von Gottheiten, die als Erbe aus der Römerzeit stammen, in der die geläufigen Göttinnen und Götter der Antike umgetauft wurden. Aus Aphrodite wurde Venus, aus Zeus wurde Jupiter, und aus Hermes wurde Merkur, um nur drei Beispiele zu nennen. Während die Namen wechselten, blieben die Mythen gleich, und an sie kann man weiter denken, wenn von den Planeten gesprochen wird und ihre Namen genannt werden, auch wenn sie heute nach physikalischen Gesetzen umlaufen.

Es waren bereits die Babylonier, die die sieben den Griechen bekannten Planeten nach Wochentagen benannten – also die Sonne nach dem Sonntag, den Mond nach dem Montag, den Mars nach dem Dienstag (französisch Mardi) und so weiter, wobei es wohl kein Zufall ist, dass der sechste Tag, an dem Gott Mann und Frau mit ihrer Sexualität geschaffen hat, nach der Venus benannt, was im Französischen deutlicher wird, wo der Freitag als Vendredi bezeichnet wird, dem zuletzt der Samstag folgt, der im Englischen Saturday und im Französischen Samedi heißt, was eindeutig auf den Planeten Saturn verweist.

Übrigens: Natürlich rechnet die Neuzeit die Sonne und den Mond nicht mehr zu den Planeten, die als Himmelskörper definiert sind, die ein Zentralgestirn umrunden und nicht Satelliten eines anderen kosmischen Objektes sind. Und zudem kennt man heute mehr als die klassischen Sieben, aber erst seit dem 18. Jahrhundert, als die Instrumente der Himmelsbeobachtung immer weiter reichten. 1846 hat dabei der Planet Neptun seinen Namen bekommen. So hieß ursprünglich der römische Meeresgott, den die alten Griechen Poseidon nannten. Man kann es wenden, wie man will – aber der Blick an den Himmel zeigt sowohl eine Welt voller Planeten als auch eine Welt voller Götter. Da ist nicht nur ein »sky«. Da ist immer auch ein »heaven«, weil Menschen es so wollen und mögen.

Die Sophisten

In der Schule und anderen Bildungseinrichtungen kann man zwar sehr viel über die antiken Philosophen erfahren, und jede Pennälerin und jeder Pennäler wird von Aristoteles, Platon und Sokrates gehört haben. Es gab aber auch Männer – leider kaum

Frauen –, die sich weniger mit spekulativen Konstruktionen ab-
gaben und dafür mehr handfestes Wissen zu erwerben versuchten. Die Historiker sprechen in dem Fall von den Sophisten, und
wenn es auch schwer ist und eigentlich unterlassen werden sollte,
das gesamte Wirken dieser umfassenden Gruppe von Intellektuellen in wenigen Worten darzustellen, so kann man doch an-
merken und für die hier verhandelten Zwecke feststellen, dass sie
eindeutig Stellung gegen die Götter bezogen und sich mehr um
die Natur kümmerten, die ihnen zugänglich war. So kann man
etwa bei Protagoras lesen, was das menschliche Nichtwissen, das
Sokrates so betont, konkret bedeutet, nämlich dies:

>*Über die Götter allerdings habe ich keine Möglichkeit zu wis-
sen, weder dass sie sind, noch dass sie nicht sind, noch wie sie
etwa an Gestalt sind; denn vieles gibt es, was das Wissen hindert: die Nichtwahrnehmbarkeit und dass das Leben des Menschen kurz ist.*<

Der Naturphilosoph Demokrit, dem die Nachwelt die wunderbare und mutige Aussage verdankt: »Nur scheinbar hat ein Ding
eine Farbe, nur scheinbar ist es süß oder bitter, in Wirklichkeit
gibt es nur Atome im leeren Raum«, vertrat die Ansicht, dass der
Glaube der Menschen an Götter nichts weiter als den Versuch
erkennen ließ, außergewöhnliche Ereignisse wie Unwetter oder
Erdbeben durch übernatürliche Kräfte oder Einwirkungen höherer Mächte zu erklären, was ihm höchst unbefriedigend vorkam.
Menschen – so meinten die Sophisten – verfügten überhaupt
über ausreichend Verstand und Vernunft und Geistesgaben, um
auf dem damit zugänglichen rationalen Weg zu entdecken, was in
der Welt und ihrer Wirklichkeit vorhanden war.

Was natürlich ganz sicher vorhanden war, das waren die Menschen, die jetzt angefangen hatten, über ihren Ort im Kosmos
und ihr Verhältnis zu höheren Wesen nachzusinnen. Dabei ver-

traten die Sophisten in der Person des Protagoras die berühmte und oft zitierte Position: »Der Mensch ist das Maß aller Dinge«, was Platon in dem entsprechenden Dialog ausdrücklich ablehnt und umkehrt.[3] Für ihn ist nicht der Mensch, sondern der Gott das Maß aller Dinge, wobei man sich klarmachen muss, dass Platons Gott nichts mit dessen christlichem Nachfolger zu tun hat, weil er selbst zur Natur gehört und nicht im Himmel über ihr schwebt. Dieser platonische Gott taucht, übrigens, in der unentwegt zu kurz zitierten Inschrift am Apollotempel in Delphi auf, die beim Eintreten zu lesen ist und in der es zu Beginn heißt: »Erkenne dich selbst«, wie immer wieder zu lesen und zu hören ist. Nach dem dritten Wort der Aufforderung findet sich aber kein Punkt, sondern ein Komma, und die vollständige Anweisung der antiken Geisteswelt lautet: »Erkenne dich selbst, folge dem Gott.« Wer will, kann das etwas ausführlicher ausdrücken, indem er sagt, dass Menschen zuerst einsehen sollen, was für schwache und hinfällige Geschöpfe sie sind, um sich danach zu entschließen, ihrer irdischen Enge durch göttliche Gebote mehr Weite und Würde zu verschaffen. »Folge dem Gott« – hinter dieser Aufforderung lauert schon die Sorge, als Mensch nicht selbst entscheiden zu können, was das richtige Handeln im privaten und öffentlichen (staatlichen) Rahmen ist, und seit der Achsenzeit weiß man ja, dass überm Sternenzelt ein guter Vater wohnt, zu dem es bald möglich wird, engeren Kontakt aufzunehmen, weil er seinen Sohn auf die Erde schickt, damit er sich der Menschen und ihrer sündhaften Fehlbarkeit annehme und ihnen helfe.

---

3   Eine ins Sexuelle gehende moderne Variante des Satzes von Protagoras lautet: »Das Ding ist das Maß aller Menschen.«

Die Suche nach dem Anfang

Bei allen Bemühungen des erwachenden Denkens schwebte stets die hartnäckige Schwierigkeit im Hintergrund, den Anfang von allen Dingen, den Anfang von etwas und allem auf logische und systematische Weise zu erfassen, wobei man darauf verzichten wollte, ihn zu erfinden und als sagenhafte Erzählung zum Besten zu geben und somit zum Mythos werden zu lassen. Der christliche Glaube sollte später einen Gott einführen, der den unzugänglichen Anfang ausfüllte und übernahm. Er sprach zum Beispiel als Erstes in die Finsternis hinein: »Es werde Licht«, um anschließend in sieben Tagen die ganze Schöpfung zu bewerkstelligen. Aber bei den Griechen ging das weder so schnell noch so einfach, da sie ihre Gottheiten nicht außerhalb der Natur angesiedelt hatten, sondern sie als Teil davon betrachteten. Sie ließen dann eigens Titanen auftreten, um auf der kosmischen Heimstätte namens Erde die olympischen Götter zu erschaffen, die dann mit allen möglichen Mächten ausgestattet wurden, ohne aber über der Natur zu stehen. Nicht die Götter waren ewig, sondern die Ordnung der Natur, wie die vorchristlichen Zeiten meinten, und diese Ordnung galt es dann auch zu erkunden – und zwar mit dem Verstand. Selbst Zeus ist nicht von Anfang an der verlässliche Lenker der Welt. Er ist zunächst mit einigen Ehebrüchen beschäftigt und entwickelt sich erst im Laufe seiner Zeit zum Gott der Ordnung und Beschützer der Gerechtigkeit, wobei nicht zu übersehen ist, dass das griechische Denken eine Welt voller Kämpfe und Auseinandersetzungen vor Augen hatte: Der Kampf der Götter schafft die Welt, der Kampf zwischen den bei Homer auftretenden Göttern bestimmt die Geschichte, und der Kampf zwischen göttlichen Kräften wie Liebe, Gerechtigkeit, Wahrheit, Vernunft und Begierde schafft das philosophische Verständnis der Welt. Mit anderen Worten, der Kampf gegen die Götter steht am Anfang der menschlichen Kultur, die von nun an eine ungeheure Dynamik entfaltet.

Der unbewegte Beweger

Da gerade von Dynamik die Rede war, ist ein weiterer Blick auf Aristoteles erlaubt und möglich, der wahrscheinlich von allen berühmten griechischen Philosophen in dem Sinne am meisten gewusst hat, dass er nicht nur metaphysische Überlegungen angestellt und spekulative Ansichten »Über den Himmel« notiert hat, sondern der darüber hinaus das Leben und sein Werden fleißig beobachtet und im Detail zu verstehen versucht hat. Aristoteles hat unter anderem Flussfische studiert und bei der Art namens Wels bemerkt, dass sich die Weibchen nach dem Laichen auf und davon machen, während die Männchen die Stelle bewachen, an der sich viele Eier gesammelt haben. Sie wollen andere Fische daran hindern, die Keimlinge zu rauben, und sie halten ihre Stellung, bis die Jungen nach gut vierzig Tagen ausgewachsen sind und ihren Jägern entkommen können. Aus Anerkennung für derartige Beobachtungen hat die Zunft der Fischforscher im Jahre 1906 einer Welsart den Namen *Parasilurus aristotelis* gegeben, wobei hinzufügen ist, dass der griechische Philosoph das Konzept einer Art natürlich noch nicht kannte und also auch nicht nutzte. Er glaubte aber an eine Einheit der lebendigen Geschöpfe und sprach von einer »scala naturae«, durch die alles verbunden war, einer Stufenleiter des Lebens, die Aristoteles zufolge den Menschen eine ununterbrochene Aufeinanderfolge der Natur zeigte, die »von den unbelebten Objekten über die Pflanzen bis zu den Tieren reicht«, wie er in seinen biologischen Schriften mitgeteilt hat.

Was das Leben insgesamt angeht, so hat Aristoteles ihm eine Zweiteilung zugesprochen wie er es bei der Welt insgesamt unternommen hat, die bei ihm ja nicht als Uni-, sondern als Duoversum erscheint, wobei in der sublunaren Sphäre die irdischen Gesetze gelten, während jenseits des Mondes göttliche Einflüsse dafür sorgen, dass die Planeten auf Kreisbahnen unterwegs sind.

Was die Zweiteilung des Lebens angeht, so unterschied Aristoteles das, was heute mit einer lateinischen Wurzel – materia – als Materie bekannt ist, von dem, was dem Stoff seine Gestalt gibt und wofür er das griechische Wort »eidos« verwendete. In der »materia« steckt natürlich das Wort für Mutter, was zwar beim ersten Hören erfreulich klingt, beim genauen Hinsehen aber die Frauen diskriminiert, sollte das schwache Geschlecht doch bei dem gemeinsam gezeugten Nachwuchs nur das niederwertige Material beisteuern, während das eigentliche Lebenselement mit seiner kreativen Kraft, das »eidos«, vom Mann gespendet oder geliefert wurde.

Wie dem auch sei – das »eidos« des Aristoteles soll die formgebende Dynamik erfassen, die Organismen zu eigen ist, wobei die Moderne an dieser Stelle kein allgemein akzeptiertes deutsches Wort – analog zur Materie – kennt, mit dem sie sich verständigen kann. Es ist im 20. Jahrhundert vorgeschlagen worden, »eidos« als »genetisches Programm« zu verstehen, aber mit der Maschinenmetapher muss man sich nicht anfreunden. Es könnte doch auch sein, dass die formbildende Fähigkeit des Lebens dessen besondere Kreativität erkennen lässt, was im Verlauf des Buches noch genauer angesprochen wird, wenn mehr über die Evolution der Organismen und ihre Gene bekannt ist.

Was seine Überlegungen zum Leben angeht, so faszinierte Aristoteles vor allem, dass sich im Prozess des Werdens etwas entfaltete, das zuvor nicht erkennbar war, wohl aber vorhanden sein musste. In und mit einer Eizelle musste die Form erst entstehen, die deshalb am Anfang der Entwicklung nicht als Wirklichkeit, sondern nur als Potenzial vorhanden war. Aristoteles sah im Werden eine eigenständige Realität, was sich verkürzt so ausdrücken lässt, dass das Sein des Lebens sich in seinem Werden zeigt und aus dieser Dynamik besteht. Damit konnte die traditionelle Zweiteilung aus Sein und Nichtsein durch ein Möglichsein ergänzt werden, was jeden Dialektiker erfreut, der wünscht, dass aus These und Antithese eine Synthese hervorgeht. Der wahrnehmbaren Wirklichkeit trat eine anfänglich verborgene, dann sich aber entfaltende Möglichkeit gegenüber, und Aristoteles stellte sich vor, dass es einer besonderen Qualität bedurfte, um das dynamisch konzipierte Mögliche wirklich in Erscheinung treten zu lassen. Diese Fähigkeit schrieb er einer eigenwilligen und besonderen Kraft zu, die er »energeia« nannte und womit der das Wort in die Welt setzte, aus der heute der Name für das Konzept der Energie geworden ist, von deren Verständnis und Umgang die Zukunft der Menschen in aller Welt abhängt.

Noch befindet sich dieser Text weit unten im Brunnen der tiefen Vergangenheit, und hier bemüht sich Aristoteles, das Werden der Welt zu verstehen, also ihre Bewegung. Wie erwähnt, findet sich auch hier das Problem des Anfangs, denn eine Bewegung, die einmal in Gang gekommen ist, kann das Geschehen zwar weiterführen und die Welt am Laufen halten. Aber wie ist alles losgegangen? Wie kommt nicht nur das Leben zu seiner Dynamik? Wie kommen die himmlischen Körper in der supralunaren Sphäre in ihren beständigen Umlauf? Was versetzt überhaupt die gesamte Fixsternansammlung in die Drehung, die sich am Nachthimmel mit eigenen Augen beobachten lässt (wobei der Philosoph wie alle seine Zeitgenossen und alle seine Mitmenschen bis in das 15. Jahrhundert hinein meinten, dass die Erde ruhe)?

Um dieses kosmische Thema zu behandeln, hat Aristoteles das Konzept eines »unbewegten Bewegers« eingeführt, den man sich auch als »erste Ursache« vorstellen kann und den er jenseits des Fixsternhimmels ansiedelte, was ihn zu einer abstrakten Gottheit machte. Der unbewegte Beweger hielt die Welt in Gang, ohne selbst bewegt zu sein. Er stellte – auch räumlich gesehen – eine höchste Instanz dar, mit der die himmlischen Kreisläufe aufrechterhalten werden und sich spielend leicht in andere Bereiche der modernen Wissenschaft übertragen lassen. So stellen sich viele Menschen zum Beispiel die Gene als unbewegte Beweger der informativen Kreisläufe vor, die das Leben ausmachen. Und wenn es gestattet ist, kann man Aristoteles selbst als den unbewegten Beweger der abendländischen Kultur ansehen, dessen Ideen und Schriften für die Dynamik des kommenden Denkens sorgen, während sie unveränderlich im Zentrum der wissenschaftlichen Entwicklung ruhen. Da der unbewegte Beweger die Materie in Gang versetzt, kann ihm selbst keine materielle Komponente zugewiesen werden. Er stellt insofern so etwas wie den reinen Geist dar, und zwar den Geist des Aristoteles, der die Welt einfach dadurch bewegte, dass sie zu ihm hin und von ihm lernen wollte. Wenn man so will, stellt das die eigentliche Kraft eines Gottes dar – auch eines säkularen –, nämlich die Menschen anzuziehen und zu ihm hin streben zu lassen. Davon wird bald immer wieder zu berichten sein.

Über die Natur der Dinge

»Warum sich Himmelskörper bewegen« und »wie unsere Welt entstand« – dies erfasst nur zwei Themen eines merkwürdigen Werkes, das um 60 vor Christus – vor der heutigen Zeitrechnung – von einem Römer namens Titus Lucretius Carus geschrieben worden ist und den vielversprechenden Titel »De rerum natura« trägt und also seine Leser »Über die Natur der Dinge« informiert und aufklärt, wie eine moderne Übersetzung heißt. Die Schrift des Lukrez lehnt die Existenz eines Schöpfergottes vehement und kategorisch ab, was fast dazu geführt hat, dass sie in den frühen christlichen Zeiten verloren gegangen ist und die Menschheit bis in das 15. Jahrhundert warten musste, um sie lesen zu können. Damals hat ein päpstlicher Sekretär und italienischer Humanist namens Poggio Bracciolini sie in einer deutschen Klosterbibliothek gefunden. Sein hingebungsvolles und europaweites Suchen wird aus dem sehnsuchtsvollen Wunsch seiner Zeit verständlich,

Spuren der klassisch-antiken Vergangenheit zu finden und zu sichten, um mit ihrer Hilfe mehr über den Menschen und seine Geschichte zu verstehen.

Lukrez stellt in seinem Werk, das in insgesamt sechs Bücher aufgeteilt ist, unter anderem Epikurs Lehre von den Atomen oder Urelementen dar, wobei man dem Poeten problemlos unterstellen kann, so etwas wie ein Anhänger des Epikureismus zu sein, dem zufolge es im Leben darauf ankommt, glücklich zu sein. Dies wiederum kann gelingen, wenn man gesund ist (und das auch bleibt) und seine Furcht und Ängste überwindet – zum Beispiel dadurch, dass man nicht auf falsche Propheten hört und keinem verführerischen Aberglauben anhängt, sondern seiner Denkkraft vertraut.

Lukrez, der im Übrigen diejenigen als »Toren« bezeichnet, »die alles loben und lieben, was im Nebel verdrehter Worte dunkel daherkommt« – es fällt in diesem Jahrhundert leicht, Beispiele dafür aus dem Geschwafel moderner Philosophen im Gefolge von Martin Heidegger oder Ernst Bloch anzuführen –, greift Epikurs Idee von Atomen auf, wenn er sich um »die Natur der Dinge« kümmert, um dem Gedanken an die kleinste Größe einen besonderen Twist zu geben. Im letzten Kapitel des zweiten Teils aus dem ersten Buch denkt Lukrez über diese Minima der Natur und die Frage nach, ob sie nicht doch noch teilbar sein können. Wenn sie überhaupt oder immer noch etwas sind, dann müssen sie geteilt werden können. Dann können sie aber nicht das Allerkleinste sein, um das es Demokrit und ihm geht.

Der römische Dichter entkommt dieser Falle, indem er vorschlägt, die »Minima naturalia« als etwas zu betrachten, das »niemals als Ding für sich selbst bestanden« hat, die stattdessen »einheitliches Teil von etwas anderem« sind. Sie können nicht für sich bestehen und müssen vielmehr »unlöslich mit dem Ganzen verbunden« bleiben. Die Natur lässt Lukrez zufolge nicht zu, dass irgendetwas von der »Vereinigung der Minima« abgespalten oder abgezogen wird. Sie enthält diese Gegebenheiten vielmehr »als Keime der Dinge.«

Die heutige Physik kommt zu ähnlichen Ergebnissen, wenn sie als moderne Minima von Quarks spricht, die der Theorie zufolge isoliert nicht existieren können und in den Elementarteilchen – Protonen und Neutronen zum Beispiel – eingeschlossen (»confined«) bleiben müssen, die aus ihnen bestehen und also zusammengesetzt sind. Am Ende des physikalischen Denkens stehen die Menschen wieder an seinem Anfang, was man zufrieden zur Kenntnis nehmen kann.

Zurück zu Lukrez, der im Laufe seines Buches immer deutlicher zum Ausdruck bringt, wie wenig er von Göttern und ihrem Wirken hält, etwa wenn er im sechsten Buch fragt: »Sollten es tatsächlich Jupiter und andere Götter sein, die mit schreckendem Getöse die gleißenden Gewölbe des Himmels erschüttern und, wohin immer sie wollen, Feuer schleudern, warum schaffen sie es nicht, eben jene zu treffen, die nichts von einem Frevel zurückhielt, vor dem die Menschen ihr Haupt verhüllen?« »Warum schickt Jupiter niemals, wenn allseits der Himmel klar ist, einen Blitzschlag zur Erde und lässt den Donner rollen?« »Aus welchem Grund lässt er ihn einschlagen ins Meer? Was hat er denn gegen die Wellen und Wassermassen und flutenden Flächen?«

Lukrez schreibt gegen die Bequemlichkeit auch des philosophischen Denkens an, nicht nach den (wissenschaftlichen und kausalen) Gründen für das zu suchen, was vor Augen passiert, sondern höchst einfach anzunehmen, »dies hätten mit ihrer Macht die Götter getan«. Was in der Welt passiert, hat »mit göttlicher Macht rein gar nichts zu tun«, wie Lukrez meint, um hinzuzufügen, dass niemand glauben sollte, »dass sich irgendwo die heiligen Wohnstätten der Götter befänden«, die man dann aufsuchen und fragen kann. Man braucht sie nicht. Man kann allein mit der Kraft der Vernunft erklären, »dass die weiten Räume der Welt vergänglich sind, dass die Himmel aus Körpern bestehen, die irgendwann geworden sind«. Man kann auch ohne überirdische Hilfe verständlich machen, »was dort oben geschieht und geschehen muss«, und niemand sollte sich »aus Angst vor den Göttern Sinne und Geist schrumpfen lassen«. Wer für sich nachdenkt und die Natur beobachtet, kann wissen, »Was die Erde beben lässt«, »Warum das Meer weder überläuft noch abnimmt«, »Warum Vulkane ausbrechen«, »Was Quallen und Seen giftig macht«, und wie Magnetsteine wirken, um nur eine Auswahl der Themen zu nennen, die der Römer Lukrez sich vornimmt und in seiner Darstellung »Über die Natur der Dinge« berücksichtigt. Bei seinem Schreiben hat er eine klare übergeordnete Absicht, nämlich etwas »Wider die Götterfurcht« zu unternehmen, die seiner Ansicht nach die Menschen belastet. Sie bringt ihnen nur blindes Denken ein, das sie in die Irre führt.

Es wird noch lange dauern, bis Lukrez erhört wird, bis das Licht der Vernunft hell genug leuchten kann, um den Menschen einen besseren Weg in die Zukunft zu zeigen, den sie selbst entwerfen und eigenständig gehen können. Sie müssen noch bis zur Geburt der modernen Wissenschaft warten, und dafür brauchen die Menschen noch viel Zeit. Zunächst entsteht und verbreitet sich eine erstaunliche Religion und mit ihr die Macht des Glaubens. Gott schickt seinen Sohn in die Welt, und seitdem ist alles anders.

2. »Der Philosoph hat zu beweisen, was er sagt«

Die Harmonie von Wissen und Glauben im Mittelalter

»*Das Mittelalter in wissenschaftlicher Hinsicht für unfruchtbar zu halten ist ähnlicher Unsinn, wie eine Schwangere als unfruchtbar zu betrachten, solange sie ihr Kind nicht gebiert*«.

George Sarton, Wissenschaftshistoriker

»Die Suche nach dem ›Einen‹, nach der tiefsten Quelle allen Verstehens, ist wohl in gleicher Weise der Ursprung von Religion und Wissenschaft gewesen.« Diese Ansicht vertritt einer der herausragenden Physiker des 20. Jahrhunderts, Werner Heisenberg, als er 1964 in einer auf dem Hügel Pnyx in Athen gehaltenen Rede »Das Naturgesetz und die Struktur der Materie« betrachtet. Er charakterisiert dabei die Anfänge der griechischen Philosophie, die im letzten Kapitel vorgestellt worden sind, durch »das Dilemma des ›Einen‹ und der ›Vielen‹«. Bei aller sich wandelnden Vielfalt der natürlichen Erscheinungen, die Menschen vor Augen liegen und ihre fünf oder mehr Sinne beeindrucken, glauben oder hoffen viele von ihnen doch, so Heisenberg, dass sich all das mannigfaltig Wahrgenommene und Beobachtete letzten Endes auf ein einheitliches Prinzip zurückführen lässt. Thales hat dies zum Beispiel mit seinen zitierten Aussagen über das Wasser versucht, und der Philosoph Heraklit, dem die Menschheit die Einsicht verdankt, dass »alles fließt«, hat sich auf vergleichbare Weise mit dem Element Feuer eingelassen. Wasser und Feuer sollten in diesen Vorstellungen und Denkangeboten so etwas wie Grundsubstanzen sein, aus denen sich die veränderliche Vielfalt der Dinge zusammensetzt und in ihre einsichtige und spürbare Erscheinung tritt. Dabei ist anzumerken, dass es diesen Gedanken auch in mehr abstrakter Form in dem Sinne gab, dass sich Menschen eine Urform der Materie, eine »prima materia« dachten, in und mit der die real existierenden Stoffe ihren Ausgangspunkt nahmen.

Es ist bei derartig grundlegenden Einstellungen und Überzeugungen nicht überraschend, wenn auch in religiösen Bewegungen und Bestrebungen an das ›Eine‹ gedacht wird, und es bereitet keine Mühe, dieses Konzept der Gläubigen mit dem einen christlichen Gott gleichzusetzen, der im Laufe der Entwicklung die Vielfalt der griechischen Götter ablösen konnte. Er übernimmt deren Rolle, nachdem sich sein Sohn in die Welt begeben hat, dabei zu den Menschen gekommen und für sie gestorben ist, wie immer wieder erzählt und umfassend geglaubt wird. Es ist der als Mailänder Kirchenvater bekannte Augustinus, der sich in seinen bis heute gelesenen Texten auf diese Weise äußert. In ihnen möchte er die Philosophie der Jahrhunderte nach Christi Wirken mit dem Glauben zusammenfügen, den der Sohn Gottes durch sein irdisches Erscheinen bewirkt und möglich gemacht hat. In einer Schrift »De doctrina christiana« – also »Von der christlichen Lehre« – unternimmt Augustinus bereits im vierten Jahrhundert moderner Zeitrechnung das, was man als eine der wichtigsten Aufgaben eines europäischen Projektes von Bildung ansehen kann. Er versucht, die überlieferte heidnische Wissenschaft der Philosophen aus der griechisch-römischen Welt mit dem erwachenden christlichen Glauben zu verknüpfen und beide Bemühungen um Wahrheit zu versöhnen. In der kurz vor dem Jahre 400 fertiggestellten »Doctrina christiana«, die unter anderem Priestern bei der Vorbereitung ihrer Predigten vor der Gemeinde helfen sollte, heißt es zum Beispiel nach einigen Vorbemerkungen über Götzenbilder bei den Ägyptern und den Auszug Israels aus dem Land am Nil:

> *»Geradeso enthalten sämtliche Lehren der Heiden nicht nur freie Phantasien und abergläubische Wahnvorstellungen, das heißt den Ballast nutzloser Anstrengungen, den wir alle beim Aufbruch aus der heidnischen Gemeinschaft verabscheuen und meiden müssen, sondern auch die freien Wissenschaften, die am besten für das neue Leben in der Freiheit taugen. Bei ihnen sind unschätzbare sittliche Anweisungen und viel Wahres über die Anbetung des einzigen Gottes zu finden.«*

Augustinus zeigt sich überzeugt, dass der Weg aus der von Menschen auf der Erde bewohnten Welt hin zu dem Reich Gottes auch über die Einsichten der Vernunft gelingen kann, und zwar gerade dadurch, dass man sich den sinnlich wahrnehmbaren Phänomenen zuwendet und sich mit ihnen beschäftigt. In seinen Augen muss man sich Gott als den Autor zweier Bücher vorstellen. Eines davon ist die Bibel, die Gottes Wort verkündet – ohne dass dieses damit eindeutig sein müsste und ohne Deutung auskommen könnte. Das zweite ist das Buch der Natur, mit deren Hilfe sich Gott den in und von ihr lebenden Menschen in seiner Schöpfung offenbart, wie zum Beispiel schon beim Apostel Paulus im Römerbrief 1,20 nachzulesen ist. Den Weg zum Heil findet Augustinus zufolge derjenige, der sich um eine geeignete und angemessene Kombination aus Glauben und Vernunft bemüht und mit dem stimmigen und beglückenden Wissen umzugehen lernt, das mit ihrer beider Hilfe erworben werden kann.

»Das Geheimnis des Anfangs«

Augustinus prägte mit seinen Schriften den gesamten weiteren Verlauf der Kirchengeschichte, deren Anfang auf diesen Seiten bislang einfach übersprungen wurde und um den es sich jetzt zu kümmern gilt. Er birgt manche Überraschung, auch wenn die dazugehörigen Geschichten vielen vertraut erscheinen mögen.

»Das Geheimnis des Anfangs« – unter dieser Überschrift des ersten Kapitels seiner »Verzauberung der Welt« versucht der Theologe Jörg Lauster in seiner Darstellung der Kulturgeschichte des Christentums dem näher zu kommen, was Gelehrte seit längerem als »Das Rätsel der Person Jesu« unter ihre wissenschaftliche Lupe nehmen. In einer anderen »Geschichte des frühen Christentums« hat der Kirchenhistoriker Friedhelm Winkelmann plastisch und eindringlich beschrieben, was bei den historischen Ursprüngen der inzwischen erfolgreichsten Religion auf der Erde so schwierig zu verstehen ist. Das Christentum ist nämlich »entstanden ... am Rande des römischen Weltreichs in einer nicht sehr bedeutenden Provinz des Imperiums, weit entfernt von den Zentren der damaligen Macht. Es berief sich auf einen als politischen Verbrecher rechtskräftig Verurteilten, der die Todesstrafe der niedersten sozialen Schichten erlitten hatte.« Und Winkelmann resümiert: »Das waren in der damaligen Welt wenig empfehlenswerte Ausgangspositionen.«

Es ist hier weder der Ort noch die Aufgabe, den trotz mühevoller und abseitiger Anfänge langfristig erfolgreichen Siegeszug des Christentums verständlich darzustellen. Es soll aber versucht werden, auf zwei Aspekte hinzuweisen, die weniger mit dem angebeteten Gott und mehr mit der Natur der oder des Menschen zu tun haben, wie sie in diesem Buch vertreten wird. Der eine Aspekt betrifft die unübersehbare Verbindung zwischen Glaube und Gewalt, auch wenn davon nicht gerne und vor allem nicht in lauten Tönen die Rede ist. Das Christentum wurde nicht zufällig zu der Zeit Staatsreligion, zu der ein Kaiser namens Konstantin am 28. Oktober 312 vor den Toren Roms in einer entscheidenden Schlacht gegen die Truppen eines Usurpators namens Maxentius den Sieg davontragen konnte. Der militärische Triumph kam – wie die Anhänger der neuen Religion unmittelbar und gerne glaubten – offenbar zustande, nachdem Konstatin in der Nacht vor der Schlacht im Traum ein Kreuz mit den Anfangsbuchstaben des Christentums erschienen war und er dabei die Worte hörte: »Dadurch siege«.

Generell gilt leider, dass all das Großartige, was das Christentum hervorgebracht hat, oftmals mit brutaler Gewalt verbunden ist, wie der Theologe Lauster ohne Umschweife schreibt, der in seinem Buch auch eine kleine Geschichte der Kreuzzüge erzählt und dabei von Menschen berichten muss, die »bis an die Knöchel im Blut wateten auf Straßen, die mit Leichen bedeckt waren«. Gewalt im Interesse der Religion galt bedenkenlos als etwas Gutes, da es ein Dienst für Gott war, und von dem Einsatz von Folterinstrumenten im Rahmen von Inquisitionsverfahren hat sicher schon jeder so viel gehört, dass man ein Leben lang davon verfolgt wird. (Übrigens, es braucht Zeitgenossen im frühen 21. Jahrhundert gegenüber nicht eigens erwähnt zu werden, dass die Gegenwart erneut erlebt, wie Mord als Gottesdienst verstanden und radikal praktiziert wird, wobei diesmal andere Religionen als die christliche mit höchster Brutalität gegen Ungläubige vorgehen, dabei rücksichtslosen Terror verbreiten und sich auf der Seite der Gerechtigkeit fühlen – wobei neu nur ist, dass sie sich stolz mit ihren Waffen als Mörder vor den Fernsehkameras präsentieren und ihren Hass auf diese Weise in die Wohnzimmer der ganzen Welt hinausschreien.)

An dieser Stelle, an der die zivilisierten Menschen bedrohlich wirkende Gewalt betrachtet wird, kann einem die zynische Bemerkung einfallen, die Orson Welles als Harry Lime in dem Film »Der dritte Mann« zur Verteidigung seiner Verbrechen anführt und die lautet: »In den dreißig Jahren unter den Borgias hat es nur Krieg gegeben, Mord, Terror und Blutvergießen, aber dafür gab es Michelangelo, Leonardo da Vinci und die Renaissance. In der Schweiz herrschte brüderliche Liebe, 500 Jahre Demokratie und Frieden. Und was haben wir davon? Die Kuckucksuhr!«

Möglicherweise kommen große Leistungen tatsächlich nur unter schweren Kämpfen mit zahlreichen und großen Opfern zustande, aber dieser Gedanke soll an dieser Stelle nur angedeutet und nicht weiter verfolgt werden, um eine weitere Besonderheit des Christentums anzusprechen, die sich in den in diesem Buch vertretenen Gedanken des Einen durch das Andere fügt.

Das Christentum lässt nämlich von Anfang an eine Art von Doppelgesichtigkeit erkennen, wie sie der eingangs vorgestellte zweifache Himmel über den Menschen bis heute behalten hat. Auf der einen Seite wendet sich die christliche Botschaft zum Beispiel an die intelligenten und gebildeten Schichten mit erkenntnistheoretischen Themen, was den Philosophen Friedrich Nietzsche dazu brachte, das Christentum verächtlich »Platonismus für das Volk« zu nennen. Er wollte damit vermutlich ausdrücken, dass es in dem dazugehörigen Denken mehr um ewig währende Ideen und der ihnen zukommenden eigenen Weise des Existierens und weniger um die kleinen Wirklichkeiten im veränderlichen Alltag ging, mit denen die Menschen beschäftigt waren.

Auf der anderen Seite bot das Christentum neben den wolkigen philosophischen Angeboten konkret nachvollziehbare ethische Anweisungen in Form von Geboten für einfache Menschen – unter anderem »Du sollst nicht töten. Du sollst den Namen des Herrn nicht missbrauchen. Du sollst nicht falsch gegen deinen Nächsten aussagen. Du sollst den Sabbat heiligen« –, die im Anschluss an diese Vorgaben vermutlich zu ihrer Beruhigung wussten, wie sie in ihrem irdischen Leben vorzugehen hatten, um ihrem Gott zu gefallen.

Die Doppelgesichtigkeit zeigt sich auch in der Gestalt Jesu, der Menschensohn und Gottessohn zugleich sein soll, auch wenn das für den Autor schwer vorstellbar ist, und sie zeigt sich in dem mehr als tausend Jahre währenden Streit um die richtige Deutung der Lehren Christi, der ja – ähnlich geschickt wie Sokrates – keine schriftlichen Zeugnisse hinterlassen hat. Was Jesus gedacht und gesagt hat, ist zum Beispiel durch seine Jünger und die Apostel überliefert, die sich aber keineswegs einig zeigen, wie sich etwa an der Auseinandersetzung zwischen Petrus und Paulus zeigt, die ihre Fortsetzung in einer Debatte der Kirchenväter findet. Der aus Alexandria stammende Origines vertrat zum Beispiel die Ansicht, dem Menschen stehe es zu, nach freiem Willen zu leben und über sein Vorgehen zu entscheiden, während der bereits zitierte und der römischen Provinz »Africa« entstammende Augustinus meinte, dass es eine göttliche Vorbestimmung für jeden Einzelnen und seine Handlungsweisen gibt, die ihn zwar bindet – rückbindet, wie es im Wort »Religion« zum Ausdruck kommt –, die ihm dabei aber trotzdem noch Raum für mögliche Entfaltungen lässt.

Es braucht nicht betont zu werden, dass Themen und Fragen dieser Sorte offenbleiben und bis heute erörtert werden, und es könnte sein – so die Lieblingsdeutung des Autors –, dass das Christentum seine Anhängerschaft und seine Überlebensstärke gerade durch diese unentscheidbaren und dadurch ewig währenden Auseinandersetzungen bekommen hat. Sie mussten letztlich die Trennung von Katholiken die Protestanten hervorbringen – ein historischer Prozess, der ja auch als Lebensfähigkeit und Stärke des Glaubens verstanden werden kann. Es sind eben besonders Streitkulturen, die im Laufe der Geschichte stark und damit dauerhaft und wettbewerbsfähig werden und die wechselnden Zeiten überstehen, die für das Christentum bereits begannen, als es zu einem allmählichen Auseinanderbrechen der spätantiken und frühmittelalterlichen Welt in einen weströmischen – lateinisch sprechenden – und einen östlichen – das Griechische bevorzugenden – Teil mit Zentren in Rom und Byzanz kam.

Mit anderen Worten: Das Christentum konnte nur als eine Streitkultur überleben. Es hat sich auch von Anfang an – zum Vorteil von allen Menschen – mit der Wissenschaft um die Frage nach der Wahrheit oder nach dem »Einen« gestritten, und auf diese Debatte soll im Folgenden eingegangen werden. Sie fängt nicht sofort an, nachdem sich die ersten christlichen Gemeinden gegründet haben, und insgesamt gilt es erst einmal eine Lücke von mehr als tausend Jahren zu überbrücken, bevor die europäische Kultur wieder bereit und fähig ist, ihr Wissen zu erweitern. Das Abendland legt bekanntlich erst einmal eine Verschnaufpause ein, nachdem Giganten wie Aristoteles seine »Metaphysik« verkündet hatte oder andere kluge Männer wie Lukrez ihr Pulver »Über die Natur der Dinge« verschießen konnten. Wenn überhaupt, dann wird das Wissen im arabischen Teil der Welt verwahrt und vermehrt, wie in dem entsprechenden Kapitel noch genauer geschildert wird, das weiter unten zu finden ist. An dieser Stelle bleibt die Beschreibung erst einmal im europäischen Rahmen.

Die neunte Sphäre

Wissen braucht einen Ort, an dem es gesammelt, vermehrt und gelehrt wird, und die christlichen Gemeinschaften des Westens haben deswegen zuerst Klosterschulen und dann Kathedralschulen eingerichtet, an denen seit dem 9. Jahrhundert der modernen Zeitrechnung zum Beispiel die »Sieben Freien Künste«, die »septem artes liberales«, auf dem Lehrplan standen. Diese

Sieben Freien Künste entstammten der römischen Kultur und ihrer höheren Bildung, wobei diese Einteilung des Stoffes auf den Philosophen und Naturforscher Seneca zurückgeht, der auch als Lehrer von Kaiser Nero tätig war. Die sieben Fächer umfassten drei sprachliche Disziplinen – nämlich Grammatik, Rhetorik und Dialektik – und vier mathematisch-naturwissenschaftliche Bereiche – nämlich Arithmetik, Geometrie, Astronomie und Musik, wobei die letzten beiden bereits die Harmonie der Sphären anklingen lassen, für die sich viele Menschen in den kommenden Jahrhunderten interessieren werden.

Es kommt hier weniger darauf an, die Formate des Bildungswesens vorzustellen – ein Thema, mit dem sich zum Leidwesen des Autors rasch erschöpft, was die meisten Bildungsforscher und -politiker der Neuzeit auf ihrem Gebiet unternehmen. Es kommt bei der Debatte um Bildung vordringlich und fast ausschließlich darauf an, welches Wissen inhaltlich bei diesem Tun zu berücksichtigen und auf welche didaktische Weise zu vermitteln ist. Dabei zeigt sich zum Beispiel, wie Musik und Astronomie zusammenfinden, nämlich in der Person des griechischen Mathematikers und Musiktheoretikers Claudius Ptolemäus, der im ersten nachchristlichen Jahrhundert in der großen Bibliothek von Alexandria saß und unter anderem sowohl eine »Harmonik« verfasste als auch ein geometrisches Modell der himmlischen Sphären ausarbeitete. Er veröffentlichte seine Vorstellungen in einem Werk, das ursprünglich »Al-madschisti« hieß – was in seiner Sprache die Kunst der Himmelsbeobachtung meint –, wobei aus dem Titel in den folgenden Jahrhunderten das lateinische Wort »Almagestum« wurde, das die Gegenwart inzwischen als »Almagest« abkürzt. In diesem »Almagest« des Ptolemäus findet man das berühmte geozentrische Weltbild, das seinen Namen trägt und in dem – wie das Attribut sagt – sich die Erde im Zentrum der Welt befindet, um die sich dann die üblichen sieben Planeten auf Kreisen bewegen – Sonne, Mond, Saturn, Jupiter, Mars, Ve-

nus und Merkur. Das heißt genauer, dass es sieben kugelförmige
Sphären gab, in denen sich die Planeten befanden und mit deren
Hilfe sie sich drehten. Die Himmelskörper selbst verharrten still
in den rotierenden Sphären, die ihre Bahnen in geometrischer
Perfektion zogen, wobei niemand fragte, woher die Energie für
derartige Bewegungen geliefert wird oder gekommen sein kann.

Natürlich kannte Ptolemäus die antiken Schwierigkeiten mit
den Wanderern am Himmel, aber anders als Platon, der es sich
einfach machte und dem oberflächlichen Augenschein seine tiefere Bedeutung absprach, versuchte Ptolemäus das Problem dadurch zu lösen, dass er neben den Kreisen noch untergeordnete
Drehungen einführte, die berühmten sogenannten Epizyklen,
die er den planetaren Umlaufbahnen überstülpte und die man
sich als kreisende Kreise denken darf. Das klingt für moderne
Ohren etwas merkwürdig, hat sich aber nicht nur mehr als tausend Jahre gehalten, sondern ist in dieser Zeit sogar christlich
aufgeladen und damit offenbar besonders überzeugend geworden, vor allem für gebildete Menschen, die in der Tradition von
Augustinus Wissen und Glauben vereinen wollten.

Natürlich blieb es schwierig, sich mit den Epizyklen abzufin-
den und erst recht, sie – wie und wodurch auch immer – zu verstehen. Aber Ptolemäus hatte noch mit einem anderen Problem
zu kämpfen, das die moderne Astronomie unter dem Stichwort
»Präzession« kennt und das eine Bewegung des in der Nacht
beobachtbaren Himmelspols erfasst, um den sich die Gestirne
von Osten nach Westen drehen, wobei die Zusatzdrehung der
Erde ebenfalls in die ost-westliche Richtung erfolgt. Die bereits
in vorchristlicher Zeit beobachtete – sehr langsame – Drehung
namens Präzession versuchte Ptolemäus durch die Einführung
einer neunten Sphäre am Himmelszelt zu verstehen, wobei die
zunächst überraschende Zahl Neun dadurch zustande kommt,
dass der Astronom in Alexandria neben den sieben Planetensphä-
ren noch eine achte Sphäre der Fixsterne als gegeben ansah, weil

er in seinem Konzept etwas benötigte, das über die Gestirne in die Weiten des Kosmos hinausreichte.

Die neunte Sphäre des Ptolemäus repräsentiert ein philosophisches Denken, das Historiker als Neoplatonismus bezeichnen, womit sie den in den ersten christlichen Jahrhunderten unternommenen Versuch meinten, die alte Philosophie Platons in die neue Religion einzugliedern und das Heidnische mit dem Heiligen zu verknüpfen. In diesem Denkmuster gab es das »Eine«, also den Gott, das schlechthin Gute, das an der Spitze einer streng geordneten Hierarchie stand, wie sie Ptolemäus konsequenterweise mit seinem Werk am Himmel verortete. Dieses »Eine« und »Erste« bekam im Laufe der Geschichte den Namen eines »Primum Mobile«, eines ersten Bewegten also, das natürlich an den unbewegten Beweger von Aristoteles erinnert. »Das Primum Mobile bildet nicht nur den Schlussstein des Kugelschalensystems – es markiert auch den Abschluss in der Entwicklung des antiken Weltbilds. In dieser Gestalt hat der griechische Kosmos Eingang in die christliche Kultur des Abendlandes gefunden«, wie es der Schweizer Physiker Bruno Binggeli in seinem Buch mit dem Titel »Primum Mobile« ausdrückt. Binggeli weist weiter darauf hin, dass unter diesem Himmel der Satz gilt, »alles Gute kommt von oben«, wie es der Volksmund heute noch ausdrückt und wie Menschen es vorführen, wenn sie vor Glück ihre Arme in die Höhe und zum Himmel strecken, wenn ihnen nach Jubel zumute ist.

In dem von Ptolemäus vorgelegten geozentrischen Weltbild ist es zudem angemessen, dass die Erde im Mittelpunkt steht, was ja nicht als Hochmut, sondern als Akt der Demut zu verstehen ist. Die Mitte der Welt, das ist schließlich unten, das ist dort, wo der Dreck landet, das ist dort, wo Menschen als Empfänger des göttlichen Willens, der von oben kommt, und die dazugehörigen Festlegungen und Gnadenserweisungen warten. Wenn Kopernikus im 16. Jahrhundert die Erde aus dem Zentrum nimmt und die Sonne dort positioniert, dann kann er die Menschen nicht mehr erniedrigen, auch wenn dies immer wieder behauptet wird und viele Zeitgenossen das nach wie vor meinen. Als sich Kopernikus ans Werk macht, befinden sich die Menschen ganz unten. Weiter unten geht nicht. Der polnische Astronom und Domherr unternimmt nun mutig das Gegenteil. Kopernikus erhöht die Stellung der Menschen und gibt ihnen einen Ort, der im himmlischen Gefüge weiter oben und damit näher bei dem einen Gott ist, den sie anbeten.

Als Dante zu Beginn des 14. Jahrhunderts seine »Divina Commedia«, also die »Göttlichen Komödie«, schrieb, sah die Ordnung am Himmel und die Lage der Menschen noch anders aus. In seinen Versen übernimmt Dante die christlich aufgeladene Version der Ptolemäischen Weltordnung – und fügt ihr eine besondere Variante hinzu. In dem großen Gedicht wird geschildert, wie Dante mit seiner Geliebten, Beatrice, durch alle Himmelssphären hindurchsteigt, bis beide das Primum Mobile erreichen, das auch als Kristallhimmel oder Empyreum bezeichnet wird und natürlich voller Licht ist. In ihm erblickt Dante das Bild der göttlichen Dreieinigkeit, was zwar für heutige Ohren geheimnisvoll bleibt, was dem Dichter aber eine andere Einsicht ermöglichte, die nachvollziehbar ist. In der letzten Zeile der »Göttlichen Komödie« erfahren die Leser nämlich eine neue Deutung des unbewegten Bewegers oder des Primum Mobile, je nachdem, wie und was man will und wozu einem mehr der Sinn steht. Dante greift die berühmte Bemerkung des Apostels Johannes auf, dem zufolge Gott die Liebe ist. Es ist tatsächlich die Liebe, so Dante zum Ende der »Göttlichen Komödie«, »welche die Sonne und die anderen Sterne bewegt«: »l'amor che move il sole e l'altre stelle«. Es ist die Liebe Gottes, welche die Welt bewegt. Und viele Menschen wissen aus ihrem Erleben, dass das stimmt.

Übrigens: Wem das jetzt zu glaubensselig und schwärmerisch vorkommt, der kann mit einem Satz aus der britischen Zeitung »New Scientist« auf die Erde der wissenschaftlichen Tatsachen zurückgeholt werden. Ihr zufolge gilt: »It's not love that makes the world go round. It's photosynthesis.« Es ist nicht die Liebe, die die Welt am Laufen hält. Es ist die Photosynthese (und die Energie, die der Sonne dabei für das Leben abgerungen und in die irdischen Kreisläufe eingefügt wird). Aber das konnte Dante noch nicht wissen.

Aristoteles im Mittelalter

Mit Dantes »Göttlicher Komödie« ist bereits das 14. Jahrhundert erreicht, bis zu dem eine unglaubliche Menge passiert ist, was es hoffentlich ermöglicht, sich von dem Gedanken an das Mittelalter als einer finsteren und rückständigen Zeit zu lösen. Der Begriff einer dunklen Epoche der Geschichte ist für die Jahrhunderte um das Jahr 1000 herum völlig unangebracht. Das Mittelalter kann im Gegenteil mit einem modischen Wort der Gegenwart als höchst innovativ bezeichnet werden. Inzwischen sprechen Historiker sogar von technischen Revolutionen in dieser Zeit, und sie meinen damit die Nutzung der Kräfte von Wind und Wasser, die Modernisierung der Geräte zur Bearbeitung des Bodens – radgestützte Pflugscharen –, den verbesserten Einsatz von Tieren in der Landwirtschaft, die Vervollkommnung des Pferdegeschirrs, das Beschlagen von Hufen mit Eisen, die Einführung des Steigbügels und manches mehr wie die Verwendung eines Kompass bei der Seeschifffahrt.

Dem Mittelalter verdanken die Menschen auch eine bis zum heutigen Tage existierende und nach wie vor lebendige Institution, nämlich die Universität, wobei sich das Wort vom lateinischen »universitas« ableitet, was eine gleichberechtigte Gemeinschaft von Lehrenden und Studierenden meinte, auch wenn die heute schwerlich zu finden sein wird. Wenn überhaupt etwas den Namen einer Innovation verdient hat, dann die mittelalterliche Idee der Universität, für die es in der Antike kein Vorbild gab.

Es gab zwar in Ägypten und Mesopotamien staatlich betriebene Schulen, die auch zur Bewahrung des Wissens beigetragen haben, aber ein geistiges Leben hat sich dabei nicht entwickelt, wie Historiker es bewerten. Und die philosophischen Schulen von Athen lassen zwar Schritte in Richtung einer Universität der mittelalterlichen Form erkennen, aber die antiken Einrichtungen blieben auf einzelne Gelehrte und deren Disziplin ausgerichtet und sind auch mit deren Tod zum Erlöschen gekommen.

Unter Karl dem Großen wurde zwar ein flächendeckendes System kirchlicher Lehrstätten errichtet, an denen die Sieben Freien Künste vorgetragen wurden, aber als im 11. und 12. Jahrhundert immer mehr Menschen in Städten wohnten und sowohl deren Zahl als auch deren Bedeutung zunahmen, verlagerte sich der Schwerpunkt des Unterrichtens von den Klosterschulen auf dem Lande auf staatliche Einrichtungen vor Ort. Was in ihnen gelehrt wurde, richtete sich nach dem, was etwa Kaufleute für ihren Beruf brauchten – das Rechnen zum Beispiel und das Aufsetzen von Verträgen –, und was angeboten wurde, traf auf eine immer wissensdurstiger werdende Kultur und Bevölkerung. Zu den wesentlichen Neuerungen dieser Zeit gehört die etwa um 1200 erfolgte Einführung der heute gebräuchlichen arabischen Ziffern 0, 1, 2, 3, 4, 5, 6, 7, 8 und 9, mit denen die römische Art des Zahlenschreibens abgelöst wurde. Diese Umstellung ist vor allem dem Rechenmeister aus Pisa zu verdanken, einem Mann namens Leonardo da Pisa, der in die Geschichte der Mathematik als Fibonacci eingegangen ist. 1202 legte er sein Rechenbuch »Liber abbaci« vor, mit dessen Hilfe klar wurde, wie sehr viel leichter das Rechnen mit den eleganten arabischen Ziffern im Vergleich zu dem Hantieren mit den klobigen römischen Gebilden ist. Wer sich davon selbst überzeugen will, kann ja einmal versuchen, mit römischen Ziffern 27 und 53 zu multiplizieren, also auszurechnen, was XXVII mal LIII gibt. Für das Dividieren gab es damals sogar eigene Professuren, was sich merken sollte, wer das kleine und große Einmaleins immer noch meint, gering schätzen zu können und sich keine Mühe mit dem Kopfrechnen geben will.

Insgesamt gilt: Vom 12. Jahrhundert an zeigte sich im Westen Europas ein wachsendes Bedürfnis nach Kenntnissen und geistiger Erneuerung, und viele Gelehrte machten sich auf die anfänglich mühsame Suche nach verbliebenen Spuren des griechischen Erbes, das dem lateinischen Mittelalter abhandengekommen war und verloren zu sein schien. Als Quellen für das erwünschte Wissen nutzen die Suchenden arabische Werke und griechische Texte aus klassischer und hellenistischer Zeit, und das bei der Lektüre aus ihnen Gewonnene wurde im 13. Jahrhundert Bestandteil des Lehrstoffs an den neu gegründeten Universitäten in Europa.

Konkret lässt sich im 12. Jahrhundert eine rechte Übersetzerwut konstatieren, mit deren Hilfe lateinkundigen Lesern die griechischen und arabischen Manuskripte zu philosophischen und naturwissenschaftlichen Themen zugänglich wurden. Vor dem Hintergrund der oben aufgezählten technischen Innovationen begannen die lesenden Gelehrten den Wert des Neuen zu erkennen und Traditionen und die dazugehörigen Autoritäten zwar zu beachten, aber zugleich auch deren An- und Einsichten in Frage zu stellen. Dabei entstand zum Beispiel durch den 1151 gestorbenen Gelehrten Thierry von Chartres die Idee, dass Gott zwar die Welt geschaffen habe, es ihr aber zugleich mit Hilfe von ihr innewohnenden Gesetzmäßigkeiten möglich machte, natürliche Vorgänge ohne göttliches Eingreifen ablaufen und ihren Gang gehen zu lassen. Wer über die Natur nachdachte, begann mutig und optimistisch, sie als etwas zu begreifen, das ein menschlicher Geist erforschen und verstehen könne, und mit dieser Überzeugung war die haltbare Basis für eine rationale Welterklärung bereitet. Wie sich herausstellte, standen die Menschen damit keineswegs vor einer leichten Aufgabe. Sie sahen sich im Gegenteil einer großen intellektuellen Herausforderung gegenüber, wie sie auch Jahrhunderte später noch bleibt.

Anfänglicher Ausgangspunkt vieler Überlegungen und Untersuchungen wurden die Schriften von Aristoteles, die im 12. und 13. Jahrhundert umfassend übersetzt und rezipiert wurden. Und sein Werk überzeugte viele Menschen, weil es ein logisch aufgebautes, in sich geschlossenes und umfassendes Modell einer Welterklärung zu liefern schien, auch wenn sich aus heutiger Sicht daran vieles merkwürdig ausnimmt. Bei ihm gibt es weder Atome noch den leeren Raum. Jeder Körper galt als in eine Form von Materie eingebettet, also zum Beispiel in Luft oder Wasser, was natürlich nicht mehr in den Sphären oberhalb der Mondbahn gelten konnte, weshalb Aristoteles dort ein fünftes Element namens Äther angesiedelt hatte, wie man im frühen Mittelalter beim Studium seiner Werke als Wissen aufnahm und lehrte.

Bewegungen werden in diesem Denksystem als natürliche und künstliche unterschieden. Ein Beispiel für die erste Art ist der freie Fall, bei dem ein Körper – Aristoteles zufolge – dem Ort zustrebt, der zu ihm gehört. Und ein Steinwurf repräsentiert den zweiten Fall, wobei der Philosoph merkwürdigerweise annahm, die künstliche Bewegung höre auf, wenn keine Kraft mehr wirke, um sie zu bewirken, auch wenn die Tatsache, dass ein Stein seinen Weg fortsetzt, wenn er die ihn werfende Hand verlässt, dabei unverstanden bleibt.

Auf das Verständnis der Bewegung wird gleich noch einmal eingegangen. Es sollte aber mit den wenigen bisherigen Beschreibungen klar geworden sein, dass die Lehren des Aristoteles ihre Tücken haben. Und so kann verstanden werden, weshalb ab 1210 an der Pariser Universität wiederholt untersagt wurde, etwa die Einschränkung der Allmacht Gottes bei Aristoteles und seine Ideen von der Endlichkeit der Welt und der Unsterblichkeit der Seele zu lehren. Im Jahre 1277 wurden sogar 219 Thesen des griechischen Philosophen verworfen und von der gelehrten Welt versuchsweise unterdrückt. Aber diesen Anstrengungen entgegen standen die Bemühungen des Dominikanermönchs und Bischofs

Albertus Magnus, der sich im 13. Jahrhundert zusammen mit seinem prominentesten Schüler, dem berühmten Thomas von Aquin, die wahrlich große Aufgabe stellte, die aristotelische Philosophie in das christliche Weltbild einzugliedern. Albert und Thomas sahen ihre Aufgabe als Lehrer darin, die Zuständigkeitsbereiche von Wissenschaft (Philosophie) und Glauben (Religion) gegeneinander abzugrenzen, wobei beide davon ausgingen, dass es grundsätzlich keinen Konflikt zwischen Wissen und Glauben geben kann. Schließlich muss es Gott doch selbst gewesen sein, der den Menschen, seinen Geschöpfen, die beiden grandiosen und wundersamen Fähigkeiten zusammen verliehen hat.

Der Impetus

Bevor im Folgenden mehr über Albertus Magnus und sein Bemühen um die Harmonie von Glauben und Wissen erzählt wird, soll noch ein Blick auf das Problem der Bewegung gerichtet werden, das Aristoteles eher unbefriedigend behandelt hat und um das sich vom 12. Jahrhundert an mittelalterliche Gelehrte gekümmert haben. Sie haben dabei eine Alternative entwickelt, die unter Historikern inzwischen als Impetustheorie bekannt ist und die kommenden Jahrhunderte bis Galileo Galilei überlebt.

Bereits in der Antike war einigen Beobachtern aufgefallen, dass es einfach nicht stimmte, was Aristoteles über die Bewegung von Gegenständen auf der Erde geschrieben hatte und für die es daher eine andere Ursache zu finden galt als für die Umläufe der Himmelskörper. Steine und Speere flogen einfach weiter, wenn sie den Wurfarm oder die Wurfhand verließen und also keine Kraft mehr auf sie wirkte, was nach Aristoteles bedeutete, dass die erwähnten Steine und Speere zur Ruhe kommen und also direkt zu Boden fallen mussten. Der neue Gedanke bestand darin, dass der Werfer einem Stein oder der gespannte Bogen einem abgeschossenen

Pfeil etwas verlieh, was die abgefeuerten Gegenstände weiter-
fliegen lassen konnte, und diesem Etwas gab man den Namen
Impetus. Wer sich ein organisches Bild an dieser Stelle machen
möchte, kann bei dem Impetus an eine mechanische Wegzeh-
rung denken, die im Laufe der Zeit verbraucht – verzehrt – wird
und die Bewegung zu einem Ende kommen lässt. Steine und
Pfeile fallen irgendwann auf die Erde, und zwar dann, wenn der
Impetus seinen Zweck erfüllt hat und zu null geworden ist.

Als wichtigsten Vertreter der Impetustheorie kennt die Wissenschaftsgeschichte den in Paris tätigen Gelehrten Jean Buridan,
der im 14. Jahrhundert lebte und dessen Namen viele gehört
haben, weil er in einem Problem auftaucht, das Buridans Esel
nicht lösen kann. Buridan fragte sich, wie sich ein Esel, der in der
genauen Mitte zwischen zwei genau gleich großen Heuhaufen
steht, entscheidet, auf welcher Seite er seinen Hunger stillt. Oder
bleibt er bewegungslos an seinem Ort und verhungert zwischen
den beiden Angeboten? Die Idee zu dem Esel hatte Buridan aus
ethischen Schriften von Aristoteles, in denen der Philosoph der
Antike fragt, ob der Wille eines Menschen in der Lage ist, sich
zwischen zwei vollkommen identischen Alternativen zu entscheiden – also dem rechten und dem linken Heuhaufen bei Buridans Esel oder der Frage bei Wanderern ohne Karte, ob sie an
einer Weggabelung nach links oder rechts abbiegen sollen. Was
Buridans Esel angeht, so hat der mittelalterliche Gelehrte zwar
vorhergesagt, dass der Esel unbeweglich in der Mitte verharrt und
verhungert. Das Dilemma lässt sich aber längst humaner klären,
und zwar durch den Hinweis, dass es zum einen in der Wirklichkeit keine vollkommen identischen Heuhaufen gibt und dass
der Kopf des Esels zum zweiten hin und her schwankt, was ihn
stets näher bei einem der anvisierten Futterplätze sein lässt, den er
dann auch schnurstracks ansteuert, um sich satt zu essen.

Was das Verständnis von Bewegungen angeht, so kam die
Wissenschaft mit dem Impetus nicht wirklich weiter, musste sie

doch zum Beispiel annehmen, dass ein fliegender Pfeil direkt zu
Boden stürzt, wenn sein Impetus vertilgt ist, was aber jeder Bo-
genschütze als Unsinn entlarven konnte. Außerdem griffen weder Aristoteles noch seine mittelalterlichen Kommentatoren auf
den Begriff der Geschwindigkeit zurück, der erst in der Mitte des
14. Jahrhunderts aufkommt, als eine Gruppe von Logikern an
einem College in Oxford auf die wahrlich weiterführende Idee
kam, den Qualitäten von Körpern – also etwa ihrer Beweglich-
keit oder ihrer Wärme – auch quantitative Größen beizumes-
sen – also eine Geschwindigkeit oder eine Temperatur, wie heute
jedermann vertraut ist und ganz selbstverständlich erscheint. Es
ist auch bemerkenswert, dass die Gelehrten am Merton College
in Oxford, die als ihren führenden Kopf den späteren Erzbischof
von Canterbury in ihren Reihen hatten, mathematische Methoden anzuwenden versuchten, um die real ablaufenden Vorgänge
beschreiben und berechnen zu können.

Wenn die Impetustheorie auch nur eine Zwischenstufe auf
dem Weg zu der Mechanik war, die Isaac Newton im 17. Jahrhundert begründen wird, wie noch zur Sprache kommt, so hat
Jean Buridan die Idee trotzdem benutzt, um die Bewegung der
Gestirne zu erklären. Gott – so meinte der Pariser Gelehrte – habe den Himmelskörpern bei seiner Schöpfung einen Impetus
verliehen, und seitdem bewegen sie sich auf den beobachtbaren
Bahnen, und keine andere – irdische oder überirdische – Kraft
werde mehr benötigt.

Robert Grosseteste

Wenn eben von dem Einsatz mathematischer Methoden in Oxford die Rede war, kann die Frage auftreten, ob sich diese historisch bedeutsame Entwicklung erklären und auf Vorgänger zurückführen lässt. In dieser Art der Formulierung spürt man sicher

sofort, dass der Autor darauf eine Antwort geben kann, und es war tatsächlich der um das Jahr 1200 in England tätige Bischof von Lincoln, der die Bedeutung der Mathematik für die Naturforschung seit dem 13. Jahrhundert betont hat. Sein Name lautet Robert Grosseteste, und er hat persönlich einige Schriften von Aristoteles übersetzt – »De caelo« zum Beispiel – und in zahlreichen eigenen Abhandlungen selbst das entworfen, was man eine Metaphysik des Lichts nennen kann. Der Geistliche Grosseteste kann als Autor zahlreicher wissenschaftlicher Texte vorgestellt werden – sie handeln unter anderem von Kometen, von der Luft, von Farben, von der Hitze der Sonne und vom Regenbogen –, aber sein Buch mit der größten Bedeutung erzählt »Vom Licht«, »De luce«. Dabei wählte er im Gefolge von Augustinus einen neoplatonischen Ansatz, was ihn zu einem Gedanken führte, der für moderne Ohren etwas vertrackt klingt. Am Firmament entdeckte Grosseteste nämlich keine gewöhnliche Materie. Er sah dort vielmehr die Dinge in ihrer einfachsten Form, die er »first form« oder »first matter« nannte. Entsprechend wies er auch dem Licht eine »first form«, eine erste Erscheinungsform zu, die von ihm Lux genannt wurde. Am Anfang der Zeit, so sah es Grosseteste, hat Gott die erste Form des Lichts geschaffen, die sich dann unendlich oft multiplizieren und dabei ein Gebilde mit einer feststellbaren Größe generieren konnte, dem er den hübschen Namen Quantum gegeben hat. Dieser Ausdruck wird in moderner Bedeutung noch ausführlich zur Sprache kommen, wenn mit dem Beginn des 20. Jahrhunderts die moderne Physik namens Quantentheorie entworfen wird, mit der vieles über den Haufen geworfen und der Glaube an Gott ganz neu zu diskutieren sein wird.

Noch befindet sich die Darstellung im Mittelalter, und das physikalische Universum entsteht – nach Grosseteste – durch unendliche Multiplikation der ersten Formen von Licht, bis die erste Ausgabe der ausgedehnten Materie erscheint. Der Bischof von Lincoln fragte dann weiter, ob und wie sich der Anfang dieses

Vorgangs fixieren lässt, ob also der Welt ein Beginn zugewiesen werden kann, und er rang mit der Ansicht des Aristoteles, der in seinen Schriften von einem ewigen Kosmos gesprochen hatte, in dem er keinen Anfangsmoment feststellen konnte. Grosseteste übernahm das Konzept der Ewigkeit, und er versuchte wie Augustinus vor ihm herauszufinden, ob es so etwas wie Ewigkeit vor der Zeit oder Zeit nach der Ewigkeit gibt, wobei der Bischof von Lincoln zulässt, dass die Wörter »vor« und »nach« nicht unbedingt zeitlich, sondern auch räumlich gemeint sein können.

Zu dieser rätselhaften Zeit gehört auch die Zukunft, die in einer Welt voller gläubiger Menschen etwas ist, das Gott ebenso wie die Zahl der Punkte kennt, die eine Linie ausmachen. Was den Blick über die Linie hinaus nach vorne angeht, so stellt sich für den Fall, dass es das angeführte Wissen über das Kommenden tatsächlich gibt, das Problem der menschlichen Freiheit, was Grosseteste nicht entgangen ist und was er lang und breit erörtert. Freiheit bezieht sich dabei für den gelehrten Bischof von Lincoln auf eine Entscheidung, die jemand von sich aus im Denken trifft, also auf einen Akt der Vernunft. Und der Agierende ist dabei möglichweise nicht unbedingt frei, wie er meint, sondern nur in einem abgeleiteten Sinn, was heißt, dass die Vernunft nur dem Willen die Richtung vorgibt, der danach immer noch frei wählen und sich entscheiden kann.

Es geht – wie so oft in diesen Zeiten – unter den Gelehrten ziemlich spitzfindig zu, und moderne Leser können auf der einen Seite die Spannweite des jeweils dargebotenen Wissens bewundern. Sie können sich aber zugleich auch wundern über alle Nebengedanken, die in den Hauptstrom der Philosophie einfließen. Es bleibt schwierig aus der heutigen Perspektive, genau anzugeben, was Grosseteste gemeint und vorgelegt hat, selbst bei der Frage, ob der Bischof bei seinem Bemühen um Wissen methodisch vorgegangen oder vor allem spekulativ und deduktiv verfahren ist, also von einer mehr oder weniger willkürlichen Festsetzung ausgehend logisch zugängliche

Ableitungen vorgenommen hat. Es gibt wenigstens einen Vorschlag von Grosseteste, so etwas wie ein kontrolliertes Experiment zu unternehmen, als es nämlich ausgerechnet nicht um himmlische, sondern um irdische Körper und bei den dazugehörigen Personen konkret darum ging, den Grund für eine Gallenerkrankung herauszufinden. Es ist weder bekannt, was die kontrollierte Beobachtung ergeben hat, noch dass Grosseteste dasselbe Verfahren an anderer Stelle empfohlen hat. Immerhin hat er – wie oben erwähnt – die Bedeutung der Mathematik für die Erkundung natürlicher Phänomene erkannt und konkret »the power of geometry« sowohl für die Forschung als auch für die Lehre empfohlen. Mindestens an dieser Stelle war der Bischof von Lincoln seiner Zeit um Jahrhunderte voraus. Und da gab es vielleicht noch eine zweite Stelle. Die oben gestellte Frage, wie viele Punkte eine Linie ausmachen, beschäftigt Grosseteste physikalisch unter dem Aspekt, dass die Welt aus Atomen besteht, die er sich punktförmig vorstellt. Das bringt das Rätsel mit sich, wie aus Elementen, die keine Teile haben – so sind Punkte definiert –, die Dinge werden können, die ausgedehnt sind. Grosseteste denkt über »unendliches Multiplizieren« nach – und fragt sich, ob es diese unendlichen Reihen von Atomen nur auf der Erde oder auch am Himmel gibt. Er hält es für möglich, dass es einen Satz von Gesetzen sowohl für den irdischen als auch für den überirdischen Bereich gibt, aber er kann dies nur vermuten und erhoffen. Bis zum Nachweis eines Universums statt eines Duoversums brauchen die Menschen noch ihre Zeit.

Albertus Magnus

Der jetzt vorzustellende Gelehrte ist der einzige (auch) als Wissenschaftler tätige Mensch, dem die Nachwelt – und zwar schon im 14. Jahrhundert – den Beinamen »der Große« gegeben hat. Albert wurde »magnus philosophus« genannt, wobei diese Auszeichnung so verwendet wurde wie im Matthäus-Evangelium (5,19), als es in der Bergpredigt heißt, »der wird groß heißen im Reich der Himmel«, der die Menschen lehrt, dass das Gesetz bleibt, »bis alles geschehen ist«. Albert bekam seinen Zusatznamen Magnus als verehrter und vertrauenswürdiger Lehrer, der tatsächlich etwas Großes wollte, nämlich seinen tiefen Glauben an Gott mit dem wachsenden Wissen über die Natur zu versöhnen, das sich im Laufe der Zeit ansammelte und von neugierigen Menschen vermehrt wurde.

Albertus Magnus versteht beides, das Glaubenkönnen und das Wissenwollen, als besondere Grundfähigkeiten und Bedürfnisse des Menschen, und er möchte sie in ihrem Gegenüber hinnehmen und lehren:

> *Wir haben in der Naturwissenschaft nicht zu erforschen, wie Gott nach seinem freien Willen durch unmittelbares Eingreifen die Geschöpfe zu Wundern gebraucht, durch die er seine Allmacht zeigt; wir haben vielmehr zu untersuchen, was im Bereich der Natur durch die den Naturdingen innewohnenden Ursächlichkeit auf natürliche Weise geschehen kann.«*

Und weiter ist bei Albertus Magnus zu lesen:

> *Wenn nun jemand einwendet, Gott könne mit seinem Willen die Entwicklung in der Natur zum Stillstand bringen, wie es ja einen Zeitpunkt gegeben hat, in dem kein Werden geschah und nachdem es sich erst entwickelte, dann halte ich dem entgegen, dass ich mich um Wunder durch Gottes Eingreifen nicht kümmere, wenn ich Naturkunde treibe.«*

Als er solche Sätze aufschrieb, hatte Albert ein Studium in Italien absolviert, und er war 1229 in den Bettelorden der Dominikaner eingetreten, dem er aus einem stattlichen Erbe, das ihm von Seiten seines Vaters her zugeflossen war, beträchtliche Finanzmittel unter anderem für den Bau einer Klosterkirche zur Verfügung stellte. Als Ordensmitglied verzichtete Albert zwar auf ein Luxusleben, das ihm möglich gewesen wäre, nicht aber auf die Lektüre der Schriften von heidnischen Philosophen. Und wenn ihn seine Klosterbrüder dabei schief ansahen, wies er sie darauf hin, dass er gerade dabei sei, »in angenehmer Gemeinschaftsarbeit die Wahrheit zu suchen«, wozu er sich als Dominikaner deshalb verpflichtet fühlte, weil der Orden drei Forderungen an seine Brüder stellte – Gott loben, in seinem Namen segnen und seine Wahrheit verkünden. Die letzte Aufgabe glaubte Albert nicht aus dem Glauben allein, sondern am besten mit Hilfe von philosophischen Texten erfüllen zu können.

Groß an Albert wirkt seine Grundhaltung, dass man zwar bei Glaubens- und Sittenfragen Augustinus in seinen Schriften um Rat fragen soll. Wenn es aber um Krankheiten und Methoden der Heilung geht, dann schien es ihm besser zu sein, in den Berichten des Arztes Galenos oder bei anderen Autoren mit medizinischen Detailkenntnissen nachzulesen. Und was allgemein die Kenntnisse von der belebten Natur anging, so war sich Albertus Magnus sicher, dass sich kein Mann der Kirche damit so gut auskannte wie der Philosoph Aristoteles.

Das heißt, Aristoteles darf man sich nicht als den unstrittigen Hort der Wahrheit und Weisheit vorstellen. Es ist im Gegenteil eher so, dass es in seinem unzweifelhaft großen Werk von Unstimmigkeiten und Vorurteilen wimmelt, wie Albertus nicht übersieht. In seine »Summa theologica« listet er eine Menge Fehler des griechischen Philosophen auf, in seinem Buch »Meteorologie« heißt es explizit an einer Stelle:

> *»Aristoteles argumentierte wohl aufgrund der Behauptungen seiner Vorgänger und nicht aus der Wahrheit oder Demonstration eines Experiments heraus.«*

Albertus rügt zudem die Behauptung des Aristoteles, ein Mond-regenbogen komme in fünfzig Jahren nur zweimal vor, indem er festhält:

> »[W]ahrhafte Experimentatoren sagen, sie hätten in einem Jahr zweimal bei Nacht einen Mondregenbogen beobachtet. Ich und meine Freunde, die wahrhafte Beobachter sind, haben dies selbst erfahren.«

Was Albertus von seinem antiken Lehrer leider übernimmt, ist die verstörende Idee eines »physiologischen Schwachsinns des Weibes«, was den großen Gelehrten des Mittelalters eher unan-genehme Sätze der folgenden Art schreiben lässt:

> »Im Einzelnen zielt die Natur darauf ab, etwas ihr Ähnliches hervorzubringen, und weil bei der Zeugung eines Sinneswesens die Kraft des Mannes das Wirkende ist und nicht die Kraft der Frau, deswegen zielt sie im Besonderen auf die Hervorbringung des Männlichen ab.«

Was den oben zitierten Ausdruck des Sinneswesens angeht, so meinte Albertus mit diesem von ihm vielfach verwendeten Wort Tiere und Menschen, aber keine Pflanzen, wobei ihm sicher nicht entgangen ist, dass sich auch im Bereich der Botanik Sinnesleistun-gen verzeichnen lassen, etwa wenn Blätter sich dem Sonnenlicht zuwenden und Äste von Bäumen auf die Schwerkraft reagieren und ihr Wachstum in die Gegenrichtung bewerkstelligen. Unabhängig davon hält Albertus die Menschen für »vollkommene Sinneswe-sen«, wobei er in seinen Schriften »Über die Seele« und »Über die Lebewesen« physiologische Details anführt und kommentiert. Er wundert sich zum Beispiel über die Frage, »warum der Gesichts-sinn sich mehr an der Farbe des Grünen erfreut als an irgendei-ner anderen«, »warum einige Leute, die viel essen, dünn sind, und andere, die bloß wenig essen, dick bleiben«, »warum auf den Biss eines tollwütigen Hundes Wahnsinn folgt«, und so manches mehr.

Mit den letzten Themen ist medizinisches Fahrwasser erreicht worden, und eigentlich müsste mehr über das Wissen erzählt werden, das im Mittelalter zu Krankheit und Gesundheit angesammelt wurde, was aber ausführlich in einem eigenen Kapitel behandelt werden soll. Hier soll nur erwähnt werden, dass das individuelle Wohlergehen in den in diesem Kapitel verhandelten Jahren auf die Art zurückgeführt wurde, wie ein Mensch in den von Gott geschaffenen Kosmos eingebunden ist. Für die überwiegende Zahl der mittelalterlichen Ärzte gehörte es zu der festen Überzeugung, dass die Gestirne die Gesundheit beeinflussen. Vorsorge konnte also treffen, wer sich um eine sorgfältige Interpretation der Sterne und ihrer Positionen kümmerte. Albertus Magnus vertrat ebenfalls diese Ansicht. Er meinte daneben aber auch, dass die Konstellationen am Himmel niemanden zwingen konnten, in einer bestimmten Weise zu handeln und unter entsprechenden Vorgaben zu leben. Die Entscheidung für ein tugendhaftes und schließlich gesundes Leben blieb und bleibt frei, wie Albertus Magnus überzeugt war.

Zu den vielen Fragen mit theologischen Implikationen, die den großen Lehrer des Mittelalters beschäftigten, gehört die nach dem ersten Menschen. Aus der arabischen Tradition war Albertus mit der Frage vertraut, ob es einen ersten Menschen gegeben hat, der nicht durch natürliche Zeugung ins Dasein getreten oder gerutscht ist, sondern der sein Leben einer Urzeugung verdankt, der »per putrefactionem« geworden ist, wie es Albertus mit lateinischen Worten sagt. Seine Ansicht drückt er in Worten aus, die deshalb erstaunlich sind, weil sie die Frage für unbeantwortbar erklären, etwas, das Immanuel Kant im 18. Jahrhundert in seiner »Kritik der reinen Vernunft« allgemein als Dilemma des menschlichen Suchens nach Wahrheit konstatieren wird. Bei Albertus heißt es im 13. Jahrhundert:

»Es habe keinen ersten Menschen gegeben, ist keine philosophi-
sche Setzung. Der Philosoph hat ja zu beweisen, was er sagt.
Nun ist es ebenso unmöglich zu beweisen, es habe keinen ersten
Menschen gegeben, wie dass einmal ein erster Mensch war. Ob-
wohl also beides sich nicht einsichtig machen lässt, steht doch die
größere Wahrscheinlichkeit dafür, dass es wirklich einmal einen
ersten Menschen gegeben hat, als nicht.«

Die Frage, die sich in diesem Zusammenhang stellt, lautet natürlich, wie der erste Mensch erzeugt werden konnte, wenn es vor
ihm noch keine zeugenden Menschen gab. Albertus nennt diesen ersten Menschen auf Latein »imago causae primae«, was man
vielleicht mit »Abbildung der Erstursache« übersetzen kann, und
damit ist etwas gemeint, das den Menschen in die Welt bringen
kann.

Albertus orientiert sich bei seinem Denken in dieser Frage an
einer Szene, die er in der Schrift »Über den Himmel« von Aristoteles gefunden und selbst übersetzt hat. Sie lautet:

»Stößt jemand im Ödland unversehens auf einen Palast, in dem
nur Schwalben nisten, dann ist ihm von der Anlage her sofort
klar, dass nicht die Schwalben den Palast errichtet haben; ob-
wohl er den Namen des Erbauers nicht kennt, weiß er doch,
dass jemand mit einer Geistnatur den Palast kunstgerecht ange-
legt hat. Auch das Weltall ist ein Werk der Kunst und des Geis-
tes, und es hat seinen Bestand gerade nicht in den gezeugten
Lebewesen. Daher ist es wahrscheinlich, dass die ersten Einzel-
verwirklichungen – ›primae substantiae‹ – des auf dem Weg der
Zeugung Entstandenen durch die Ideen der Götter im Sein her-
vorgebracht worden sind.«

Diesen Worten fügt Albertus seine Überzeugung hinzu, »dass also ein erster Mensch durch Erschaffung geworden ist, entspricht

mehr dem vernünftigen Denken, als dass es niemals einen ersten Menschen gegeben hat«.

Es sind aber nicht nur solche hochtrabenden, sondern ganz handfeste Fragen, mit denen sich Albertus auseinandersetzt, und zu ihnen gehört die Natur der Metalle, die ja seit der Antike wesentliche Elemente sind und das Leben der Menschen beeinflussen. Er besucht Bergwerke, um mit eigenen Augen zu sehen, »wie reines Gold in hartem Stein gefunden worden ist; ebenfalls habe ich solches Gold gesehen, das mit der Masse des Steins vermischt war. Ähnlich bei Silber; ich selber habe Silber gefunden, und zwar einmal nicht von der Steinmasse geschieden, in einem anderen Stein aber reines Silber, säuberlich getrennt, als wäre es eine den Stein durchziehende Ader.«

Im Anschluss an diese Schilderung nimmt Albertus eine folgenschwere Unterscheidung vor, indem er die wissenschaftliche Fähigkeit, Metalle vom Stein zu trennen, von dem eher unwissenschaftlichen (alchemistischen) Wunsch trennt, Metalle zu verwandeln – etwa Blei in Gold. Albertus denkt, dass es Naturdinge »von dauerndem Bestand« gibt, und er führt Silber und Zinn als Beispiele an. Er meint wohl, dass sie etwas verbindet – nämlich ein Metall zu sein – und er sinnt in dem Zusammenhang viel über das Eine und die Vielfalt seiner Erscheinungen nach. So kommt Albertus mit seinem Vorgehen den modernen Naturwissenschaften näher als andere Zeitgenossen, aber ganz freischwimmen aus seinem Umfeld kann er sich nicht. Unabhängig davon wäre ihm der Trieb zur spezialisierten Forschung, den die heutige Wissenschaft erkennen lässt, fremd geblieben. Einen wie ihn, der universal sein wollte und Orientierungen in unübersichtlich werdenden Vielfalten anzubieten versuchte, könnte die Gegenwart gut gebrauchen – nicht nur Kindern Wissenschaften, sondern auch in den Kirchen. Albertus war ein großer Mann, der das Eine wissen wollte, weil er an den Einen glauben konnte. 1931 ist er heiliggesprochen worden.

3. »Wie nun der Schöpfer gespielet ...«

Wissenschaft als Gottesdienst in der Neuzeit

»Um zu glauben, dass Einer das alles gemacht hat,
braucht man doch sicher mehr Gedanken,
als um zu wissen, dass er es nicht gemacht hat –
ihr Idioten des freien Geistes.«

Karl Kraus, Aphorismen

»Ein Aphorismus braucht nicht wahr zu sein,
aber er soll die Wahrheit überflügeln.
Er muss mit einem Satz über sie hinauskommen.«

Karl Kraus, Aphorismen

»Die große Erfindung des Abendlandes war der Gedanke einer immanenten Ordnung der Natur, deren Wirken mit Hilfe der ihr vorbehaltenen Begriffe systematisch verstanden und erklärt werden könne, wobei die Frage offenbleibt, ob diese ganze Ordnung eine tiefere Bedeutung hat und, wenn ja, ob daraus die Existenz eines transzendenten, jenseitigen Schöpfers gefolgert werden kann.«

Mit diesen wenigen Worten fasst der kanadische Philosoph Charles Taylor souverän und nachvollziehbar zugleich zusammen, welche Idee dem Bemühen vornehmlich von Menschen in der westlichen Welt beim Verstehen der wahrnehmbaren Wirklichkeit nicht nur zugrunde liegt, sondern im Laufe der Geschichte immer klarer hervortritt und zunehmend theoretische und praktische Erfolge mit sich bringt. Bei allem Wissen über das erlebte und alltägliche Diesseits bleibt aber – mindestens im Hinterkopf – die Möglichkeit bestehen, dass es jemanden in dem für das menschliche Bewusstsein seit der Achsenzeit vorstellbaren Jenseits gibt, der seine kreativen Finger im Spiel hat, wenn sich die einen Dinge bewegen und die anderen wachsen und entwickeln. Was jenseits der menschlichen Möglichkeiten – zum Beispiel auch jenseits der Sinneserfahrungen – liegt, nennen die Experten transzendent, und der dazugehörige Gegenbegriff heißt immanent. Immanenz gehört zu und steckt in den Dingen, Transzendenz geht über sie hinaus und strebt nach Höherem.

In den Worten von Taylor bedeutet die im Abendland erfahrene und bald systematisch vollzogene Vorstellung von Immanenz, also das Erfassen einer den Phänomenen innewohnenden (immanenten) Ordnung in der Natur, dass man die in ihr wirkenden und geltenden irdischen Gesetze nicht von irgendeinem »Übernatürlichen« durchdringen und verwässern lässt, »wobei es unerheblich ist, ob das ›Übernatürliche‹ als der *eine* transzendente Gott aufgefasst wird [wie im Christentum], als Götter und Geister, als magische Kräfte oder sonst wie«, wie es vor und neben dem Christentum passiert und beobachtet werden konnte. Im Abendland und der sich im Anschluss ans Mittelalter ausprägenden Neuzeit – so Taylor – wird aus der ins Visier des Verstandes genommenen immanenten – den Dingen innewohnenden oder der Natur inhärenten – Ordnung der fruchtbare Hintergrund des gesamten Denkens. Das damit erworbene Wissen entfaltet sich bald mit wissenschaftlich werdenden Methoden und versucht zu den Naturgesetzen vorzudringen, um sein Verstehen mit ihrer Formulierung auszudrücken und auf diese Weise gedanklich die Welt zu erfassen.

Taylor kommt zu den zitierten Ansichten über die große Erfindung des Abendlandes im Rahmen seiner Untersuchung über die abnehmende Rolle des Glaubens und den rätselhaften Vorgang der Säkularisierung – Verweltlichung –, über das Werden des säkularen Zeitalters, das die heute lebenden Menschen erleben können. Von einer Säkularisierung ist in allgemeinen historischen Darstellungen die Rede, wenn es zum Beispiel um das Verweltlichen der Klöster geht, was vor allem und sehr konkret bedeutet, dass sich der Staat deren Besitztümer aneignet. Säkularisierung meint aber mehr als das Verschieben von Eigentum und die dazugehörigen juristischen Fragestellungen. Der Begriff versucht zu erfassen und die Analyse der von ihm bezeichneten historischen Vorgänge will verstehen, wie es im Laufe der Jahrhunderte dazu kommen konnte, dass Zeitgenossen im 21. Jahrhundert über das verfügen, was Taylor »die säkulare Option« nennt. In heutiger Zeit besteht nämlich die Möglichkeit des Unglaubens, wovon in den mittelalterlichen Epochen, von denen im letzten Kapitel berichtet wurde, nicht einmal in Ansätzen die Rede sein konnte. Als Albertus Magnus auf und in der Welt war und sich in ihr umsah, gab es für ihn keine säkulare Option. Zu seinen Zeiten war es praktisch unmöglich, nicht an Gott zu glauben, während die religiöse oder fromme Hinwendung zu einem Schöpfer in der Gegenwart nur eine menschliche Möglichkeit von vielen ist, zu denen unter anderem der Atheismus und der Agnostizismus gehören, die beide keinerlei Zugang zu einem Gott finden und ihn ignorieren. Niemand sollte dabei erwarten, dass sich rasch und nebenbei die Frage beantworten lässt, die Taylor so formuliert:

»Warum ist es in unserer abendländischen Gesellschaft beispielsweise im Jahre 1500 praktisch unmöglich, nicht an Gott zu

glauben, während es im Jahre 2000 vielen von uns nicht nur leichtfällt, sondern geradezu unumgänglich vorkommt?«

In vielen soziologisch ausgerichteten und mit historischen Erzählungen angereicherten Darstellungen wird unterschieden zwischen einer »verzauberten Welt« im ausgehenden Mittelalter, in der man nicht umhin konnte, überall seinem Gott zu begegnen, was mit einem wahrscheinlich angenehmen Lebensgefühl einherging, und einer »entzauberten Welt« im säkularen Zeitalter voller Wissenschaft, in der es für alle Probleme ausgebildete Experten gibt und die alltäglichen Abläufe und natürlichen Geschehnisse als berechenbar und somit technisch als beherrschbar angesehen werden. Es ist keine Frage, dass sich mit dem Aufblühen der Renaissance – also von etwa 1500 an – die in Europa erkennbare Weltanschauung und die Bindung der Menschen an einen oder den einen Gott dramatisch ändert, und die Beiträge der Wissenschaft zu dieser Entwicklung sollen in diesem und weiteren Kapiteln vorgestellt werden. Dabei kann es offen bleiben, ob die Wissenschaft die Säkularisierung oder umgekehrt die Säkularisierung die Wissenschaft befördert hat. Bei aller Liebe zur Forschung: Vermutlich stellen die Abkehr vom Glauben und die Hinwendung zur Welt und damit die Säkularisierung die eigentliche Bewegung des menschlichen Geistes dar, und in ihrem Windschatten konnte immer besser nach der immanenten Ordnung der Dinge, also nach den Gesetzen (in) der Natur, Ausschau gehalten werden, die man dann auch nutzen und einsetzen wollte – und zwar in der Welt, in der man lebte, und zu den Zeiten, zu denen man in ihr lebte.

In diesem Kapitel soll vor allem davon erzählt werden, was sich in den Jahren nach der auch von Taylor herausgestellten Bruchstelle 1500 ereignet hat. Zuvor möchte der Autor jedoch noch einmal auf eine große Persönlichkeit verweisen, die dem sich von einem Gott befreienden Denken noch in mittelalterlichen Jahren

Nährstoff und Schwung gegeben hat und von der sich immer noch lernen lässt.

Ein Rasiermesser

Im frühen 14. Jahrhundert hatte der Dichter Dante – wie erwähnt – die ptolemäischen Sphären in einen christlichen Rahmen gebettet und genau definierten Engeln und Erzengeln die Verantwortung für die himmlischen Planetenbewegung zugewiesen. Jeder Aspekt der antiken griechischen Wissenschaft war übernommen und mit einem damals modernen religiösen Sinn versehen und also spirituell verziert und befrachtet worden. In den Köpfen der Zeitgenossen Dantes gehörten Astronomie und Theologie untrennbar verknüpft zusammen, aber es gab mindestens einen Menschen, der dabei nicht stehen bleiben und seine eigene Weltanschauung entwickeln wollte. Gemeint ist der britische Philosoph und Priester Wilhelm von Ockham, der bestrebt war, die christliche Offenbarung mit den Möglichkeiten des rationalen Argumentierens zu versöhnen, und sich in diesem Kontext bemühte, sowohl logisches Denken als auch empirische Bemühungen einzusetzen.

Ockham entschied sich zuerst, den Gedanken des Aristoteles zu übernehmen, dass das konkret Einzelne wichtiger und zuverlässiger sei als das abstrakt Allgemeine. Er glaubte nicht an eine wahrnehmbare Wirklichkeit derjenigen Größen, die von den Philosophen im Gefolge platonischer Idee als Universalien bezeichnet wurden und die man heute einfacher als Allgemeinbegriffe kennt. So gibt es zwar einzelne Menschen, wie jeder sieht und hört und riecht. Aber wenn Philosophen fragen, »Was ist der Mensch?«, sollte man ruhig fragen, ob es dieses abstrakte Wesen überhaupt gibt. Jeder kennt eine Menge Tiere – Hunde oder Katzen zum Beispiel –, aber ob es das Tier gibt, bleibt damit offen (und man sollte sich auch einmal erkundigen, welches Tier jemand genau meint, wenn man dieses Wort allgemein und abstrakt einsetzt. Meint man eine Maus oder einen Jaguar oder was?).

Im letzten Jahrhundert hat die britische Premierministerin Margaret Thatcher erklärt, es gebe keine Gesellschaft, es gebe nur die vielen Menschen, die ihr einzelnes Leben führten und dabei mit anderen aneinandergerieten. Ockham hätte ihr zugestimmt. Für ihn gab es konkrete Individuen – was auch sonst? –, aber er wollte sich keine Menschheit oder gar den Menschen vorstellen.[4] Ockham wusste natürlich, dass es Zahlen gab, mit denen man rechnen konnte – und manchmal auch musste –, aber das bedeutete nicht, dass es die Zahl als Universalie an sich gab. Wo und wie sollten sie sich denn aufhalten und zu finden sein? Ideen existierten nicht eigenständig, sondern nur als konkrete und sinnlich wahrnehmbare individuelle Form, meinte Ockham. Und da Wissen sich auf etwas Reales zu beziehen hatte, konnte es ihm zufolge nur ein Wissen über das Besondere sein, das ein wahrnehmbar Einzelnes auszeichnete.

»Nur das Einzelne existierte, und jeder Rückschluss auf eine eigenständige Wirklichkeit von Universalien, egal ob transzendent oder immanent, war falsch«, wie Ockham in der Darstellung von Richard Tarnas meinte, die in »Idee und Leidenschaft« zu lesen ist. Ockham verlangte auf dem rationalen Weg zum Wissen mit möglichst wenig Vorgaben (Entitäten) oder Voraussetzungen auszukommen, und er betonte diesen Grundsatz, der auf Latei-

---

4 Auf den ersten Blick wird niemand bezweifeln, dass Menschen Individuen sind. Aber der zweite Blick der modernen Biowissenschaften reicht tiefer und macht klar, dass Menschen vor allem Ansammlungen von Mikroben sind. Eine einzelne Person trägt mehr Bakterien und andere Lebensformen als eigene Zellen mit sich herum, und das genetische Material eines Menschen lässt viele Bestandteile erkennen, die von Viren stammen und sie ausmachen. Die Experten des Lebens schlagen deshalb vor, den Menschen weniger als Individuum und mehr als »Holobionten« zu sehen, in dem sich eine symbiotische Gemeinschaft präsentiert, die als ein Ganzes existiert.

nisch »entia non sunt multiplicanda praeter necessitatem« lautet, derart nachdrücklich, dass in der Folgezeit daraus der Gedanke von Ockhams Rasiermesser wurde. Damit drückt man die Idee aus, dass dann, wenn es mehrere Erklärungen für einen Sachverhalt gibt, stets die einfachere oder einfachste Argumentation oder Ableitung vorzuziehen ist. Man soll die Dinge so einfach wie möglich darstellen, aber nicht einfacher, wie im 20. Jahrhundert Albert Einstein gesagt haben soll, ohne dass die historischen Experten dafür die genaue Quelle angeben können.

Ockham verlangte von den Philosophen einfache Erklärungen der natürlichen Phänomene, also Theorien mit möglichst wenigen Parametern und Veränderlichen, und so taucht hier zum ersten Mal so etwas wie eine kleine Methodenlehre der Wissenschaft auf. Sie ist im Übrigen im Detail trickreicher, als es auf den ersten Blick erscheint, wie gleich genauer zur Sprache kommt, wenn von Kopernikus die Rede ist. Wer heute über die Bewegungen am Himmel hinaus auch die auf und mit der Erde einfach – mit einem einzelnen Prinzip – erklären will, kommt am besten mit dem Konzept der Energie zurecht, das allerdings überhaupt nicht einfach ist. Dies als Hinweis, dass Ockhams Rasiermesser möglicherweise selbst eine Universalie ist, die man in jedem Einzelfall erst einmal dingfest machen muss, aber das braucht in diesem Kontext niemanden zu stören.

Auf jeden Fall legte Ockham Wert darauf, dass man »nichts ohne eigene Begründung annehmen« darf, wobei die Betonung auf der Eigenständigkeit liegt, was bereits wie eine aufklärerische Idee klingt. Die persönliche Leistung kann dabei durch selbst gemachte Erfahrungen oder die Autorität der Heiligen Schrift zustande kommen. An dieser Stelle agierte Ockham großzügig, was insgesamt dazu führte, dass mit seinem Wirken den Menschen zwei Wirklichkeiten gegeben und ihrem Denken verfügbar waren – die Wirklichkeit der Offenbarung Gottes und die Realität der empirischen Welt. Darüber hinaus und ohne sie konnten

Menschen keine Erkenntnisse gewinnen und beanspruchen. Aber die beiden genannten Wege boten zusammen ausreichende Möglichkeiten, man musste sie nur sorgfältig auseinanderhalten und getrennt bewerten. Die Offenbarung Gottes bot den Menschen zwar Gewissheit, aber nur eine, die sich nicht mit dem Verstand bestätigen ließ. Diesem Verstand kam demnach die Aufgabe zu, sich mit der Natur – und nicht mit Gott – zu befassen, die den Menschen zudem ausreichend mit Sinnesdaten der konkreten Art versorgte, meinte Ockham. Vor diesem dualistisch entworfenen und gehaltenen Hintergrund konnte sich in den kommenden Jahrhunderten der unübersehbare Fortschritt im westlichen Denken entfalten, der durch drei Begriffe charakterisiert werden kann, die dem sich herausschälenden Weltbild der abendländischen Kultur sein inzwischen vertrautes Aussehen gaben – die Reformation, die Revolution der Wissenschaft und die Aufklärung. Also dann – auf in das 16. Jahrhundert.

Kopernikanische Wenden

Der eben gebrauchte und von Zeitgenossen als selbstverständlich akzeptierte Begriff einer Revolution taucht 1543 in dem Titel des großen Werkes auf, mit dem der legendäre Nikolaus Kopernikus – oder Nicolaus Copernicus – den menschlichen Blick an den Himmel veränderte. »De revolutionibus orbium coelestium« heißt das Buch, das also übersetzt »Von den Umwälzungen der himmlischen Kugelschalen« berichtet und mit seinen hier zu findenden Einsichten dafür sorgt, dass Menschen von nun an in einer neuen Welt leben, in einer, in der nicht mehr die Erde, sondern die Sonne im Zentrum des Kosmos zum Stehen kommt. Der Titel des Werkes von Kopernikus kann auch mit »Von den Kreisbewegungen der Weltkörper« wiedergegeben werden, wodurch klarer wird, was eine Revolution in diesem ihren ursprünglichen Sinn meint, nämlich einen Weg, der einen dorthin führt, wo man losgegangen ist, ohne zuletzt auch nur einen Schritt weitergekommen zu sein. Das Wort »Revolution« hat seine aktuelle Bedeutung natürlich durch politische Umwälzungen bekommen, von denen die Französische Revolution jedem bekannt ist. Dem kopernikanischen Sinn kommt die Revolution in dem Ereignis näher, das 1688 in England stattgefunden hat und bei dem zwar der König als oberster Staatsherr beibehalten wurde, nur dass er nicht mehr von Gott, sondern vom Parlament und seinen Menschen eingesetzt wurde. Die Briten lebten am Ende der Revolution genau da, wo sie an ihrem Anfang waren – in einer Monarchie. Nur hatte sich trotzdem alles geändert, nämlich die Bestimmung des obersten Regierenden.

Auch mit den Schriften des Kopernikus hatte sich alles in dem Sinne geändert, dass er in seiner Darstellung der Himmelskörper vieles übernommen hatte, was die antiken Vorstellungen mit sich brachten, vor allem die Idee der Sphären, die oben als »Kugelschalen« bezeichnet wurden. Sie waren es, die sich drehten, und sie nahmen die Planeten dabei mit, die zu ihnen gehörten und sich mitführen ließen. Da die kugelrunden Sphären zudem kreisförmig rotierten, sieht das Modell des Kopernikus ziemlich alt aus, wenn es nicht die eine entscheidende Variante enthielte, nämlich die Neuerung, die Erde aus der Mitte des Systems herauszunehmen und in eine Umlaufbahn um die Sonne zu platzieren, die ihrerseits das Zentrum bildete.

Aus diesem Grund spricht man von dem heliozentrischen Weltbild des Kopernikus, und so wichtig dieser Wechsel von Sonne und Erde auch ist – wenn in der Philosophie von einer kopernikanischen Wende die Rede ist, dann meint man trotzdem etwas anderes. Bei der kopernikanischen Wende des Denkens geht es um eine zweite Bewegung, die Kopernikus der Erde zuschreibt. Sie umrundet nämlich nicht nur die Sonne (um dabei die Jahreszeiten zu ermöglichen). Sie dreht sich auch um ihre eigene Achse, was den Wechsel von Tag und Nacht und die Dunkelheit als Schatten der Erde zu erklären hilft. Wenn Menschen den Sternenhimmel beobachten und die Ortsverschiebungen der Fixsterne sehen, die in der damaligen Vorstellung das Firmament abschließen, dann – so die kopernikanische Wende – sehen sie gerade nicht die Drehung der Objekte. Sie erkennen vielmehr ihre eigene Rotation auf der Erde. Daraus hat später Immanuel Kant die Kopernikanische Wende der Philosophie gemacht, die in der Haltung besteht, dass die Gesetze der Natur nicht in den Dingen liegen. Die Gesetze sind weder immanent noch transzendent. Sie stammen vielmehr von den Menschen, die sie der Natur vorschreiben, wie Kant meinte, der sogar noch einen berühmten Schritt weiterging und sagte, dass nicht die Menschen in Raum und Zeit, sondern dass umgekehrt Raum und Zeit in den Menschen zu finden sind. Es handelt sich bei Raum und Zeit um Kategorien oder Denkformen, die den Erkennenden vor jeder Erfahrung zur Verfügung stehen und überhaupt erst ermöglichen, über das zu sprechen, was sie beobachten können. Eine wahrlich dramatische Wende im menschlichen Denken, die Kant da vollzieht und mit dem Namen des polnischen Astronomen verbindet.

Als Kopernikus im 16. Jahrhundert seine Idee eines heliozentrischen Systems vorlegt, ist die Welt von solchen revolutionären Überlegungen noch weit entfernt, aber dies ist nicht der einzige Grund, weshalb sich seine Zeitgenossen nicht unbedingt mit dem neuen System anfreunden können. Ein wichtiger Grund steckt in der Tatsache, dass das, was Kopernikus denkt und sagt, dem Augenschein widerspricht, und zwar offenkundig. Man sieht doch, wie die Sonne auf- und untergeht, wie sie also – wörtlich verstanden – geht und folglich nicht ruht. Der Gedanke, einen erlebten Sonnenuntergang durch die gedachte Erdrotation zu verstehen, bereitet heute noch vielen Menschen Probleme, und so braucht sich niemand zu wundern, dass im 16. Jahrhundert Skepsis aufkam. Sie hatte auch damit zu tun, dass das zweite Hilfsmittel, das Ockham – wie oben geschildert – dem menschlichen Verstand auf dem Weg zum Wissen zubilligte – also die Offenbarung Gottes höchstselbst in den Worten der Bibel –, etwas anderes als Kopernikus sagte. »Also ist die Welt erschaffen, dass sie nicht bewegt werden kann«, heißt es in den Psalmen, die zum Beispiel der Reformator Johannes Calvin genüsslich zitierte, um anschließend provozierend zu fragen, »Wer wird es wagen, Kopernikus als Autorität über den Heiligen Geist zu stellen?«

Keine Frage, das Kopernikanische System wurde nicht mit offenen Armen begrüßt, und noch befindet sich die Erzählung in einer Zeit, in der es keine Fernrohre, geschweige denn raffiniertere Instrumente zur Beobachtung des Himmels gibt. Sie kommen erst im Laufe des 18. und 19. Jahrhunderts auf, und es sollte noch bis in die Jahre 1837/1838 dauern, bevor dem deutschen Astronomen Friedrich Wilhelm Bessel schließlich ein wissenschaftlich fundierter empirischer Nachweis des Kopernikanischen Weltsystems gelingt, und zwar dadurch, dass er zeigen kann, dass man im Frühling in einer andere Richtung blicken muss als im Herbst, um einen bestimmten Stern – er trägt heute den Namen 61 Cygni – im Sternbild Schwan zu sehen. Es gelingt Bessel mit Instrumenten aus der Werkstatt des deutschen Optikers Joseph von Fraunhofer, den winzigen Winkel zu ermitteln, der sich bei herbstlichem und frühlingshaftem Schauen auf den genannten Stern messen lässt und den die Astronomie als Parallaxe bezeichnet.

Eben ist bei der Erwähnung des Theologen Calvin das Stichwort der Reformation angeklungen, das in Deutschland vor allem mit dem Namen Martin Luther verbunden ist, der 1517 durch seinen Thesenanschlag in Wittenberg die Trennung des westlichen Christentums in Katholiken und Protestanten nicht eingeleitet, aber ausgelöst hat. Der Mönch Luther zeigte sich dabei in astronomischen Fragen so gespalten wie bald seine Kirche. Zum

einen drückte er zwar in seinen Tischreden dieselbe Unzufrieden-
heit mit der »Unordnung« der zeitgenössischen Himmelskunde
aus wie Kopernikus, der sich früh im 16. Jahrhundert darüber
geärgert hatte, dass die Wissenschaft der Astronomie nicht in
der Lage war, mit ihrem ptolemäischen Modell eine beobachtete
Konjunktion der Hauptplaneten – ihr dichtes Beieinandersein
am Himmel – korrekt vorherzusagen. Doch als Kopernikus mit
der heliozentrischen Idee die Präzision verbessern konnte, kümmerte Luther das kaum. Im Gegenteil! Er wertete den Astronomen, der hauptamtlich als Kanonikus an einer katholischen
Kathedrale und als geschätzter Berater der Kirche tätig war, mit
beleidigenden Worten als einen »dahergelaufenen Astrologen«
ab, der auf schamlose Weise der Bibel widerspreche.

Merkwürdigerweise sorgte dank solcher unverdienter Be-
schimpfung die heliozentrische Idee das Kopernikus dafür, dass
langfristig weder die katholische Kirche noch der Protestantismus
den Einsichten der Wissenschaft standhalten konnten und ein-
knicken mussten. Bei Luther sorgte das sture Beharren auf dem
Grundsatz, dass der buchstäbliche Sinn der Bibelworte als einzig
zuverlässige Grundlage für die Erkenntnis der Schöpfung in Frage kommt, für eine Trennung in religiöse und wissenschaftliche
Wahrheiten. In deren Folge verlor in den kommenden Jahrzehnten die Heilige Schrift mehr oder weniger massiv an Vertrauen
und Bedeutung. Und was die katholische Kirche angeht, so wollte sie sich so gar nicht von den liebgewonnenen kosmologischen
Strukturen mit Himmel, Hölle und Fegefeuer lossagen, wie sie
etwa Dante in seiner »Göttlichen Komödie« beschrieben hat. Die
kirchlichen Würdenträger sorgten sich, dass mit dem Eindringen
neuer kritischer Gedanken in das geozentrische Gebäude dem
Aufkommen des noch jungen Protestantismus Nahrung gegeben
werden könnte. Man versuchte tatsächlich, den alten Glauben
dadurch zu bewahren, indem man den wissenschaftlichen Fortschritt blockierte oder mindestens ignorierte. Dazu wird später

noch ein anderes eindrucksvolles Beispiel zu erzählen sein, das von den kleinsten Größen handelt, mit denen Menschen gedanklich umgehen können.

Man müsste ein ganzes Buch füllen, um halbwegs vollständig zu erzählen, was alles in der Kopernikanischen Wende am Himmel steckt. Hier können nur einige Aspekte angeführt werden, und unter denen ragen drei Gesichtspunkte hervor, und zwar ein historischer, ein astronomischer und ein humaner. Was die geschichtliche Seite angeht, so muss zunächst erklärt werden, wie Kopernikus überhaupt auf den heliozentrischen Gedanken gekommen ist, der sowohl quer zu jedermanns Sinneseindruck als auch im Widerspruch zu den biblischen Worten steht. Den Ausgangspunkt bildete – wie erwähnt – die Tatsache, dass ein himmlisches Zusammentreffen der Hauptplaneten zu Beginn des 16. Jahrhunderts die astronomischen Experten überforderte, die mit ihren Prognosen zehn Tage danebenlagen, was als riesengroßer Fehler gedeutet wurde und viele Leute verärgerte. Daneben schwärmte Kopernikus – wie alle Anhänger eines neuplatonischen Denkens – von der Sonne, und er fragte sich, »wer möchte [die Sonne] in diesem herrlichen Tempel als Leuchte an einen anderen oder gar besseren Ort stellen, also dort, von wo sie auch das Ganze beleuchten kann?« Kopernikus meinte mit diesen Worten, die er gleich zu Beginn seines Hauptwerks anführt, den Mittelpunkt der Welt, und er platzierte die Erde in ihr so, dass sie Licht von der Sonne empfangen und dabei entsprechend »mit jährlicher Frucht gesegnet« wird.

Was den astronomischen Aspekt angeht, so wollte Kopernikus das Rasiermesser des Ockham ansetzen und die vielen – ihm unnötig und überflüssig erscheinenden – Nebenkreise namens Epizyklen aus der Erklärung der Himmelsköper und ihrer oftmals merkwürdigen Bahnen verbannen. In einem auf jeden Fall vor 1514 verfassten »Commentariolus« hielt Kopernikus fest, dass ihm die »ausgleichenden Kreise« des Ptolemäus »der Vernunft nicht hinreichend angepasst zu sein« schienen, und so dachte er darüber nach, »wie es mit weniger oder viel geeigneteren Mitteln möglich ist«, die Kreise am Himmel »sich gleichförmig bewegen« zu lassen, »wie es die vollkommene Bewegung an sich verlangt«. Kopernikus hoffte zunächst, ohne einen einzigen Epizyklus auskommen zu können. Tatsächlich brauchte er jedoch ebenfalls die ungeliebten Nebenkonstruktionen, um das himmlische Geschehen fassen zu können. Aber er kam mit einer etwas geringeren Zahl als Ptolemäus aus, was im Sinne des Ockham'schen Rasiermessers die bessere Erklärung für das planetarische Geschehen abgeben sollte.

Was den humanen Gesichtspunkt angeht, so wirkt es auf den ersten Blick erniedrigend für die Menschen, aus der Mitte der Welt entfernt und an den Rand gestellt zu werden. Aber die mittelalterliche Mitte markierte keine herausgehobene Position, sie markierte im Gegenteil die Stelle der größten Entfernung von Gott, der sich hoch oben in der neunten Kugelschale aufhielt und vom Empyreum aus die Menschen und ihr Treiben beobachtete. Indem Kopernikus die Erde auf eine Umlaufbahn um die Sonne setzte, rückte er die Gläubigen auf diesem ihrem Planeten näher an den Gott heran, den sie anbeteten. Mit dem heliozentrischen System werden die Menschen erhöht und belohnt und nicht erniedrigt und abgestraft, auch wenn viele Zeitgenossen im 21. Jahrhundert das immer noch nicht verstanden haben und ahnungslos weiter von den Beleidigungen reden, die das wissenschaftliche Vorgehen des Kopernikus den Mitgliedern der Spezies *Homo sapiens* zufügt habe, als er sie aus der Mitte der Welt nahm. Von solchen Kränkungen ist vor allem bei dem Vater der Psychoanalyse, Sigmund Freud, die unsinnige Rede. Er wollte damit im frühen 20. Jahrhundert erklären oder rechtfertigen, weshalb sich einige Menschen tapfer gegen seine seelischen Deutungen vieler sexueller Wünsche in unbewussten Sphären wehren, und er blendete in seinen Gedanken die Idee aus, dass sie recht haben könnten und seine Lehre tatsächlich zu willkürlich daherkomme – so wie es Menschen gab, die das Kopernikanische Weltbild in ihrem Denken auf- und annahmen und sich nicht von autoritären Warnungen beirren ließen.

Das Erscheinen der Jesuiten

Übrigens: In demselben Jahr, in dem Kopernikus nach außen und oben auf die himmlischen Sphären schaute und sie in Umwälzung versetzte, blickte der niederländische Arzt und Anatom Andreas Vesalius in die andere Richtung, nämlich nach unten in das Innere der Menschen. 1543 legte er zum ersten Mal in der Geschichte der Medizin zuverlässige Schautafeln des menschlichen Körpers vor. Und sein großes Werk voller auch ästhetisch gelungener Bilder trägt den lateinischen Titel »De humani corporis fabrica«. Seitdem lässt sich ein Gründungsjahr der modernen Wissenschaft angeben, und es sollte gefeiert werden. 2043 wäre eine gute Gelegenheit, wenn Menschen dann trotz des Klimawandels noch in Feierlaune sind.

Als das Anatomiebuch des Vesalius erscheint, erlebte Europa nicht nur in wissenschaftlicher, sondern erst recht in religiöser Hinsicht eine aufregende Periode. Der Protestantismus breitete sich nämlich wie ein Lauffeuer aus, und die katholische Kirche versuchte alles, dem Treiben und Denken Luthers und seiner Anhänger möglichst rasch Einhalt zu gebieten. Ihren Bemühungen zu Hilfe kam dabei ein spanischer Edelmann namens Ignatius von Loyola, der 1534 eine Ordensgemeinschaft gründete, die er Gesellschaft Jesu – Societas Jesu (SJ) – nannte und die sich dem bedingungslosen Gehorsam gegenüber dem Papst verpflichtete. Die Jesuiten, wie die Mitglieder der Gemeinschaft bald hießen, verstanden sich als Soldaten Gottes, die eine Armee des Oberhauptes der katholischen Kirche bildeten, der sie dafür 1540 als Orden anerkannte und ihnen Räume in Rom zur Verfügung stellte. Um 1560 begann an dem dortigen Collegio Romano ein aus Bamberg stammender Jesuit namens Christophorus Clavius damit, eine mathematische Lehrtradition zu errichten, die auf der Geometrie des Euklid aufgebaut war, in deren Rahmen es gelungen war, eine Vielfalt von Gebilden und Formen durch eine strenge Ordnung zu gliedern und zu fassen. Dabei gewann man den Eindruck, das bald zweitausend Jahre alte Werk des Euklid und seine Wahrheiten seien für die Ewigkeit geschaffen.

Wenn es für moderne Ohren auch merkwürdig klingt, aber das Ziel der Jesuiten bestand darin, die allein akzeptable Wahrheit der rechten Lehre, welche die katholische Kirche verkündete, zu beweisen und die Euklidische Geometrie sollte ihr dabei als Vorbild dienen. Neben ihr gab es keine andere Wahrheit – so schien es jedenfalls in den Jahren der Reformation und bis ins 19. Jahrhundert hinein. Und also wollten die Jesuiten das geordnete euklidische Erfassen der mathematischen Dinge auf die Welt des Glaubens übertragen, um damit dem Protestantismus keinen Platz zu lassen und dessen Siegeszug abzubrechen und aufzuhalten.

Religiöse Gründe für eine heliozentrische Welt

Die Jesuiten werden ihren Auftritt bekommen, wenn der Fall Galileo Galilei abgehandelt wird, was wiederum geschehen soll, nachdem von Johannes Kepler erzählt worden ist – beide Zeitgenossen, die auch miteinander korrespondiert haben. In einem Schreiben an Galilei hat Kepler davon gesprochen, dass »Platon und Pythagoras unsere wahren Lehrer« sind, womit er unter anderem andeuten wollte, dass es vor allem Bilder und Ideen sind, die das Denken und mit ihm das Wissen prägen. Kepler hat als von Grund auf gläubiger Mensch sein Verständnis dabei ganz im christlichen Sinne entwickelt und die Welt um ihn in der festen Überzeugung erforscht, dass ein harmonischer und geordneter

Kosmos, so wie er der menschlichen Vernunft zugänglich ist, die Herrlichkeit Gottes unmittelbar widerspiegelt und ihn selbst seinen Anhängern zu erkennen gibt. Bereits 1596 hielt er in seinem Jugendwerk »Mysterium cosmographicum« fest: »Das Abbild des drei-einigen Gottes ist in der Kugelfläche, nämlich des Vaters im Zentrum, des Sohnes in der Oberfläche und des Heiligen Geistes im Gleichmaß der Bezogenheit zwischen Punkt und Zwischenraum (oder Umkreis)«, wobei er explizit denkt, er habe das »körperliche Abbild Gottes« gefunden. Er dankt seinem Schöpfer ausdrücklich dafür, dass er es seinem Knecht Kepler ermöglicht, ihn mit der Astronomie zu feiern und zu verehren.

Keine Frage, Kepler betreibt seine Wissenschaft wörtlich als Gottesdienst, und er wird dafür belohnt, wie noch zu berichten sein wird.

Wenn die oben zitierten Worte vom ausgehenden 16. Jahrhundert modernen Ohren im 21. Säkulum auch manche Mühe bereiten, so lassen sie doch erkennen, dass Kepler seinen Überlegungen das heliozentrische Modell des Kopernikus zugrunde legt. Tatsächlich bedeutet der Vater im Zentrum die dort positionierte lebenspendende Sonne, wobei an dieser Stelle nicht der Gedanke aufkommen darf, dass Kepler so etwas wie eine heidnische Sonnenverehrung praktiziert. Er steht fest und sicher im christlichen Glauben, was in praktischer und psychologischer Hinsicht zugleich bedeutet, dass Kepler der Zahl Drei, der christlichen Trinität, eine besondere Rolle in seinen Überlegungen zukommen lässt. Er verbindet die göttliche Trias mit den drei Dimensionen des Raumes und erkennt in der kopernikanischen Anordnung die Möglichkeit, den Schöpfer im Zentrum, das Licht der Sonne als »Brunnquell des Lebens in der Welt« und den Umlauf der Erde als Symbol für das ewige Sein Gottes aufzufassen. Keplers durchgehende und nie geänderte Auffassung besteht darin, dass die Sonne mit ihren Planeten ein Abbild der christlichen Trinität ist, die er wechselweise als Gott-Welt-Mensch, Urbild-Abbild-Ebenbild oder Vater-Sohn-Heiliger Geist interpretiert. Er jubelt bei der wie folgt beschriebenen Erkenntnis:

> *»Wie nun der Schöpfer gespielet, also tat er auch die Natur als sein Ebenbild lehren spielen und zwar eben das Spiel, das er ihr vorgespielet ...«*

Psychologisch ausgedrückt betrachtet Kepler Sonne und Planeten vor dem urtümlichen (archetypischen) Bild der Trinität, und aus diesem Grund darf konstatiert werden, dass er mit religiöser Leidenschaft an das heliozentrische System herangeht und fest an diese Konstellation glaubt. Darüber hinaus gilt es aber noch etwas weiter Erstaunliches festzuhalten, nämlich die Tatsache, dass er sich bei allem Glauben nicht beirren ließ, die Daten der Himmelsbeobachtung ernst zu nehmen. Und davon gab es in seinen Tagen zum ersten Mal reichlich, und zwar unter anderem durch den großen Astronomen Tycho Brahe, der eine Fülle von Messungen vor allem bezüglich der Marsbahn durchgeführt hatte – alles noch ohne Teleskop, wohlgemerkt. Kepler arbeitete 1601 als Gehilfe von Brahe in Prag, als sein Chef plötzlich starb und Kepler dessen Daten erbte – wobei die Umstände des Todes von Brahe im Detail offen für Spekulationen sind, die hier übergangen werden sollen. Auf jeden Fall machte sich Kepler im frühen 17. Jahrhundert an die Herkulesarbeit, Brahes Beobachtungen der Marsbahn mit den hypothetischen Kreisen in Übereinstimmung zu bringen, die es auch nach Kopernikus noch am Himmel gab. Dabei muss er eine Vielzahl von Fehlschlägen und Enttäuschungen erlitten haben, bis ihm eines Tages der überraschende Gedanke kam – niemand kann sagen, was sich auf dem Weg dorthin in Keplers Kopf genau ereignet hat –, dass die Sphären und ihre Planeten vielleicht anderen geometrische Figuren folgen, wenn sie sich um die Sonne bewegen. Als gut ausgebildeter Mathematiker kannte Kepler die Überlegungen, die Euklid mit Kegelschnitten unternommen hatte, bei denen Kurven auftreten können, die die Form einer Ellipse annehmen. Mit ihrer Hilfe entdeckte Kepler schließlich nach ausführlichen und sicher unendlich mühsamen und zeitraubenden Berechnungen, dass die Beobachtungen von Brahe perfekt verstanden werden konnten, wenn die Umlaufbahn des Planeten Mars nicht der Form eines Kreises, sondern der Gestalt eine Ellipse folgte. Dieser Tatbestand wird heute als Erstes Kepler'sches Gesetz bezeichnet, wobei zum einen hinzufügen ist, dass damit überhaupt ein erstes physikalisches Gesetz gefunden worden war, das sich in der Sprache der Mathematik ausdrücken lässt, und wobei zum zweiten anzumerken ist, dass sich Keplers Ellipse auf den ersten Blick kaum von einem Kreis unterscheidet und der Astronom ungeheuer großes Vertrauen in die säkularen Zahlen stecken musste, die aus den Beobachtungen der Planeten gewonnen worden waren (siehe unten: Die Kepler'schen Gesetze und ihre Bedeutung). Kepler publiziert dieses und ein zweites Gesetz – den sogenannten Flächensatz – 1609 in seinem Werk »Astronomia Nova«, in dem er eine Himmelslehre vorstellt, die deshalb neu ist, weil sie »aus Ursachen gegründet« sein soll, wie er schreibt und wofür man »immanent« sagen kann. Diese Vorgabe lässt endgültig erkennen, dass mit Keplers quantitativ orientiertem Denken und empirischem Vorgehen die naturwissenschaftliche Methode auf dem Vormarsch ist, wenn sie auch noch mit religiösen Vorgaben konkurrieren und sich mit einem festen christlichen Glauben arrangieren muss.

Die Kepler'schen Gesetze und ihre Bedeutung

Johannes Kepler hat insgesamt drei Gesetze für die Planetenbewegung gefunden, wobei er die ersten beiden 1609 publizierte und das dritte erst zehn Jahre später formulierte. Es findet sich in seinem großen Werk mit dem berühmten Titel »Harmonices mundi«, also »Harmonie der Welt«, in dem es insgesamt ziemlich mystisch zugeht und Planeten als Lebewesen aufgeführt werden, die sogar eine Seele haben. Die Erde hat zum Beispiel eine »anima terrae«, die beim Aufstellen von Horoskopen zu beachten ist.

Offensichtlich gehört Kepler einer Zeit des Übergangs an, und die »anima terrae« bildet eine Zwischenstufe auf dem Weg zur schließlichen Entseelung der Welt, denn Keplers Konzept stellt schon eine Verkleinerung der vor ihm vertretenen Konzeption einer Weltseele, einer »anima mundi« dar. Als er das dritte Gesetz findet, fühlt er sich ekstatisch und verfällt in »heilige Raserei«. Warum auch nicht?

Das erste Gesetz
Planetenbahnen haben die Form einer Ellipse

Das zweite Gesetz
Wenn man sich eine Linie denkt, die von der Sonne zu dem Planeten reicht, dann überstreicht diese Linie in der gleichen Zeit die gleiche Fläche.

Das dritte Gesetz
Die Quadrate der Umlaufzeiten (T) zweier Planeten verhalten sich wie die dritten Potenzen ihrer mittleren Entfernung (R) von der Sonne. Mit anderen Worten: T^2/R^3 ist eine konstante Zahl.

Um die Bedeutung zu ahnen, die solch einer Auffindung von Gesetzen zukommt, muss man sich zum einen klarmachen, dass es sich dabei um Konstruktionen eines Menschen handelt. Am Himmel zeigen sich weder Umlaufzeiten noch Linien zwischen Sonne und Erde. Dort sind nur Planeten und andere Himmelskörper, alles andere sind Erfindungen eines menschlichen Geistes. Bereits im ausgehenden 15. Jahrhundert haben Humanisten und Philosophen wie der Florentiner Marsilio Ficino von der kreativen Fähigkeit der Menschen gesprochen, die zutage kommt, wenn sie die Ordnung am Himmel auf ihre Weisen konstruieren. Keplers Erfolg zeigt, wie sehr stimmt, was Ficino geschrieben hat:

> »Da der Mensch die Ordnung des Himmels beobachtet und festgestellt hat, wann sich die Gestirne bewegen, wohin und in welchen Verhältnissen sie fortschreiten und was sie hervorbringen, wer könnte da bestreiten, dass der Mensch sozusagen beinahe das gleiche Ingenium besitzt wie der Schöpfer des Himmels? Und wer könnte bestreiten, dass der Mensch ebenfalls dazu imstande ist, den Himmel zu erschaffen, wenn er nur das Werkzeug und das Himmelsmaterial erlangen könnte, wo er ihn doch jetzt erschafft, wenn auch aus anderem Material, aber mit ganz ähnlicher Ordnung.«

Mit der Kenntnis solcher Gesetze kann natürlich immer weniger die Auffassung vertreten werden, der Kosmos sei ein Gebiet voll von Geistern und Dämonen oder er würde betrieben von sinnvollen Modalitäten. Der Weltraum wandelt sich vielmehr zu einem Raum für kausale Erklärungen, in dem keine heiligen Orte zu finden sind. Diese Entdämonisierung und Neutralisierung des Universums und ihre weiteren Folgen durch den Zugriff der rationalen Forschung ist im 20. Jahrhundert von dem Soziologen Max Weber als »Entzauberung der Welt« bezeichnet worden, wobei die Wissenschaft zugleich Motor und Nutznießerin der Entzauberung sein soll. Von einer solchen Entzauberung kann aber nur die Rede sein, wenn man die Entwicklungen und Erklärungen oberflächlich betrachtet. Denn die Gesetze von Kepler heben ja nicht das Geheimnis auf, das in den himmlischen Sphären steckt. Sie geben ihm nur ein anderes Aussehen, und eigentlich stellen erst die Gesetze das tiefe Geheimnis her. Mit den Einsichten in die Ellipsenbahnen und dem raffinierten Verhältnis von Umlaufzeiten und Entfernungen gilt es, den Grund für diese Feststellungen zu finden. Dies wird Newton im Laufe des 17. Jahrhunderts dadurch gelingen, dass er eine Schwerkraft für alle die Bewegungen am Himmel zuständig macht. Das klingt gut und richtig. Man sollte nur nicht vergessen, dass diese Gravitation den Physikern bis heute Rätsel aufgibt und ihr Geheimnis bewahrt. Von einer Entzauberung der Welt durch Kenntnis ihrer Gesetze kann also keine Rede sein. Im Gegenteil. Dank Kepler und seinen Einsichten und dank Newton und seiner Schwerkraft sind die Dinge geheimnisvoller geworden. Die Wissenschaft sorgt für eine Verzauberung der Welt. Etwas Schöneres kann Menschen nicht passieren.

Wenn man das Auffinden des ersten physikalischen Gesetzes auch ohne Zögern als Triumph des erwachenden Forschergeistes ansehen darf, so zeigt sich neben dem Glanz des erworbenen Wissens sofort auch das dazugehörige Elend. Denn wenn Planeten auf Ellipsen umherlaufen, dann kann man keinen Gott mehr für die Sphärenbahnen verantwortlich machen. Götter bringen Kreise zustande, aber keine Ellipsen. Für die Ellipsen muss man vom Transzendenten zum Immanenten wechseln und die Natur selbst heranziehen und ihre Gesetze finden und zuständig machen. Mit anderen Worten, Kepler hat keine Lösung der Planetenbewegung und ihrer Bahnen gefunden, wie oft zu lesen ist. Er hat vielmehr gefunden, was es wirklich zu erklären und zu verstehen gilt, nämlich die physikalische Ursache für die elliptischen Bahnen, wie heute gesagt würde. Was nach Keplers Großtat gebraucht wird, ist nicht nur eine mathematische Erfassung der Bahnen, sondern ein physikalisches Gesetz für die natürlichen Kräfte, die zu den beobachteten geometrischen Umlaufformen führen. Es sollte zwar noch im 17. Jahrhundert gefunden werden, aber Kepler hat davon leider nichts mehr erfahren.

Der Sternenbote

Der Mann, der als Erster erklären konnte, wie die Bewegung der Planeten tatsächlich zustande kommt und was sie physikalisch bedingt – also der Brite Isaac Newton –, kam fast in dem Jahr zur Welt, in dem der Italiener Galileo Galilei starb, der wie kein anderer den Konflikt zwischen Wissen und Glauben zu repräsentieren scheint. Galilei repräsentiert im allgemeinen Wissen des 21. Jahrhunderts den mutigen Wissenschaftler, der sich trotz inquisitorischer Drohungen der Kirche zu dem Kopernikanischen Weltbild bekannte und trotzig in aller Öffentlichkeit über die Erde gesagt haben soll: »Eppur si muove« – »Und sie bewegt sich doch«. Die Legende will es, dass er diese Worte gesprochen hat, als er 1633 im hohen Alter mehr oder weniger von den kirchlichen Autoritäten gezwungen wurde, dem heliozentrischen Modell abzuschwören, wobei man genauer sagen muss, dass der Papst von Galilei einzuräumen verlangte, dass es keinerlei Beweis für die zentrale Stellung der Sonne und die planetarische Existenz der Erde gab. Überraschenderweise traf der Papst an dieser Stelle den Nagel auf den Kopf, aber das konnte die Streitlust von Galilei nur anfachen, dem ansonsten großartige Entdeckungen am Himmel gelungen sind und der eine Menge physikalischer Einsichten auf seinem Konto verbuchen kann.

Wenn man so will, hat Galileis Karriere als Astronom angefangen, als ihm 1609 ein optisches Gerät in die Hände kam, das heute als Teleskop bekannt ist und ganz neue Beobachtungen der Sterne ermöglichte. Galilei verbesserte das von ihm käuflich erworbene erste Fernrohr und richtete es anschließend auf den Himmel, um

zu sehen und zu zeigen, dass erstens der Saturn einen Ring auf-
weist, dass zweitens der Jupiter von Monden umrundet ist, dass
drittens auf dem Mond Hügel und Krater sind, dass viertens viele
Nebel aus Einzelsternen bestehen und dass es fünftens immer wieder dunkle Flecken auf der Sonne zu bemerken gibt.

Natürlich hat Galilei all diese Beobachtungen nicht auf einmal
gemacht, aber er war der Erste, der 1610 in einem Text mit dem
Titel »Sidereus Nuncius«, der »Sternenbote«, ausführlich über
Himmelsbeobachtungen mit einem Fernrohr berichtete und damit den Menschen konkret und praktisch eine neue Sicht auf den
Kosmos eröffnete. Die Krater auf dem Mond und die Flecken
auf der Sonne mögen heute eher nebensächlich klingen, für Galilei und seine Zeitgenossen bedeuteten diese Feststellungen aber,
dass der Himmel und seine Objekte nicht als so perfekt glatt und
sauber angesehen werden konnten, wie man es von einer göttlichen Schöpfung erwartete. Für Galilei zeigten die Sterne keine
transzendente Qualität, sondern eine immanente Natur, die zu
erforschen er sich vornehmen konnte, was er dann auch mit großem Enthusiasmus und Erfolg unternommen hat.

Er konnte seine Analyse der Sterne anfänglich in einem Klima
unternehmen, in dem die Kirche dem kopernikanischen Gedanken nicht unbedingt feindlich gegenüberstand. Kardinal Bellarmin, der manchmal als Chefideologe des Vatikans bezeichnet
wird, hat noch im frühen 17. Jahrhundert geschrieben:

»Wenn es einen wirklichen Beweis gäbe, dass die Sonne der Mittelpunkt des Universums ist, dass die Erde sich im dritten Himmel befindet und dass die Sonne sich nicht um die Erde, sondern
die Erde sich um die Sonne dreht, dann müssten wir mit großer
Behutsamkeit jene Passagen der Heiligen Schrift erklären, die
das Gegenteil zu lehren scheinen, und wir sollten eher zugeben,
sie nicht richtig verstanden zu haben, als dass wir eine Meinung
für falsch erklären, die bewiesenermaßen wahr ist.«

Aber diese weltoffene und wissenschaftszugewandte Seite der Kirche wurde zugeschlagen, als die Bedrohung durch den Protestantismus stärker wurde, was letztlich zu der historisch unglücklichen und sich im Rückblick als schädlich erweisenden Entscheidung des Papsttums führte, die Verbreitung des Kopernikanischen Weltbildes zu verbieten. 1616 verkündete das Heilige Offizium in Form eines Dekrets, dass die Behauptung, die Sonne stehe im Zentrum der Welt, »irrtümlich im Glauben« sei, und man verlangte von den Astronomen, dass sie sich im geozentrischen Modell orientierten.

Natürlich ließ sich Galilei jetzt erst recht nicht daran hindern, an dieser Stelle seine gegenteilige Ansicht zu vertreten, und in den folgenden Jahren verfasste er seinen heute berühmten »Dialog über die beiden hauptsächlichen Weltsysteme«, mit denen die konkurrierenden geo- und das heliozentrischen Systeme der Planetenbewegung gemeint sind. In diesem »Dialogo« lässt Galilei einen Gesprächspartner namens Simplicio auftreten, der – für alle Zeitgenossen erkennbar – die schlichten Ansichten vertritt, die Galilei zufolge von dem amtierenden Papst Urban VIII. geäußert worden sind. Da der oberste Kirchenhirte im Kampf gegen die Protestanten schon genügend Niederlagen hatte einstecken müssen, riss ihm bei Galileis Polemik der Geduldsfaden, und er zog die Daumenschrauben etwas an. Urban VIII. verlangte eindeutige Beweise für das Kopernikanische System, die Galilei natürlich nicht liefern konnte, und so verurteilte man den Gelehrten, auf Knien der heliozentrischen Lehre abzuschwören. Ein peinliches Szenarium, das sich dem allgemeinen Gedächtnis eingeprägt hat. Es sollte bis zum Herbst 1992 dauern, bis die Kirche durch Papst Johannes Paul II. Galileis für das Ansehen der Kirche schädigende Verdammung aufhob und das ganze Geschehen als »tragisches wechselseitiges Unverständnis zwischen dem Pisaner Wissenschaftler und den Richtern der Inquisition« bezeichnet hat, was den historischen Sachverhalt gut erfasst.

Das angesprochene Unverständnis hat sicher mit der Sturheit und Streitlust Galileis zu tun, der ansonsten dem Kardinal Barberini gegenüber seine »Ergebenheit der Heiligen Kirche« bekundet und seinem Gott »Demut, Ehrerbietung, Untertänigkeit und Gehorsam« zugesagt hat, wobei sich Galilei allerdings nie so recht festlegt, welches Gottesbild ihm vorschwebt. Vielleicht war Galilei bereits in den frühen Tagen der Säkularisierung mehr oder weniger sein eigener Gott, und mit dem hat er sich wahrscheinlich am besten verstanden. Er war eben unter anderem auch ein genialer Kopf, der kampfgewohnte Galilei, wie sich auch in den erwähnten Dialogen von 1632 zeigt, in denen er auf unnachahmliche Weise darlegt, dass physikalische Gesetze für zwei Beobachter, von denen einer auf dem Festland in einem Hafen steht und von denen der andere geradeaus und mit gleichmäßiger Geschwindigkeit auf einem Boot auf See unterwegs ist, gleich aussehen müssen. Es gibt keine absolute Ruhe – so Galilei –, und die Gesetze müssen so formuliert sein, dass die gleichförmige Bewegung des einen Beobachters keine Rolle spielt. Die Gesetze müssen diesbezüglich unveränderlich – invariant – sein, wie man sagt, was allgemein zu dem Begriff der Galilei-Invarianz geführt hat, die Naturgesetze zu erfüllen haben. Diese große Idee hatte bis in das frühe 20. Jahrhundert hinein Bestand, und es brauchte einen vergleichbar genialen Kopf wie den von Albert Einstein, um zu zeigen, dass die Natur noch viel raffinerter ist und daher eine etwas umfassendere Form von Invarianz bei den Gesetzen der Bewegung erforderlich ist. Darauf wird noch einzugehen sein, wenn es um Einstein und nicht nur um seine Physik, sondern vor allem auch um seine kosmische Religiosität geht.

Die Jesuiten und das Infinitesimale

Was an Galilei neben seiner durchweg genialen Physik nicht zuletzt von schwimmenden Körpern, auf die hier nur hingewiesen wird, immer wieder auffällt, ist seine unbändige Streitlust, die sich unter anderem im Jahre 1618 zeigt, als merkwürdige Objekte am Himmel beobachtet werden konnten, die heute als Kometen bekannt sind. Aufgefallen waren diese Himmelskörper mit einem sonnenabgewandten Schweif zuerst den Jesuiten unter Führung von Orazio Grassi am Collegio Romano, die bei ihren astronomischen Studien auch herausfanden, dass Kometen etwa so weit von der Erde entfernt waren wie der Planet Merkur oder wie die Sonne. Kometen gehörten also nicht zur sublunaren Sphäre, was die Frage nach ihrer Natur zu einer theologischen Frage und damit spannend machte. Grassi publizierte seine Befunde 1619 und deutete sie im Rahmen der aristotelischen Himmelskunde, aber nur, um nun von Galilei beschimpft zu werden und den Vorwurf zu hören, er würde sich in der modernen Astronomie überhaupt nicht auskennen. Dieses Gepolter kostete ihn natürlich die Freundschaft der Jesuiten, die er vor dem Gericht der Inquisition gut hätte gebrauchen können.

An dieser Stelle soll es aber nicht weiter um die Konflikte zwischen den kirchlichen und wissenschaftlichen Ansichten zum Stand der Sonne gehen, die auch bereits vielfach erörtert und dargestellt worden sind. Hier soll auf einen anderen Streit zwischen den Jesuiten und Galilei eingegangen werden, der auf eigentümliche Weise zu dem Wechselspiel von Wissen und Glauben gehört und bis in das 19. Jahrhundert hinein nicht entschieden werden konnte.

Es geht um mathematische Größen, die in der Fachwelt als Infinitesimale bezeichnet werden, die also beliebig kleine Einheiten darstellen, mit denen man aber präzise rechnen kann (siehe unten: Über das Infinitesimale). An den heutigen Universitäten gibt es dazu Vorlesungen über Infinitesimalrechnung, und so komisch der Name auch klingt, wenn in philosophischen Texten von der Berechenbarkeit der Welt die Rede ist, dann meinen die Gelehrten damit den Umgang der Wissenschaft mit dem Infinitesimalen, dem die Moderne folglich ihre entscheidende Prägung verdankt. Es ist unter anderem die Infinitesimalrechnung, die den Theorien der Physik ihre große Durchschlagskraft verleiht, aber das mathematische Vorgehen hat seine Zeit gebraucht, um sich durchzusetzen und seine Qualität zu erweisen. Es waren nun merkwürdigerweise die Jesuiten, die das Infinitesimale zu Zeiten Galileis mit allen Mitteln verhindern wollten.

Eingeführt worden ist die Idee der kleinsten Größen bereits in der Antike, und es war vor allem Archimedes, der etwa im Jahre 250 vor der modernen Zeitrechnung in der Lage war, mit diesem Konzept die Flächen und Volumen von geometrischen Gebilden zu berechnen. Statt von Infinitesimalen kann man auch von Punkten sprechen und sich die Frage stellen, wie viele Punkte eine Linie ausmachen oder was der Abstand von zwei Punkten auf einer Linie ist. Für den berühmten Euklid bildeten Punkte den Ausgangspunkt aller geometrischen Figuren, wobei er einfach definiert hatte, dass ein Punkt das ist, was keine Teile hat.

Wie viele Punkte brauchte man dann, um eine Linie zu bilden, die offenbar eine Länge hat. Oder musste man die Linie als Kontinuum betrachten? Die spontane Antwort nach der Punktmenge lautet zwar »unendlich viele«, aber sie hilft nicht unbedingt weiter, weil man nun finden muss, was herauskommt, wenn man ein Nichts unendlich oft aneinanderreiht. Was ergibt null mal Unendlich?

Über das Infinitesimale

Es lohnt sich, über einen Satz von Anaxagoras nachzudenken: »Im Kleinsten gibt es kein Kleinstes, sondern es gibt immer noch ein Kleineres. Denn was ist, kann durch keine noch so weit getriebene Teilung je aufhören zu sein.«

In der Antike gibt es neben der Vorstellung von Punkten auch die Idee eines Kontinuums, und damit fangen die Probleme an. Wenn zum Beispiel eine Gerade (eine Linie) ein Kontinuum ist, dann gibt es keine Punkte auf ihr, denn nach jeder Teilung bleibt ein kontinuierliches Stück übrig, aber kein Punkt, denn ein Punkt ist das, was keine Teile hat. Eine Gerade kann daher nicht aus Punkten bestehen.

Heute definiert die Mathematik ein Kontinuum dadurch, dass es die Mächtigkeit der reellen Zahlen hat. Und die Physik definiert ein Kontinuum durch die Vorgabe, dass zu einem Messwert in einer genügend (beliebig) kleinen Umgebung alle anderen Messwerte möglich sind. Das Weltall wird als Raum-Zeit-Kontinuum erfasst, was es schwer macht, hierbei die diskreten Quantensprünge unterzubringen.

Ein kniffliges Thema – die Unendlichkeit, das Unendliche. Mathematiker können seit dem Wirken von Georg Cantor (1845–1918) unterscheiden zwischen dem abzählbar Unendlichen – die Mächtigkeit der natürlichen Zahlen – und dem überabzählbar Unendlichen – der Mächtigkeit der reellen Zahlen (natürliche, ganze, rationale und irrationale Zahlen). Nun besteht ein Kontinuum – die Zahlengerade – aus einzelnen Punkten. Aristoteles und Demokrit rotieren im Grab. Das heißt, Demokrit und die Atomisten behaupteten, dass eine Strecke aus aktuell unendlich vielen Punkten besteht, während Aristoteles an potenziell Unendliches dachte, in dem sich beliebig voranschreiten lässt.

Wenn eine Gerade aus infinitesimalen Punkten besteht, dann nützt es auch nichts, wenn es sich dabei um unendlich viele handelt. Null plus null gibt immer null, wie oft man das auch zusammenzählt. Eine kontinuierliche Linie kann nicht aus kleinsten Elementen bestehen, die unteilbar sind. Archimedes (im dritten Jahrhundert vor Christus) ignorierte die möglichen Paradoxien und zeigte, dass die Idee des Infinitesimalen mathematisch sehr fruchtbar ist und zum Beispiel hilft, Kreise, Zylinder und Kugeln zu berechnen. Man zerlegte die krummen Gebilde in eine unendliche Zahl von gradlinigen Konstruktionen, die berechenbar waren. Er blieb für lange Zeit der Einzige, der so vorgegangen ist. Erst nach 1500 kam das Infinitesimale wieder in Gebrauch, bis es bei Newton und Leibniz zum Differentialkalkül und der Methode der Wahl wurde.

Bereits in der Antike hatte der griechische Philosoph Zenon von Elea angemerkt, dass Paradoxien unvermeidlich würden, wenn man infinitesimale Größen zulässt. Sein berühmtestes Beispiel handelt von Achilles, der einer Schildkröte hinterherrennt und bei jedem Schritt zwar näher kommt, sie aber nie erreicht. Während Achilles nämlich den ursprünglichen Vorsprung aufgeholt hatte, konnte die Schildkröte ein kleines Stückchen vorankommen, das Achilles zwar anschließend zurücklegen kann, aber nur, um zu erleben, dass die Schildkröte erneut ein winziges Stückchen weg ist, und das geht unentwegt so weiter, wobei die Abstände immer kleiner und somit infinitesimal werden.

Natürlich können die Mathematiker heute längst erklären, was an den Überlegungen von Zenon danebenliegt (siehe unten: Achilles und die Schildkröte), aber die Paradoxien beeindruckten seine Zeitgenossen, und das Infinitesimale wurde ad acta gelegt. Die wissenschaftliche Welt gab sich vollkommen zufrieden mit der Geometrie des Euklid, die als Musterbeispiel für rigoroses Denken und strenge Ordnung angesehen wurden, mit deren Hilfe sich die Wahrheit angeben ließ.

Achilles und die Schildkröte

Berühmt sind die Paradoxien von Zenon von Elea (im fünften Jahrhundert v. Chr.), die Aristoteles in seinen Schriften überliefert hat (im vierten Jahrhundert v. Chr.). Am besten bekannt ist der Wettlauf zwischen Achilles und der Schildkröte. Zenon behauptet, dass Achill die Schildkröte nicht einholen kann, da das Tier immer dann, wenn der Krieger näher kommt, ein Stück weiter ist. Geben wir der Schildkröte 10 m Vorsprung und lassen Achill zehnmal so schnell wie sie sein und die 10 m in einer Sekunde zurücklegen. Dann ist die Schildkröte einen Meter weiter. Den schafft Achilles in 1/10 Sekunde, dann ist die Schildkröte 10 cm weiter. Das schafft Achill in 1/100 Sekunde, dann ist die Schildkröte 1 cm weiter, und so weiter. Wann holt er sie ein? Nach Zenon nie! Mit Hilfe der modernen Mathematik lässt sich berechnen, dass Achill die Schildkröte einholt, wenn er die folgende Strecke gelaufen ist:

$$10 + 1 + 0.1 + 0.01 + 0.001 + \ldots = 10 + \Sigma \, (1/10)^k,$$ wobei die Summe von $k = 1$ bis $k = \infty$ zu nehmen ist und als konvergente geometrische Reihe 10/9 ergibt, wie in meinen Schultagen noch im Mathematikunterricht auf dem Gymnasium nachvollzogen wurde.

Im Jahre 1544 wurden in Basel die Schriften des Archimedes ins Lateinische übersetzt, und mit ihnen wurden erneut die infinitesimalen Größen populär, die im frühen 17. Jahrhundert unter europäischen Mathematikern großes Interesse und Verbreitung fanden. Für die Jesuiten sah dies wie eine Bedrohung der vertrauten Euklidischen Geometrie aus, und sie gewannen den Eindruck, dass sie ein Bollwerk dagegen errichten mussten – in der Hoffnung, dabei zugleich die Verbreitung der protestantischen Ideen aufzuhalten.

Die Jesuiten glaubten an die Hilfe der Mathematik in Glaubensfragen, nachdem Mitarbeiter ihres Ordens seit den 1570er-Jahren dem amtierenden Papst Gregor XIII. geholfen hatten, den Kalender zu reformieren. Im Jahre 325 der modernen Zeitrechnung war auf dem Konzil von Nicäa festgelegt worden, wann Ostern zu feiern ist, nämlich am ersten Sonntag nach dem ersten

Vollmond nach Frühlingsanfang. Man zählte die Tage im sogenannten Julianischen Kalender, in dem ein Jahr 365 Tage und
6 Stunden lang ist, was 11 Minuten weniger ausmacht, als das
wahre Sonnenjahr dauert. Bis in die 1570er-Jahre hatten sich so
beträchtliche Verschiebungen ergeben, das Osterfest verschob
sich immer weiter, und Gregor XIII. verlangte nach einem neuen
Kalender, dem Gregorianischen, wie er damals genannt wurde
und bis heute heißt, und die Hauptarbeit dafür leisteten die Jesuiten. Sie hatten dabei die Freude, die Protestanten in ein Dilemma geführt zu haben. Denn entweder akzeptierten die Ab-
weichler im Glauben den neuen Kalender, dann unterwarfen sie
sich einer katholischen Ordnung. Oder sie blieben bei dem alten
Zählen der Tage, dann lagen sie mit dem Osterfest so falsch, dass
es schmerzen musste.

Mit dem Gregorianischen Kalender war es der katholischen
Kirche gelungen, mit mathematischer Hilfe Wahrheit und Regelmäßigkeit in eine chaotische und unzuverlässige Welt zu bringen,
und die Jesuiten glaubten, die Sicherheit der Euklidischen Geometrie als Modell der Perfektion auf die protestantisch gefährdete
Wirklichkeit übertragen zu können, und also verboten und verbannten sie den Umgang mit Infinitesimalen. Und als sie wegen
der Kometen mit Galilei in Streit gerieten, ging es auch um seinen Gebrauch der kleinsten Größen beim Rechnen, wie er ihn
aus den Schriften von Archimedes entnommen und erlernt hatte.

Um 1630 gelang es zwei italienischen Mathematikern, Bonaventura Cavalieri und Evangelista Torricelli, die beide mit Galilei
in Kontakt standen, zu zeigen, wie sehr die Methode der Infinitesimalen anderen Beweis- und Rechenverfahren gegenüber überlegen ist, selbst wenn das antike Problem, wie weit unendlich viele
Punkte ohne eigene Länge sich erstrecken, noch nicht befriedigend gelöst werden konnte (weil dies erst im 19. Jahrhundert gelingen wird). Evangelista Torricelli, der sich auch Gedanken zu
der Frage eines Vakuums machte, führte zum Beispiel in seinen

Arbeiten »Über die Dimension der Parabel« – sie wurde erst 1644 im Rahmen seines Werkes »Opera geometrica« publiziert – seinen Lesern zunächst vor, wie bereits Archimedes knapp 2000 Jahre zuvor mit Hilfe der Infinitesimalen die Fläche unter der gekrümmten Kurve berechnen konnte. Der Italiener fügt 21 Beweise für die Behauptung hinzu, dass »die Fläche einer Parabel vier Drittel der Fläche ausmacht, die ein Dreieck mit gleicher Grundseite und Höhe hat« (Abbildung)

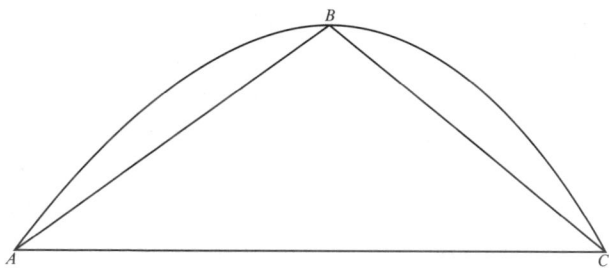

Die Überlegenheit der Infinitesimalen wird in den Jahren, in denen Galilei mit der Inquisition zu kämpfen hat, unübersehbar, was die Jesuiten aber nicht daran hindert, die Methode umfassend per Dekret zu verdammen, wobei der Orden sorgfältig darauf achtet, dass diese Verurteilung selbst in den entferntesten Provinzen bekannt und beachtet wird. Die Jesuiten befürchteten tatsächlich, dass die kleinsten Größen nicht nur die Mathematik, sondern das ganze Gebäude, das sie errichtet hatten, zum Einsturz bringen würden. Sie mussten das Infinitesimale zerstören, um nicht selbst zerstört zu werden, wie sie meinten, weshalb sie diesen Glaubenskrieg in der mathematischen Wissenschaft vom Zaun brachen – und gewannen, wenn auch mit katastrophalen Folgen. Als es gelungen war, in Italien das Infinitesimale auszulöschen, zerfiel auch die gesamte Mathematik in der Heimat von Galilei. Es sollte Jahrhunderte dauern, bis sich die lokale Wissenschaft davon wieder erholte.

Zwei Anmerkungen an diesem Ende

Bei dem Krieg um das Infinitesimale stehen sich das verständliche Ringen der Jesuiten um die eine Wahrheit, an die sie glaubten, um das Auflösen des Geheimnisvollen und das Verschwinden von Zweideutigkeiten und die von Galilei und seinen Anhängern vertretene Offenheit gegenüber. Sie hält die Paradoxien und Doppeldeutigkeiten nicht nur aus, sondern betrachtet sie als den Ausgangspunkt des wissenschaftlichen Vorgehens. Die Harmonie der Welt wird bei Galilei – und Kepler – nicht durch das Aufzwingen einer absoluten und unverrückbaren Wahrheit erreicht, sondern durch das allmähliche, sorgfältige und niemals perfekte Sammeln von Daten, in denen Geheimnisvolles und Widersprüchliches stecken kann – bis zuletzt. Wissenschaft gelingt durch Versuch und Verbessern und nicht durch Verbot und Verdrängung. Wer zu sehr an einem Glauben hängt, kann das Wissen verpassen, das die Menschen weiterbringt.

Die zweite Anmerkung betrifft das Infinitesimale selbst. Das Besondere an dieser Idee steckt darin, dass ihre Anwendung dadurch gelingt, dass die kleinste Größe zuletzt in einem Grenzprozess gegen null gehen und also verschwinden darf. Aus der Summenbildung mit endlich vielen Gliedern wird eine Integration, wie der Autor noch im Mathematikunterricht auf dem Gymnasium gelernt hat. Mit anderen Worten: Das Infinitesimale ist gar keine stabile Größe, sondern eine dynamische Konzeption. Es ist mehr ein Prozess, der eine Ausgangsgröße zum Verschwinden bringt, wenn sie ihre Schuldigkeit getan hat. Eine atemberaubende Idee für den, der sie zum ersten Mal erfährt und umsetzt. Mit dem Infinitesimalen verlässt die wissenschaftliche Welt endgültig ihre ruhigen Gefilde. Sie nimmt von nun an rasch Fahrt auf, wie erzählt wird, wenn der gläubige Magier Isaac Newton seinen erstaunlichen Auftritt bekommt. Doch zuvor soll innegehalten und noch einmal ein Blick auf die Zeit geworfen werden, bevor es zu der Geburt der modernen Wissenschaft in Europa kam. Es soll um die große Zeit der arabischen Wissenschaft gehen, die ihr eigenes »Haus der Weisheit« errichten konnte, auch wenn dies nicht so lange Bestand hatte, wie man es sich gewünscht hätte und wie für die heutige Welt besser wäre.

4. »Das Erfahren von Wahrheit ist das Ziel«

Alchemisten und Augen im arabischen Haus der Weisheit

»Wer sich zur Suche nach Wissen auf die Reise begibt, wandert auf Allahs Weg zum Paradies«.

»Die Tinte des Gelehrten ist heiliger als das Blut des Märtyrers.«

Altarabische Weisheiten (al-hamdu li-llah)

Der italienische Historiker Paolo Rossi hat das umfassende Geschehen, das sich im frühen 17. Jahrhundert in vertrauten westlichen Breiten abgespielt hat und in dessen Rahmen sowohl Johannes Kepler als auch Galileo Galilei an den Himmel und auf die Welt schauten, wie es im letzten Kapitel beschrieben worden ist, als »Geburt der modernen Wissenschaft in Europa« bezeichnet. Tatsächlich tragen Menschen aus vielen europäischen Nationen in diesen Jahren zum Entstehen der komplexen historischen Realität bei, die inzwischen als moderne Wissenschaft zum Schulstoff gehört oder zur Allgemeinbildung gehören sollte.

Kopernikus war Pole, Kepler war Deutscher, der in Prag und Linz forschte, Tycho Brahe war Däne, Galilei und Torricelli waren Italiener, und in den kommenden Jahrzehnten nach dieser historischen Geburt tritt der überlebensgroße Brite Isaac Newton in Erscheinung, der das kosmische Geschehen in Form des berühmte Uhrwerks ablaufen lässt, das nach den zwar von ihm aufgestellten, trotzdem aber ewig scheinenden Gesetzen der Schwerkraft funktioniert und abläuft. Er wird dabei Bewegungsgesetze mit Hilfe der ebenfalls im letzten Kapitel erwähnten infinitesimalen Größen aufstellen – und dabei die Konkurrenz des deutschen Universalgelehrten Gottfried Wilhelm Leibniz spüren – und auf diese Weise insgesamt eine mechanische Naturlehre in mathematischer Sprache ermöglichen, deren Anhänger sich immer wieder und weiter fragen, ob und wie sie unter dieser wissenschaftlichen Vorgabe weiter ihrem christlichen Glauben anhängen können.

Im Haus der Weisheit

Es wird tatsächlich immer mehr eine europäische Geschichte, die es seit dem 17. Jahrhundert über die werdende Wissenschaft zu erzählen gibt, und es sollte noch ein paar Jahrhunderte dauern, bis sich daraus das globale Phänomen entfalten konnte, das die Gegenwart kennt und in Bewegung hält. Doch bevor die Pionierleistung der alten Welt in den Blick genommen und ihre Entwicklung bis in die heutige Zeit weitergeführt wird, soll noch einmal innegehalten und ein Blick zurückgeworfen werden, und zwar auf »die arabischen Wissenschaften als Fundament unserer Kultur«, wie es im Unterteil des Buches »Im Haus der Weisheit« heißt, in dem der in England lehrende und lebende Professor für theoretische Atomphysik mit Namen Jim Al-Khalili das Goldene Zeitalter der arabischen Gelehrsamkeit aufleben lässt. Er lädt seine Leser ein, sich auf das damit verbundene große Vermächtnis der islamischen Welt einzulassen und sich dabei daran zu erinnern, dass einmal das Arabische das ausmachte, was das Lateinische im Mittelalter war und was das Englische in der Moderne ist, nämlich die »lingua franca« der Wissenschaft, in der sich die Gelehrten untereinander verständigten und mit deren Hilfe sie ihre Forschungen vorantrieben.

Übrigens: Ein »Haus der Weisheit« hat es tatsächlich in Bagdad gegeben. Es wurde im Jahre 832 der christlichen Zeitrechnung von Abdallah al-Ma'mum[5], dem Sohn des Harun ar-Raschid, in der Absicht eingerichtet, dort Texte der klassischen Philosophie und der empirischen Wissenschaften ins Arabische übertragen zu lassen, um sie auf diese Weise einem muslimischen Publikum zugänglich zu machen und näherzubringen. Den Namen Harun ar-Raschid haben viele Menschen bereits gehört, wenn auch wahrscheinlich weniger im Rahmen von wissenschaftlich-historischen Erläuterungen. Er ist im Westen vor allem als märchenhafte Gestalt der Erzählungen aus »Tausendundeiner Nacht« bekannt, die als morgenländische Geschichten zu einem Klassiker der Weltliteratur geworden sind. Als Heldin dieses Meisterwerks verehren Leser natürlich die sagenhafte Scheherezade, die am Ende des letzten Jahrhunderts von Philippe Boulanger, dem Direktor des französischen Wissenschaftsmagazins »Pour la Science« zu neuem Leben erweckt worden ist. In seinem 1998 erschienenen Buch »1001 Nacht« lässt er die Scheherezade der Neuzeit Geschichten aus der Wissenschaft erzählen, die mit Zeitreisen, dem Urknall, der Chaostheorie und anderen aktuellen Themen der Forschung zu tun haben und immer dann geheimnisvoll enden, wenn der Morgen naht – wie es sich gehört.

---

5   Bei der Schreibung arabischer Namen werden nur Buchstaben des im Westen benutzen lateinischen Alphabets verwendet. Korrekterweise müssten all die Sonderzeichen benutzt werden, die Linguisten und Islamforscher kennen. Der Autor bittet um Nachsicht für die von ihm vorgenommene Vereinfachung, die dem Lesefluss helfen soll.

Ein fortwährendes Vergnügen, von dem es zurück zu Jim Al-Khalili gehen soll, der ursprünglich aus Bagdad stammt. Er hat seine Heimat 1979 noch als Teenager eher unfreiwillig verlassen, als in Iran die erste islamische Republik ausgerufen worden war, nachdem sich der von den Gläubigen verhasste und abgesetzte Schah nach Kairo abgesetzt hatte. Der junge Al-Khalili wollte und konnte sich von da an nur im Westen seinen Wunsch erfüllen, Physiker zu werden. Aber er hat sich in der Fremde die Liebe zu seiner Heimat bewahrt und sich mit dem erwähnten Buch den lange von ihm gehegten Wunsch erfüllt, die Geschichte der blühenden arabischen Zivilisation zu schreiben. Die Menschheit verdanke ihr eine Fülle von Kenntnissen, auch wenn sie im Laufe der Jahrhunderte immer Mühe hatte, einen Ort wie das »Haus der Weisheit« zu finden, an dem sie verwahrt und tradiert wurden. Zwar hat man in Bagdad kurz vor dem im christlichen Europa mit Spannung erwarteten Jahr 1000 dem »Haus der Weisheit« noch ein »Haus des Wissens« hinzugefügt, dessen Bibliothek großzügig ausgestattet wurde. Aber für eine nachhaltige Institutionalisierung der Wissenschaften blieb dies insgesamt zu wenig, wie später historisch noch wichtig und im Detail angesprochen wird.

Es gibt neben der erzählerischen Analyse von Jim Al-Khalili eine Fülle weiterer Darstellungen der arabischen Wissenschaften – etwa die Werke des amerikanischen Historikers David C. Lindberg, unter denen seine Beschreibung von »Auge und Licht im Mittelalter« herausragt, oder das Werk »Naturwissenschaften im Kulturvergleich«, das der Chemiker und Sinologe Karl Wulff vorgelegt hat und das den Bogen von Europa über den Islam bis hin zu China spannt. Ganz allgemein und souverän informiert die Islamwissenschaftlerin Gudrun Krämer über die »Geschichte des Islam«, wobei sie in einem Kapitel auch auf »Die Entstehung der islamischen Wissenschaften« eingeht.

Zu den Anfängen der islamischen Wissenschaft

Wenn von arabischer oder islamischer Wissenschaft die Rede ist, dann meinen die Historiker vor allem das Bemühen herausragender Gelehrter um immanente Erklärungen der weltlichen Dinge, die zu der Zeit gemacht wurden, als die Abbasiden, die ihren Namen einem Onkel des Propheten Mohammed verdanken, ihre Dynastie errichten konnten. Die Abbasiden beendeten das Kalifat der Umayyaden, das ihnen vorangegangen war, wobei dem politischen Umsturz ein brutales Blutbad folgte, was unter anderem dazu geführt hat, dass die arabische Dichtung den Umayyaden ein Denkmal gesetzt hat. Die angesprochenen Ereignisse lassen sich auf das Jahr 750 in der Zählung des europäischen Christentums datieren, und die Abbasiden haben sich durch das 9. und 10. Jahrhundert gehalten und dabei zu der Zeit das politische Sagen gehabt, als in Städten wie Basra, Kufa und vor allem Bagdad – alle im heutigen Irak gelegen – die wissenschaftlichen Arbeiten unternommen wurden, das Goldene Zeitalter der arabischen Wissenschaft ausmachen, wie noch ausgeführt wird. Es ist dabei wichtig, sich klarzumachen, dass die Blütezeit der islamischen Wissenschaft in der Zeit der Abbasiden von einer städtischen Kultur getragen wird. Die Vorstellung eines beduinischen Charakters des frühen Islams sollte man rasch *ad acta* legen. Es braucht tatsächlich ein solides Haus der Weisheit, um darin solide Wissenschaft zu treiben, und ein flatterndes Zelt kommt dafür bei aller Liebe zu einem romantisch anmutenden Wüstenabenteuer nicht in Frage.

Die Abbasiden haben durch ihre namentliche Verbindung zu dem Propheten Mohammed keine Mühe gehabt, von den Sunniten anerkannt zu werden. Angehörige dieser Gruppe machen die größte Glaubensrichtung im Islam aus, denen die Minderheit der Schiiten gegenübersteht. Zu Beginn der Zeit der Abbasiden verfügte die islamische Welt bereits über den Koran, der die Worte des

Propheten Mohammed enthält, wie er sie etwa seit dem Jahr 610 der christlichen Zeitrechnung empfangen hat, als ihm der Erzengel Gabriel erschienen ist, um ihm das Wort Gottes zu offenbaren. Dieser Gott, der Allah heißt und von Muslimen in Mekka an der Kultstätte der Kaaba verehrt wird, hat seinen Namen von dem arabischen »al-ilah« bekommen, was eben »der« Gott heißt. »Von Anfang an verband sich im Islam der Glaube an den Einen und Einzigen Gott mit gemeinschaftlichen und gemeinschaftsbildenden Riten und Praktiken«, wie die Islamwissenschaftlerin Gudrun Krämer schreibt, um hinzuzufügen: »Dazu zählte konstitutiv der Jihad als bedingungsloser Einsatz für die Sache Gottes, der auch den bewaffneten Kampf gegen seine Feinde mit einschloss. In diesem Sinne diente der Jihad von frühester Stunde an als positiver Glaubensbeweis. Welch ungeheure Dynamik der Glaube an die islamische Sendung freisetzte, sollte sich bald zeigen« – und zeigt sich in der gegenwärtigen Zeit in unverminderter Stärke.

Als der Prophet im Jahre 632 starb, hatte sich die von ihm inspirierte und verkündete Religion namens Islam – das Wort bedeutet »Unterwerfung«, und gemeint ist die Unterwerfung unter den Willen Gottes – über die ganze arabische Halbinsel verbreitet, und als Grundlage der islamischen Lehre diente der Koran. Es gilt vielen als das erste Buch, das in arabischer Sprache verfasst worden ist, und so bemühten sich viele Gelehrte unter den Abbasiden darum, die Worte des Propheten zu deuten. Mit anderen Worten, die arabische Wissenschaft begann als Beschäftigung mit der Religion, und beide sind während des kommenden Goldenen Zeitalters nicht zu trennen. In den Worten von Al-Khalili: »Die wissenschaftliche Revolution der Abbasidenzeit hätte ganz eindeutig nicht stattfinden können, hätte es den Islam nicht gegeben. Dies ist ein deutlicher Unterschied zur Ausbreitung des Christentums in den vorangegangenen Jahrhunderten, die nicht annähernd im gleichen Umfang das originäre wissenschaftliche Denken angeregt und gefördert hatte.«

Natürlich kann die Ausbreitung des Islam allein nicht herangezogen werden, um das zeitgleiche Aufkommen der wissenschaftlichen Neugier zu erklären. Um diese Lücke zu füllen, verweisen die Historiker auf das, was sie als die Übersetzungsbewegung bezeichnen, wie sie seit der Mitte des 8. Jahrhunderts verzeichnet werden kann – was an dieser Stelle den Einschub erlaubt, dass zumindest einige der führenden Köpfe im Goldenen Zeitalter der arabischen Wissenschaft keine Muslime waren. Der größte aller Übersetzer in Bagdad, ein Mann namens Hunayn ibn Ishaq, konvertierte nie zum Islam, und es gibt darüber hinaus eine Menge christlicher und jüdischer Gelehrter, die im 9. Jahrhundert in Bagdad lebten, forschten und lehrten. Unabhängig davon führt das Feststellen der aufkommenden Lust an Übersetzungen natürlich zu der unvermeidlichen Frage, was diese Aktivität ausgelöst hat. Von Fachleuten als Antwort vorgeschlagen wird zum Beispiel die Laune von aufgeklärten Kalifen, die versessen auf griechische Gelehrsamkeit waren und sich als Mäzene profilierten. Von Kennern zur Klärung genannt wird weiter die unmissverständliche Idee des Propheten, dass es zu den religiösen Pflichten aller Muslime gehört, nach Wissen und Erleuchtung zu streben. Und in der Literatur zu diesem Themenkomplex wird schließlich die flächendeckende Tätigkeit Griechisch sprechender Christen angeführt, die zur Zeit der Abbasiden in den Texten von Aristoteles und Platon lasen und daneben auch medizinische und astronomische Manuskripte studierten.

Der Ursprung einer Wissenschaft

Im Gefolge der Übersetzungen von zahlreichen Texten aus dem Griechischen, dem Syrischen, dem Persischen und dem Indischen, die in großer Zahl seit der Regierungszeit von Harun ar-Raschid um das Jahr 800 herum angefertigt wurden – als also in Europa

Karl der Große zum Kaiser gekrönt wurde – und zu denen auch der umfangreiche »Almagest« des Ptolemäus mit der geozentrischen Himmelsordnung gehörte, tauchte in der muslimischen Welt eine der faszinierendsten und rätselhaftesten Gestalten der arabischen Wissenschaftsgeschichte auf. Sein vollständiger Name lautet Jabir ibn Hayyan, aber bekannt geworden ist er in westlichen Texten als Geber, was hier aber ignoriert werden soll, weil hinter dieser Zuweisung das Wort »gibberish – also Geschwätz – steckt, mit dem die Sprache des muslimischen Wissenschaftlers diskreditiert werden sollte, der in diesem Buch als Jabir geführt wird.

Jabir kann als der Vater des modernen Zweiges der Wissenschaft betrachtet werden, der in westlichen Breiten als Chemie bekannt ist und der im Gegensatz zu der Physik und der Biologie keinen Namen hat, der sich durch einen griechischen Ursprung auszeichnet. Die Chemie stammt von dem arabischen Begriff der Alchemie (siehe unten: Das Wort Alchemie), und die dazugehörige Wissenschaft ist mit Jabirs Wirken entstanden. Er beschäftigte sich unter anderem mit dem Schmelzen von Metallen, wobei die so bezeichneten Materialien den Menschen seit Urzeiten bekannt waren, genauer spätestens seit der Bronzezeit, die auf ein paar tausend Jahre vor Christi Geburt zu datieren ist. Jabir machte sich bei seinen Experimenten Gedanken über eine mögliche Umwandlung der festen Stoffe, und angeregt durch seine Beobachtungen nahm er auch die Frage ins Visier, wie die Metalle aufgebaut oder zusammengesetzt sind, die er in Händen halten und mit denen er Versuche unternehmen konnte. Jabir vermutete (unzutreffenderweise aus heutiger Sicht), dass alle Metalle aus Schwefel und Quecksilber in unterschiedlichen Anteilen bestehen, wie er in seinem Buch »Kitab al-Kimiya« geschrieben hat, was sich als »Buch der Chemie« übersetzen lässt. 1144 hat ein Engländer Jabirs Werk ins Lateinische übertragen und ihm dabei den Titel »Liber de compositione alchimiae« gegeben, was deshalb verständlich ist, weil von da an noch 600 Jahre vergehen müssen, bis die europäischen Wissenschaftler die Vorsilbe »al« einkassieren und die moderne Chemie in ihrer quantitativen Form entsteht.

Zu den Grundüberzeugungen von Alchemisten weltweit gehört der Gedanke (siehe unten: Die Bedeutung der Alchemie), dass Gott die Welt nicht vollkommen, sondern so geschaffen hat, dass den Menschen die Möglichkeit bleibt, sie zu verbessern. Man meinte, dass die wertvollen Dinge – wie Gold oder Heilmittel – bereits auf der Welt vorhanden seien und nur darauf warten, aus den wertlosen Dingen – zum Beispiel aus dem Blei oder aus wild wachsenden Kräutern im Wald – befreit zu werden. Jabir stand dabei zwar vielen Versuchen, aus billigen Metallen die Edelmetalle Gold und Silber werden zu lassen, kritisch gegenüber. Er richtete seinen Blick dafür aber auf ein sehr viel höheres Ziel, nämlich der Hervorbringung von künstlichem Leben in seinem Labor, wenn man dieses Wort einmal verwenden darf. Dieser Gedanke hält sich hartnäckig und lange in der gesamten Wissenschaft – gerade der westlichen Form –, und er findet seinen dramatischen Ausdruck zum Beispiel im Goethes *Faust,* wenn dort im zweiten Teil in der Szene in einem Laboratorium »ein Mensch gemacht« wird, wie es im Text heißt. Was Goethe erscheinen und auftreten lässt, ist ein künstliches Menschlein in einer Retorte, das als Homunkulus auf die Bühne springt (wenn er letzten Endes im Drama auch zerschellt und im Wasser verschwindet). Goethe griff bei seinem poetischen Menschenmachen auf alchemistische Texte europäischer Gelehrter aus dem 17. Jahrhundert zurück, die in solchen Synthesen ebenso wenig ein Problem sahen wie Jabir viele hundert Jahre zuvor und genaue Anweisungen gaben, wie man zu verfahren hatte, um einen künstlichen Menschen anzufertigen. Leider ist der Rezeptur kein Argument zu entnehmen, warum der in der Retorte gefertigte Mensch besser sein kann oder soll als der, der sein Leben ganz normal der natürlichen Zeugung durch ein liebendes Paar verdankt.

Die Bedeutung von Alchemie

Das Wort Alchemie

Der Begriff »Alchemie« stammt offenbar aus dem Arabischen:
al-kimiya
Lateinische Fassung: alkimia, alchimia
Klar ist allerdings das Präfix:
al- = bestimmter Artikel;
Unklar bleibt die Wurzel;
in der Literatur werden drei Möglichkeiten genannt:
Ägyptisch: keme, chemi – die schwarze Erde
Griechisch: chemeia – gießen (flüssiges Metall)
Hebräisch: ki mija – »was von Gott ist«

Was ist Alchemie?

Die einfache und die raffinierte Antwort: Alchemisten bemühen sich um die Herstellung von unvergänglichem Gold, und als Mittel zu diesem Zweck dient der Stein der Weisen. Der Stein bewirkt die Transmutation. Als Ausgangsmaterial des alchemistischen Prozesses dient das unedle Blei, das dem Saturn zugeordnet ist. Griechisch steht dafür Kronos, der mit der Zeit in Verbindung gebracht wird und also die Vergänglichkeit darstellt. Damit erklärt sich eine andere Definition der Alchemie. Sie findet sich zum Beispiel in der französischen *Encyclopedia universalis* (Paris 1968), in der es heißt: »Die Alchemie stellt den Menschen die Möglichkeit vor Augen, über die Zeit zu triumphieren, sie ist die Suche nach dem Absoluten. Der Weg dazu ist die Vervollkommnung dessen, was vor dem Menschen geschaffen, aber von der Natur unvollkommen gelassen wurde.«

Alchemie, Algebra und Algorithmus

Wenn ein Gebiet, eine Wissenschaft oder ein Verfahren mit einem Wort bezeichnet wird, das mit der Silbe »al« beginnt, taucht sofort der Verdacht auf, dass es sich um arabische Sprachschöpfungen handelt. Für die Alchemie wurde dies oben bereits erläutert, und die Algebra – also das Teilgebiet der Mathematik, das sich mit den Rechenoperationen und ihren Eigenschaften beschäftigt – geht auf den Ausdruck »al-Jebr« zurück. Er taucht im Titel eines Buches auf, welches im 9. Jahrhundert verfasst worden ist und vollständig »Al-Kitab al-Mukhtasar fi Hisab al-Jebr wa-l-Muqabala« heißt. Auf Deutsch ist damit gemeint: »Das Werk über das Rechnen durch Wiederherstellung und Ausgleich«. Autor des Textes ist ein Mann namens Ibn Musa al-Khwarizmi, der sich im 9. Jahrhundert eine Menge Wege ausdachte, um Rechenaufgaben und die dazugehörigen Gleichungen zu lösen, was ihn zum Vater der Algebra gemacht hat, und das man gar nicht hoch genug einschätzen kann, auch wenn viele Menschen bei der Erinnerung an schwierige Rechenaufgaben aus dem Schulunterricht dabei nicht gerade in Begeisterung gesetzt werden oder ins Schwärmen geraten.

Der Wissenschaftshistoriker George Sarton hat die erste Hälfte des 9. Jahrhunderts als »die Zeit von al-Khwarizmi« bezeichnet, der in seinen Werken übertragbare Verfahren und nachvollziehbare Schritte angab, um mathematische Aufgaben systematisch bearbeiten und einer Lösung zuführen zu können. Heute überlassen viele Menschen diese Mühe ihrem Computer, der dazu mit Algorithmen – wohl definierten und mechanisch oder elektronisch nachvollziehbaren Rechenschritten – operiert, die ihm durch ein Programm möglich werden. Dieser Ausdruck Algorithmus hat keine griechische Wurzel, wie man beim ersten Hören denken könnte. Er stellt vielmehr die latinisierte Form des Namens von al-Khwarizmi dar, der sich im Vorwort zu seinem oben zitierten Rechenbuch bei Gott für die »Vorliebe zur Wissen-

schaft« bedankt, die er ihm mit auf den Lebensweg gegeben habe
und es ihm erlaube, die allgemeinen und lehrbaren Rechenregeln
aufzustellen. Ein Algorithmus meint ein in endlich vielen Schritten zu einem Ergebnis führendes Rechenverfahren der Art, wie
es zuerst von al-Khwarizmi ersonnen und ausgeführt worden ist.
Zu den Aufgaben, die al-Khwarizmi wählt und deren Lösung er
vorführt, gehört unter anderem die folgende:

> »Angenommen, ein Mann lässt in seiner Krankheit zwei Skla-
> ven frei. Der Preis für den einen beträgt dreihundert Dirhem,
> der für den anderen fünfhundert Dirhem. Der für dreihundert
> Dirhem stirbt und hinterlässt eine Tochter; dann stirbt der Herr
> und hinterlässt ebenfalls eine Tochter, und der Sklave hinterlässt
> Eigentum im Wert von vierhundert Dirhem. Mit wie viel muss
> jeder von ihnen sich freikaufen?«

Was al-Khwarizmi gelingt, unternimmt man heute in der Schule,
nämlich die Verwandlung einer Rechenaufgabe in der zitierten
Form in eine oder mehrere mathematische Gleichungen, in denen
unbekannte Größen auftauchen, die meist x und y heißen und
nach deren Wert dann gesucht wird. Die entscheidende mathematische Idee von al-Khwarizmi bestand darin, die Unbekannten
als eigenständige Gebilde in seine Rechenkunst einzuführen und
nicht mehr nur als Platzhalter zu behandeln, wie es die Mathematiker vor ihm unternommen hatten. Er verbreitet damit das,
was Historiker völlig zutreffend »echte Algebra« oder den »Geist
der rationalen Forschung« nennen, und in seinem Gefolge tauchen Philosophen wie Ya'qûb ibn Ishaq al-Kindi, der sich »Über
die erste Philosophie« äußert und in diesem Werk die Muslime
einlädt, den Islam unter philosophischen Gesichtspunkten zu
studieren. Es ging dem Gelehrten al-Kindi nicht darum, einen
nüchternen Rationalismus an die Stelle der emphatischen Offenbarung zu setzen. Er meinte aber, dass Muslime, die den Beitrag

der Griechen zur Kultur der Menschen nicht anerkennen wollten, engstirnig seien und den reinen Glauben an den Islam ver-
missen ließen. Al-Kindi legt seinen Glaubensbrüdern ans Herz:

> »*Wir sollten uns nicht schämen, Wahrheiten anzuerkennen und
> zu übernehmen, ganz gleich, woher sie zu uns kommen, selbst
> wenn sie von früheren Generationen und fremden Völkern stam-
> men. Für den Wahrheitssuchenden gibt es nichts Kostbareres als
> die Wahrheit selbst; sie entwertet oder erniedrigt den Suchenden
> nie, sondern adelt und erhöht ihn.*«

Der Blick auf das Auge und mit den Augen

Eine ähnliche Aussage – »Das Erfahren von Wahrheit ist das
Ziel« – ist von dem arabischen Gelehrte Ibn al-Haitham überliefert, dessen vollständiger Name etwas länger ist und Abu Ali
al-Hasan Ibn al-Hasan Ibn al-Haitham lautet, wobei das mehrfach auftauchende Ibn einfach »Sohn von« heißt. Al-Haitham,
den die westliche Welt auch gerne Alhazen nennt, steht im Dienst
eines Kalifen namens al-Hakim, der zum Stamm der Fatimiden
gehört, die um das Jahr 1000 herum die Abbasiden abgelöst und
ihre Herrschaft von ihrem Stammland Ägypten aus in weitere Bereiche der islamischen Welt ausgedehnt haben. Ibn al-Haitham
stammt zwar aus Basra, war aber vornehmlich in Ägypten tätig,
und er wird im Laufe seines Lebens mehr als 200 (!) Bände mit
wissenschaftlichen Arbeiten anfertigen, die vom 12. Jahrhundert
an ins Lateinische übertragen werden. Sein Hauptwerk wird 1030
publiziert, und es handelt vom Sehen und der Optik – »Opticae
thesaurus«, wie der übersetzte Titel lautet. Das Buch wird unter
anderem Johannes Kepler helfen, eine entscheidende Einsicht
beim Sehvorgang zu bekommen, nämlich die, dass das Bild der
Welt, das durch die Pupille auf die Rückseite (Netzhaut) des Au-

ges fällt, dort auf dem Kopf steht – was einen kreativen Beitrag des sehenden Subjekts nötig macht, wenn er die Welt richtig herum wahrnehmen will.

Ibn al-Haitham alias Alhazen kommt zu seinen Erkenntnissen, weil er sich zum einen den Aufbau von Augen – ihre Anatomie – genau anschaut. Er kann dabei auf »Zehn Abhandlungen über das Auge« aus dem Jahre 860 zurückgreifen, die der oben als Übersetzer erwähnte Hunayn Ibn Ishaq ausgearbeitet hat und in denen sich die älteste detaillierte Zeichnung der Augenmuskulatur findet. Al-Haitham stellt darüber hinaus aber eine Idee vor, die einen derartigen Bruch mit der traditionellen griechischen Erklärung des Sehens darstellt, dass man ohne weiteres von einer Revolution, also einer Umkehrung im wissenschaftlichen Denken sprechen kann. Statt – wie es selbst Größen wie Platon getan haben – dem Auge die Aufgabe zu geben, einen Lichtstrahl – den Sehstrahl – auszusenden, der dann die betrachteten Gegenstände abtastet und überstreicht – ohne dass überlegt wird, wie er zum Sender zurückkommt –, drehte al-Haitham den Ablauf der Dinge um, aber nicht ohne zuvor eine ausgedehnte Reihe von (qualitativen) Experimenten durchgeführt zu haben, die die alte Sicht der Dinge mühsam und unwahrscheinlich werden ließen. Er ernannte das Auge zu dem Empfänger des Lichts, das von den Gegenständen ausgeht, und bei dieser Vorstellung ist es bis heute geblieben – wobei al-Haitham wohl weiß, dass er mehr über die Natur des Lichts wissen müsste, um dessen Ausbreitung erfassen zu können. Aber für eine Annäherung an dieses Geheimnis braucht selbst die westliche Wissenschaft noch viel Zeit, nämlich bis in das 19. und 20. Jahrhundert hinein. Unabhängig davon heißt es in den Schriften von Alhazen unmissverständlich, dass »nichts vom Auge zum sichtbaren Gegenstand strömt, um diesen wahrzunehmen«, dass vielmehr Sehen nur eintreten kann, »wenn etwas von dem sichtbaren Gegenstand zum Auge kommt«. Da er dessen Anatomie erkundet hat, ist es ihm möglich, Vorschläge darüber zu machen, wie ein Lichtstrahl im Sehorgan genau verläuft und letzten Endes eintrifft, was hier aber übergangen werden soll. Es lohnt sich trotzdem, noch ein wenig bei der Theorie des Sehens zu verweilen, und zwar allein deshalb, weil Alhazen in der muslimischen Kultur in einer bilderlosen Welt lebte. Das Bilderverbot des Islam kann zwar nicht durch eine Stelle im Koran begründet werden, in dem hier verhandelten Goldenen Zeitalter der arabischen Wissenschaften sind aber Aussprüche Mohammeds in Umlauf gekommen, in denen er sich gegen bildliche Darstellungen wendet, und daran haben sich seine Anhänger orientiert. Alhazen muss deswegen das, was im Auge ankommt, nicht als lebendiges Bild, sondern als abstraktes Mosaik von Lichtpunkten deuten. Gebilde dieser geometrischen Art wollte er ebenso wie die Wege, auf denen das Licht von den Gegenständen ins Sehorgan gelangen, mit mathematischer Hilfe berechnen, was ihn auf als Linien gezeichnete Strahlen zurückgreifen ließ, die bereits der Vater der Geometrie, Euklid, zur Behandlung von Licht eingeführt hatte. Dabei ist dem nicht nur geometrisch, sondern auch physikalisch denkenden Alhazen aufgefallen, dass er das Auge mit seiner kleinen Öffnung namens Pupille an der Vorderseite wie einen Kasten mit einer Lochblende behandeln kann, der heute als »Camera obscura« bekannt ist. Bei diesem Vergleich dachte Alhazen wohl niemals an die Bilder, die auf der Rückwand des – in heutigen Begriffen – fotografischen Apparates sichtbar werden. Er sah dort vielmehr Lichtflecken, die von der Größe des Lichtkegels abhingen, der durch die einfallenden Strahlen (Linien) gebildet wurde, und alles konnte somit im geometrischen Rahmen verstanden und beschrieben werden.

Ein Kanon der Medizin

Als der Prophet Mohammed den Islam im siebten Jahrhundert der in Europa praktizierten Zeitrechnung gründete, gab er seinen künftigen muslimischen Glaubensgenossen drei Aufgaben mit auf ihren Lebensweg, nämlich das Beten, das Fasten und die Wohltätigkeit, wobei deren Erfüllung die so wichtige Gemeinschaftsbildung überhaupt erst ermöglichen sollte, die zu einer Religion gehört und sie ermöglicht und zu der als vierte Säule die Pilgerfahrt nach Mekka beiträgt. Beten und Fasten, das geschieht zum eigenen Wohl, während die dritte Aufgabe der Wohltätigkeit zum Nutzen der Mitmenschen führt. Und wenn man diesen Gedanken so auslegt, wie ihn Galilei im 17. Jahrhundert in Europa fasst, dass nämlich das Ziel der Wissenschaft darin besteht, die Bedingungen der menschlichen Existenz zu erleichtern, dann versteht man problemlos, warum all die erwähnten arabischen Gelehrten in ihrem Goldenen Zeitalter das Gefühl hatten, bei ihren Bemühungen um ein immanentes Verstehen der Welt so etwas wie einen Gottesdienst zu begehen. Natürlich gab es Kritiker dieses von der Vernunft geleiteten Strebens nach Wissen, und es traten sogar wissenschaftsfeindliche Tendenzen in den islamischen Gesellschaften zutage, wie sie inzwischen vor allem im westlichen Teil der Erde verbreitet sind. Aber »einer der größten Wissenschaftler aller Zeiten«, den Jim Al-Khalili im arabischen »Haus der Weisheit« ausmacht und den er mit diesem großen Lob ausstattet, obwohl sein Name im Westen kaum bekannt ist, hat darauf das Geeignete zu erwidern gehabt. Gemeint ist der Universalgelehrte mit Namen Abu Rayhan Muhammed al-Biruni, der um das im christlichen Bewusstsein als besonders empfundene Jahr 1000 lebte und zahlreiche Spuren als Mathematiker, Astronom, Philosoph, Theologe, Linguist, Geograph, Geologe, Pharmakologe und Arzt hinterlassen hat. Al-Biruni gehört zu den ersten Vertretern der modernen naturwissenschaftlichen Methode mit Experiment und Beobachtung, und er hat dabei unter anderem einen eleganten Weg gefunden, den Erdumfang mit Hilfe von Schatten zu bestimmen, die sich bei Erhebungen messen ließen. Die erste Hälfte des 11. Jahrhunderts ist von Historikern als »Zeitalter des al-Biruni« bezeichnet worden, und er hat allen Skeptikern des Suchens nach Wissen das Folgende entgegengehalten:

»Der Extremist unter ihnen [den Wissenschaftsfeinden] würde die Wissenschaften als atheistisch abstempeln und behaupten, sie würden die Menschen in die Irre führen. Damit würde er Unwissende dazu bringen, wie er selbst die Wissenschaft zu hassen. Das nämlich wird ihm helfen, seine Unkenntnis zu verbergen, und es öffnet Tür und Tor für die vollständige Zerstörung von Wissenschaften und Wissenschaftlern.«

Al-Biruni ist wahrscheinlich deshalb außerhalb seines Kulturkreises nicht besonders bekannt, weil es neben ihm einen etwas jüngeren Zeitgenossen gab, der ein Werk verfasst hat, das über ein halbes Jahrtausend zum wichtigsten medizinischen Lehrbuch auch der westlichen Welt wurde und als »Kanon der Medizin« bekannt ist – »Al Qanun fi al-Tibb« in der Landessprache seines Autors. Sein Name lautet Abu Ali al Hussein ibn Abdullah ibn Sina, oder kurz Ibn Sina, wobei er im Westen besser als Avicenna bekannt ist. Er scheint schon als Teenager etwas von seinem Fach verstanden zu haben und offenbar in diesen jungen Jahren durch einen glücklichen und geschickten Rat den Sultan von Buchara heilen oder ihm zumindest helfen können. Wenn die historischen Forschungen zuverlässig sind, spürte Ibn Sina, dass der Sultan nicht unter körperlichen Gebrechen litt, sondern sich seelisch unwohl fühlte. Der junge Arzt diagnostizierte nach seinem Gespräch mit seinem Herrscher eine psychische Erkrankung, die heute Liebeskummer heißt, er suchte die vermisste Geliebte auf und führte sie dem herrschaftlichen Bett zu, in dem der Sultan bereits wartete. Als Dank für die Heilung des Liebeskummers bekam Avicenna die Erlaubnis für den Zugang zu der königlichen Bibliothek, und der junge Arzt las nun alles, was seine Augen und sein Geist fassen konnten, unter anderem die philosophischen Werke von Aristoteles und die medizinischen Schriften von Claudius Galenos aus Pergamon, der im zweiten nachchristlichen Jahrhundert lebte und als größter Arzt der Antike angesehen wurde und nach dem die moderne Disziplin der Galenik benannt ist.

Bereits als 21-Jähriger beginnt Avicenna damit, eigene Schriften anzufertigen, und unter anderen schreibt er im Laufe seines Lebens ein »Buch vom Heilen«, »Kitab al-Schifa«, das kein Nachschlagewerk zum medizinischen Wissen, sondern ein Versuch des Autors ist, die Welt von der Krankheit des Unwissens zu befreien. In dem Werk findet sich auch eine Überlegung, mit der Ibn Sina den Glauben muslimischer Theologen ins Visier nimmt, wonach der physische Körper eines Menschen das Einzige ist, das tatsächlich existiert. Er stellt dazu ein elegantes Gedankenexperiment mit einem »schwebenden Mann« an, das wie folgt verläuft:

> »Angenommen, ein Mensch ist auf einmal erschaffen, vollständig entwickelt und vollkommen geformt, aber seinem Blick ist die Wahrnehmung aller äußeren Objekte verwehrt – er ist in der Luft oder im Raum schwebend erschaffen und wird nicht von wahrnehmbaren Strömungen der Luft getroffen, die ihn trägt. Seine Gliedmaßen sind getrennt und berühren sich nicht, so dass sie sich gegenseitig nicht spüren. Dann lassen wir den Betreffenden überlegen, ob er die Existenz seiner selbst bestätigen würde. Es besteht kein Zweifel, dass er seine eigene Existenz bestätigen würde, nicht aber die Realität irgendwelcher Gliedmaßen oder innerer Organe. Wer dies also bestätigt, hat ein Mittel, welches ihn auf die Existenz seiner Seele als etwas anderes als den Körper aufmerksam macht, aber auch darauf, dass er unmittelbar mit seiner Existenz vertraut und sich ihrer bewusst ist.«

Offensichtlich denkt Avicenna schon frühzeitig in Richtung des Leib-Seele-Dualismus, der in Europa im 17. Jahrhundert bei

René Descartes zu finden ist, und insgesamt meinen Kenner seines umfangreichen Werkes hier einen Versuch erkennen zu können, ein metaphysisches Modell der Wirklichkeit zu entwerfen, mit dessen Hilfe die Existenz Gottes mit logischen Mitteln erfasst werden soll.

Wenn der Blick auf Avicennas »Kanon der Medizin« gerichtet wird, so zeigt sich in dem fünfbändigen Werk eine Fülle von Themen, die sowohl uralte ägyptische Anleitungen für chirurgische Eingriffe als auch die Wirkung von Giften und Gegengiften umfasst. Im ersten Buch entwirft der Autor eine »Medicina universalis«. Im zweiten Buch listet Ibn Sina 700 Medikamente mit ihrer Wirkung und genauen Angaben zur Dosierung auf, wobei er nebenbei die modern anmutende Forderung erhebt, Arzneien zu prüfen, bevor sie Menschen verabreicht werden. Im dritten Buch werden erkrankte Organe und deren Therapie beschrieben, was allein deshalb grandios zu nennen ist, weil die europäische Medizin bis in das 18. Jahrhundert brauchte, um Organe als Ausgangspunkt von Krankheiten des Körpers zu verstehen. Im vierten Buch stellt Ibn Sina gesundheitliche Störungen vor, die sich über den ganzen Körper ausbreiten, wie es die moderne Medizin vom Krebs kennt. Und im fünften Buch beschreibt Avicenna die Herstellung von Heilmitteln, an denen sich die Leser probieren können.

Der »Canon medicinae« übt im europäischen Mittelalter seine Wirkung bis weit in das 16. Jahrhundert aus, und der Ruhm des islamischen Gelehrten wurde erst ein wenig angekratzt, als ein Schwabe namens Leonhardt Fuchs vorwitzig bemerkte, dass hinter dem arabischen Arzt und seinen Ratschlägen ein griechischer Kopf namens Galenos – oder heute Galen – stehe, was es empfehlenswert mache, das Original direkt zu lesen und sich den »Kanon der Medizin« zu schenken.

Es stimmt natürlich, dass Ibn Sina den Grundvorstellungen des Griechen Galen keine neuen Konzepte an die Seite gestellt hat, aber in seiner kanonischen Zusammenstellung der Heilkunst ist ihm eine äußerst praktische Sammlung ärztlicher Ratschläge gelungen, die sich auch durch eine erstaunliche Erweiterung der Arzneimittelsammlung gegenüber der von Galen auszeichnet, und zwar besonders durch Stoffe, die aus Indien in den arabischen Raum gekommen waren.

Zwei Wahrheiten

Wer sich die Wissenschaften im europäischen Mittelalter anschaut, wird irgendwann auf den Satz der damals wirkungsmächtigen Scholastik treffen, »Die Philosophie ist der Magd der Theologie«. Es hat lange gedauert, bis solch eine Bevormundung des Denkens im Westen abgestreift werden konnte, die übrigens im Orient weniger ausgeprägt zu finden ist. Dort lehrte zum Beispiel im 12. Jahrhundert der Naturwissenschaftler, Philosoph und Theologe Ibn Rushd, der im Abendland als Averroes bekannt geworden ist. Averroes stammt aus Cordoba und hat sich sein Leben lang bemüht, das analytische Denken von Aristoteles mit der islamischen Theologie in Einklang zu bringen. Er hielt die Philosophie nicht für die Magd der Theologie. Er sah in der Philosophie vielmehr »die Freundin der Religion«, und er meinte, die beiden seien »von Natur aus miteinander befreundet«, und sie »lieben sich gegenseitig aufgrund ihres Wesens«. Diese Liebe enthüllt sich dadurch – so Averroes in seiner Lehre der zwei Wahrheiten –, dass sich philosophische und theologische Einsichten nicht widersprechen, sondern sinnvoll ergänzen. Man braucht nur mit offenen Augen durch die Welt zu gehen und seinen logischen Fähigkeiten zu vertrauen.

Unglücklicherweise weckten die Schriften des Averroes den Unmut fanatisierter Muslime (was den Verdacht nahelegt, dass der Satz »Es gibt nichts Neues unter der Sonne« wahr ist). Sie verbannten den Gelehrten 1195 und verbrannten seine Werke. Er floh nach Marrakesch, wo er kurze Zeit später starb. Averroes steht bei der islamischen Orthodoxie bis heute auf dem Index der verbotenen Bücher.

Der Niedergang

Es ist nicht zu übersehen, wie hoch und weit sich die Wissenschaften im Islam in ihrem Goldenen Zeitalter trotz einiger Widerstände entwickelt haben, und die gesamte Zeitspanne, in welcher eine islamische Wissenschaft alle anderen Bemühungen dieser Art beherrschte, kann mit bald fünfhundert Jahren angegeben werden, wenn man die Jahre von den Umayyaden an mitrechnet und die nachfolgende Zeit der Abbasiden und Fatimiden zusammennimmt. Fünfhundert Jahre – das erfasst auch etwa die Zeitspanne, die von Kopernikus bis in das 20. Jahrhundert reicht, was die Frage nur schwieriger macht, warum es nach dem Goldenen Zeitalter im 13. und 14. Jahrhundert mit der islamischen Wissenschaft nicht so recht weiterging und weshalb sie im 15. Jahrhundert kaum noch einer Erwähnung wert und nahezu von der Bildfläche verschwunden ist.

Die Frage bietet ein großes Forschungsthema, bei dem die Antworten noch ausstehen. Unabhängig davon können Historiker schon jetzt mehrere Faktoren ausmachen, die zum Niedergang der islamischen Wissenschaft beigetragen haben, und sie nennen zum Beispiel den zunehmenden Einfluss von konservativen religiösen Strömungen, die offen Opposition zur Wissenschaft bezogen und unter anderem die Schriften verbrannten, die unter der Schirmherrschaft der Umayyaden in der Bibliothek Cordoba gesammelt worden waren und von Gelehrten vielfältig und fleißig genutzt wurden. Die Geistlichen des Islam drängten daneben auch nach und nach auf eine engere Definition von einer Nützlichkeit des Wissens, was – in den Worten des Wissenschaftshistorikers David C. Lindberg – dazu führte, dass die Wissenschaft »dem Islam einverleibt« und ihm unterworfen wurde. Das wissenschaftliche Vorgehen in der arabischen Welt verlor seinen griechischen Charakter und wandelte sich zu einer eigenständigen islamischen Anstrengung, die bei einer immanenten Kausalität nur eingeschränkt funktionierte und viele weltliche Fragen in den Hintergrund drängte.

Dies zum Ersten. »Zum Zeiten kann Wissenschaft nur gedeihen, wenn Frieden und Wohlstand herrschen und Mäzene vorhanden sind«, wie Lindberg schreibt, um nüchtern hinzuzufügen: »Alle drei Voraussetzungen schwanden im spätmittelalterlichen Islam infolge ständiger, verheerender Kriege zwischen islamischen Splittergruppen und Kleinstaaten sowie Angriffen von außen.«

Im Westen gelang die christliche Rückeroberung Spaniens (Reconquista), und von Osten her kamen die Mongolen, die 1258 Bagdad einnahmen und dabei dem Kalifat der Abbasiden ein jähes Ende bereiteten. Die Förderung der Wissenschaften durch die Obrigkeit entfiel fortan, die zudem in keiner islamischen Institution verankert oder gar beheimatet waren, was konservative religiöse Kreise erfolgreich zu verhindern gewusst hatten. Ihnen leuchtete die Nützlichkeit des mit empirischen Beobachtungen und rechnerischen Auswertungen erworbenen Wissens nicht ein. Zum Glück gingen die Ergebnisse der islamischen Wissenschaften nicht gänzlich verloren. Sie kamen durch den sich konstant gehaltenen Kontakt mit dem Christentum zurück nach Europa, wo die kulturelle Weitergabe ihren unvermeidlichen Fortgang nahm. Es kam zu der eingangs geschilderten »Geburt der modernen Wissenschaft in Europa«, deren Erwachsenwerden das Thema der folgenden Kapitel wird.

Übrigens: Die Wissenschaften haben es bis heute schwer im Bereich des Islam, wie eine einfache Zahl verdeutlicht. Wissenschaft kostet Geld, wie bereits erwähnt wurde und wie jedem bekannt sein wird. Doch während westliche Staaten in der entwickelten Form etwa zwei Prozent ihres Bruttosozialproduktes in die Forschung stecken, meinen die muslimischen Staaten, an dieser Stelle mit einem Zehntel davon auskommen zu können, also mit 0,2 Prozent des Bruttoinlandproduktes. Das reicht nicht einmal, um die Top Journals der westlichen Wissenschaft allgemein zugänglich zu machen. Die Lektüre des Korans wird so wichtig und nützlich sein wie die Lektüre der Bibel. Nur dass in beiden nichts über die moderne Wissenschaft steht. Sie ist später entstanden, entwickelt sich weiter und hält die Menschen in Atem – und zwar auf der ganzen Welt.

5. »Gott dauert für immer, auch ist Er überall anwesend«

Der Aufstieg der modernen Physik und seine gläubigen Betreiber

»Nature and Nature's laws lay hid in night:
God said, Let Newton be!, and all was light.«

»Die Natur und die Gesetze, sie sah man nicht.
Gott sprach: Lass Newton sein!, und schon ward Licht.«

Alexander Pope, Epitaph

Als der große Isaac Newton, den manche Historiker auch gerne als den letzten Magier bezeichnen, 1727 im biblischen Alter von 85 Jahren starb, setzten ihn seine Landsleute höchst feierlich und unter großer Teilnahme der Bevölkerung in der Westminster Abbey bei, und der englische Dichter Alexander Pope verfasste das Epitaph, das dieses Kapitel als Motto ziert. Es lässt erkennen, wie sehr bereits die Zeitgenossen den tief gläubigen Wissenschaftler verehrten, dessen Ruhm in den folgenden Jahrhunderten ins

Unermessliche steigen sollte und dessen Name längst zum Schulstoff gehört. Die mit ihm verbundenen physikalischen Einsichten haben zu der Vorstellung einer Welt geführt, die unter dem Namen »Newtons Uhrwerk« – »Newtons Clockwork« – bekannt und berühmt geworden ist und in der die von dem Namensgeber aufgestellten Gesetze den Ablauf der kosmischen und irdischen Dinge so bestimmen, dass das Ganze der Welt mit der Regelmäßigkeit und Präzision eines mechanisch operierenden Uhrwerks vor sich geht. Zwar hat sich längst in der heutigen Wissenschaft der Gedanke breitgemacht, dass die erfassbare Welt weniger als Uhrwerk und mehr wie eine Wolke zu verstehen ist, an deren Zustandekommen viele Zufälligkeiten und einige chaotische Zusammenhänge beteiligt sind. Sie gehören mit zu den physikalischen Gesetzen und Gegebenheiten des Wirklichen, auch wenn dieser Gedanke vielen schwerfällt. Aber die Vorstellung von Newtons Uhrwerk als der kosmischen Realität, die sich einer einzigen Kraft, der noch zu beschreibenden Anziehungskraft der Masse der Himmelskörper, verdankt, hat nicht nur seine Zeitgenossen beeindruckt, sondern auch philosophische Auswirkungen bis weit in das 19. Jahrhundert nach sich gezogen, auf die noch einzugehen sein wird. Immerhin stellte Newton das harmonische himmlische Gleichgewicht, das seinen Ausdruck im antiken Wort Kosmos findet, als einen unerbittlichen Kampf zwischen Anziehungs- und Fliehkräften dar, die auftreten, wenn massive Dinge ihre physikalische Qualität entfalten, dabei in Bewegung geraten und sich umrunden, so wie es miteinander kämpfende Boxer im Ring tun.

Die Welt als Ganzes

Zwischen den Jahren Galileo Galileis (gestorben 1642) bis zu dem Auftritt von Isaac Newton (geboren 1642) bestehen einige sehr enge Verbindungen, und zwar nicht nur der zufälligen zeitlichen

Art, indem der eine zur Welt kommt, als der andere sie verlässt, sondern auch auf der konzeptionellen Ebene, was das wissenschaftliche Denken angeht. Unter anderem wird Newton am Ende des 17. Jahrhunderts zu erklären versuchen, warum Körper überhaupt zu Boden fallen, warum sie dabei immer schneller werden und eine Beschleunigung erfahren, die merkwürdigerweise nichts mit ihrem Gewicht zu tun hat. Dies war bereits Galilei zur damals allgemeinen Überraschung aufgefallen und wird heute routinemäßig als Schulstoff in den Gymnasien gelehrt (ohne dass jemand diesen Sachverhalt wirklich versteht und eine Lehrkraft versucht, das in ihm verborgene Geheimnis zu lüften, was an dieser Stelle zwar unterbleibt, aber wärmstens empfohlen wird). Vor allem legt Newton im Jahre 1687 ein gigantisches Werk mit dem absichtlich wenig populären und zudem in lateinischer Sprache gehaltenen Titel »Philosophiae naturalis principia mathematica« vor, das in der Fachwelt als »Principia« zitiert und verehrt wird und sich ein Normalbürger als »Mathematische Prinzipien der Naturlehre« merken kann, falls er sich das vornimmt. In diesem wahrlich erstaunlichen Buch, in dem es erstmals sogar eine »Betrachtung der Welt als Ganzes« gibt, legt der berühmte Brite auf seine Art einen umfangreichen und überzeugenden Beweis der burschikosen Behauptung von Galilei vor, es gebe ein Buch der Natur, und dies sei in der Sprache der Mathematik und Geometrie geschrieben. Newton gelingt es darüber hinaus, diese eigenwillige Sprache und ihre ungewohnten Wörter mit zugehöriger Grammatik für ausgewählte Situationen ganz konkret mit Hilfe von Gleichungen anzugeben und auszuformulieren (siehe unten: Newtons Gesetz der Gravitation). In den dazugehörigen Formeln wird etwa ausgedrückt, dass die Kraft F (der Buchstabe steht für das englische »force«), die zwischen zwei Massen wirkt (m_1 und m_2), durch das Produkt dieser beiden Größen und das Quadrat ihres Abstandes bestimmt wird, für den der Buchstabe r eingeführt wurde, was dann als r^2 in Newtons Gesetz erscheint.

Mit dieser genau überprüfbaren und korrekten Einsicht und der unkonventionellen Festlegung, dass die Anwendung einer Kraft auf einen Körper zu einer Veränderung von dessen Geschwindigkeit führt, die bei gleichem Einsatz mit zunehmender Masse geringer ausfällt – »Kraft gleich Masse mal Beschleunigung« heißt die Beziehung auf Mathematisch –, sah sich Newton bald zu der sensationellen Leistung in der Lage, das dritte der Gesetze, das Kepler für die Planetenbewegung aufgestellt hatte und das kosmische Umlaufzeiten und himmlische Abstände verkuppelte, aus elementaren Vorgaben mathematisch abzuleiten, was ungeheuren Eindruck auf seine Zeitgenossen machte. Für sie stand nun fest, dass offenbar am Himmel alles nach den physikalischen Gesetzen verläuft, die auch auf der Erde gelten, und diese Gesetze gehorchen den mathematischen Prinzipien, die sich Menschen ausgedacht haben. Und diese für sich schon wundersamen und phantastischen Einsichten brachten nicht zuletzt den noch erstaunlicheren Gedanken hervor, dass das uns beherbergende Universum ein gigantisches Uhrwerk ist – Newtons Clockwork in seiner Muttersprache –, dank dessen Mechanik alles wohlbestimmt und berechenbar und ordentlich abläuft und uns für alle denkbaren Zeiten einen geschützten und gesicherten Platz im Kosmos bietet.

Newtons Gesetz der Gravitation

Newton definiert eine Kraft (F für force) dadurch, dass sie einem Körper der Masse m eine Beschleunigung (a für acceleration) verpasst: $F = m \cdot a$. Er kann dann zeigen, dass zwei Massen – m_1 und m_2 – eine Kraft aufeinander ausüben, die durch folgende Gleichung erfasst wird, deren Bestandteile bis auf den letzten Buchstaben im Text erläutert sind. Das Symbol γ steht für die Gravitationskonstante, die sich messen lässt (was zu meiner Zeit noch im Physikunterricht auf dem

Gymnasium unternommen wurde, auch wenn der Wert nicht überzeugend ausfiel):

$$F = \gamma \cdot m_1 \cdot m_2 / r^2$$

Newtons Gesetz lautet in Worten: Die Kraft, die zwei Massen aufeinander ausüben, ist proportional zu ihrem Produkt und umgekehrt proportional zu dem Quadrat ihrer Entfernung. Mit Hilfe dieses Zusammenhangs lassen sich die Gesetze ableiten und verstehen, die Kepler für die Planetenbewegung aufgestellt hat. Am Himmel tickt seit den Tagen von Newton ein Uhrwerk, ohne dass heute noch jemand fragt oder wissen will, wer es erst produziert hat und dann regelmäßig aufzieht und bei Bedarf wartet.

Mit der Existenz eines kosmischen Uhrwerks und seinen immanenten Ursachen verschiebt sich für einen Gläubigen auf den ersten Blick die Aufgabe, die einem Gott zukommt (wobei aber noch Raum für einen zweiten Blick bleibt, der später kommt). Das Leben des Herrn im Himmel und sein Wirken werden nämlich jetzt sehr viel leichter. Denn während der liebe Gott vor Newton noch die ganze Welt in all ihren Einzelheiten erst mühsam erschaffen musste und sie dann die ganze Ewigkeit über an einer kurzen Leine zu halten hatte, um Karambolagen zu vermeiden, reichte nun der Gedanke, dass der Herr des Himmels und der Erde zu Beginn seiner Schöpfung die entsprechenden Naturgesetze kreiert habe und sie dann ohne weiteres Zutun von seiner Seite aus wirken lässt. Sie bringen alles Vorhandene erst zum Laufen und halten die Welt später auch dauerhaft in Bewegung und uns mit und auf ihr. Mit dieser Möglichkeit konnte der alte religionsphilosophische Gedanke belebt werden, der mit einem hübschen Wort als Deismus bezeichnet wird und in einfachster Form besagt, dass Gott sich nach der Schöpfung – in diesem Fall der Schöpfung der

Naturgesetze – von der Welt zurückgezogen und ihr Schicksal den Menschen überlassen hat, die damit notwendigerweise Verantwortung tragen. Natürlich bleiben auch bei solch einer deistischen Grundhaltung – der Ausdruck soll sich, übrigens, nicht vom lateinischen Wort »deus« für Gott, sondern vom griechischen »die«, »es ist notwendig«, ableiten – immer noch Fragen offen, zum Beispiel die, ob zu der ursprünglichen Schöpfung der Gesetze auch ein Plan gehörte und Gott mit seinem Handeln eine bestimmte Absicht verfolgte, auch wenn man die erst finden muss. Dieses Thema soll hier nicht zum letzten Mal angesprochen sein.

Übrigens: Der oben erwähnte Gedanke einer Welt, die in Bewegung bleibt, nachdem sie angestoßen worden ist, hört sich heute zwar harmlos an, er stellte im 17. Jahrhundert aber einen Angriff auf den verehrten Aristoteles dar, der bei aller Weisheit, die man ihm gerne attestieren wird, ab und zu völlig falsch gelegen hat, leider vielfach dann, wenn es um Physik ging. Zu den Ansichten des Griechen gehörte zum Beispiel seine Überzeugung, dass die Bewegung eines Körpers zum Erliegen kommt, wenn die Kraft, die ihn antreibt, nicht mehr wirkt. Damit konnte Aristoteles zwar nicht einmal erklären, warum ein Stein weiterfliegt, wenn er die Hand verlässt, die ihn wirft, aber das hat mehr als tausend Jahre keinen Philosophen gestört. Erst Newton zieht der Menschheit diesen physikalischen Schuh erst aus und dann auf der richtigen Seite an, indem er feststellt und festhält, dass eine Kraft zwar eine Beschleunigung bewirkt – positiv als Zunahme der Schnelligkeit und negativ als Bremsung –, dass ein Körper aber seine einmal erreichte Geschwindigkeit beibehält, solange keine Kraft ihn daran hindert. Allerdings: So richtig (und wahr) dieser Gedanke ist, er liefert uns nur ein neues Beispiel für das Geheimnis, das in solch einer Situation erscheint. Denn nach dieser Einsicht gilt es, den nächsten Schritt im Denken zu vollziehen und zu verstehen, welche Eigenschaft eines Körpers ihn und seine spürbare Masse dazu bringt, sich gleichmäßig rasch auf der einmal eingeschlagenen Bahn weiterzubewegen.

Newton hat dieses Problem natürlich erkannt und auch eine Lösung vorgeschlagen, indem er den Massen der sich bewegenden Gegenstände eine Eigenschaft zuwies, die er Trägheit (oder lateinisch »inertia«) nannte und von der im Physikunterricht viel die Rede ist, auch wenn niemand so recht versteht oder erklärt bekommt, was da abläuft und wie sie zustande kommt. Vor allem intuitiv finden sich viele Menschen mit Newtons Trägheit nicht zurecht, wie jeder an sich selbst nachprüfen kann, wenn er sich fragen lässt, wie er beim Radfahren einen Apfel hochwerfen muss, um ihn wieder auffangen zu können. Die richtige Antwort lautet: »Nach oben«, denn durch seine Trägheit setzt das Stück Obst die Vorwärtsbewegung fort, während es fliegt. Die meisten Gefragten werfen den Apfel aber in Gedanken nach vorne, doch dann fliegt er in der radelnd erfahrenen Wirklichkeit einfach weg.

Die mechanische Trägheit hat es also in sich, da sie auf eine geistige Trägheit aufmerksam macht, die sich aber durch Training überwinden lässt. Auf jeden Fall können die Vertreter der Wissenschaft mit der von Newton eingeführten und höchst geheimnisvoll bleibenden Größe bestens verstehen, warum zum Beispiel der oben erwähnte Stein, der eine ihn wegwerfende Hand verlässt, nicht zu Boden fällt, sondern in Richtung auf sein Ziel fliegt – durch seine Trägheit eben, die ihn auf einer einmal eingeschlagenen Bahn weiterkommen lässt.

Und noch etwas: Wenn Newton die Frage, warum (und wie) Körper fallen, durch seine Idee einer Schwerkraft beantwortet, dann sagt er zwar wissenschaftlich so etwas wie die Wahrheit, aber erneut, ohne dabei auch nur ein wenig von ihrem Geheimnis zu lüften. Denn mit dem Hinweis auf die Gravitation endet das menschliche Wundern und Fragen nicht. Es beginnt im Gegenteil in diesem Augenblick erst, etwa indem es sich erkundigt, wie denn zum Beispiel die Masse eines Steins in Newtons Hand oder der einer anderen Person überhaupt mit der Erde in Kontakt kommt, die ihn anzieht und zu sich hinfallen lässt, sobald man ihn frei gibt. Physiker sprechen dann gerne von einem Schwerefeld unseres Planeten (und anderer Massen), das den Raum durchzieht und erfüllt, aber dadurch vertiefen sie das Geheimnis nur. Wer weiß denn schon, wie solch ein Kraftfeld überhaupt erst entsteht, dann seinen Anziehungspartner findet und ihn schließlich in Bewegung versetzt? Das Staunen verschiebt sich, aber es bleibt, erst recht für denjenigen, der im Rahmen der Physik anfängt, ein klein wenig von der Natur zu verstehen. Was mit dem wachsenden Wundern auf jeden Fall zunimmt, ist der Mut von vielen Menschen, noch mehr und weiter über das Offene zu staunen, das sich ihnen in der Welt auch da darbietet, wo Lehrbücher mit ihren Lösungen alles abgedeckt zu haben scheinen.

Newtons Wirkung

Keine Frage, Newton steht als ein Gigant der Wissenschaftsgeschichte da, und zwar auch dann, wenn seine zahlreichen Beiträge zum Verständnis der Optik und der Farben und seine neuartige Konstruktion von Teleskopen hier nicht im Detail angesprochen werden und in diesem Bereich nur darauf aufmerksam gemacht werden soll, dass sich bei seinen Überlegungen zum Licht unübersehbar ein Bedürfnis nach kosmischer Harmonie zeigt. Als Newton nämlich einen Sonnenstrahl durch ein Prisma in sein Farbspektrum zerlegte und dessen Farbenvielfalt beschrieb, gab er mit Rot, Orange, Gelb, Grün, Blau, Indigo und Violett sieben Namen an, wobei die Kenner heute sicher sagen können, dass Newtons Prisma nicht einmal im Ansatz die Qualität hatte, um so viele unterschiedliche Farbtöne hervortreten zu lassen. Der Hinweis auf Töne erläutert aber, wieso Newton Wert auf die Zahl Sieben legte, denn sieben Intervalle zusammen ergeben die musikalisch relevante Oktave – und außerdem vermutete Newton, dass es am Himmel sieben Planeten gibt. Hier wurde offenbar an höchster

Stelle massiv Wissenschaft mit Wunschdenken verwechselt, aber niemand sollte Newton deswegen böse sein, weil er sich einer Zahlenmystik und ihrer Harmonie ergeben hat. Das tun viele Zeitgenossen bis heute, ohne dies privat zu übertreiben und ohne dies öffentlich zuzugeben.

Unabhängig davon bleibt bei seinen Ideen auffallend, dass die meisten seiner physikalisch bedeutenden Einsichten dafür gesorgt haben, dass sich andere Geistesgrößen im Anschluss daran an eine vergleichbare forschende Arbeit machten oder sich zumindest vornahmen, eigene Gegenentwürfe zu liefern, wie an drei Beispielen erläutert werden soll.

Am besten bekannt sind zum Ersten Goethes Bemühungen im Bereich der Farbenlehre, mit denen sich der deutsche Dichter unter anderem gegen Newtons Deutung der Farbe Weiß wandte, die dem britischen Physiker zufolge als Mischung aus den Farben des Spektrums zustanden kommen soll und sie alle enthält. Und als – dies zum Zweiten – der Philosoph Immanuel Kant im 18. Jahrhundert seine legendäre »Kritik der reinen Vernunft« verfasste, hätte er dem dicken und stellenweise oft dunkel bleibenden Buch besser den Titel »Kritik der Newton'schen Physik« gegeben. Denn genau darum geht es Kant, nämlich zum einen um Newtons Deutungen von Raum und Zeit in seinen »Mathematischen Prinzipien« – die noch ausgeführt werden –, die Kant als Erkenntnisleistung der menschlichen Vernunft zu verstehen sich bemüht. Und zum anderen um die Annahme des Engländers, dass die Geometrie der kosmischen Welt durch die antike Lehre des Euklid festliegt, in der sich parallele Linien niemals schneiden und die Winkel in einem Dreieck zusammen 180 Grad ergeben. Kant glaubte, dass Newtons Physik mit Annahmen operiert, die nicht aus der sinnlichen Erfahrung stammen, die daher unbezweifelbar (»a priori«) zutreffen und durch saubere mathematische Prinzipien zur Wahrheit führen, an der aus Sicht des Philosophen der Aufklärung auch keine künftige menschliche Vernunft mehr etwas rütteln wird und die also – wie eine von Gott kommende Vorgabe – so etwas wie einen Wert für die Ewigkeit für sich reklamieren kann.

Und zum Dritten hat der eher zur allgemeinen Beunruhigung führende Gedanke, dass sie in einem als Newton'sches Uhrwerk funktionierendes Weltgebäude mit festliegenden und berechenbaren Abläufen und also ohne Freiheit leben, viele Menschen am Ende des 18. Jahrhunderts über Gegenentwürfe nachdenken lassen. Romantische Schriftsteller wie E. T. A. Hoffmann graute es vor der Vorstellung, in einem deterministischen Universum zu existieren, ein vorhersehbares Leben zu führen und mechanisch verstanden werden zu können. Folglich entwarfen einige von ihnen Geschichten – nicht zuletzt die berühmten Hoffmann'schen Erzählungen –, in denen Personen auftreten, die sich gerade unberechenbar und frei verhalten und dabei alles durcheinanderbringen. Mit ihrer Hilfe soll gezeigt oder vor die lesenden Augen geführt werden, dass in der persönlichen Welt mit agierenden Menschen nicht alles mit der Regelmäßigkeit eines mechanischen Uhrwerks abläuft, auch wenn es viele Leute merkwürdigerweise als schön empfinden, wenn es ein Räderwerk geben soll, das ihrem Leben Sicherheit bietet und auf das sie sich für alle Zukunft verlassen wollen, so wie auf die Rentenberechnungen der Bundesregierungen.

Newtons öffentliche Verehrung in seiner Zeit hat unter anderem damit zu tun, dass seine Idee einer physikalischen Kraft, die dadurch zustande kommt, dass sich Massen gegenseitig anziehen, und die seit diesen Tagen Schwerkraft oder Gravitation heißt, nicht nur globale und eindrucksvolle Phänomene wie die regelmäßigen Gezeiten der Meere, die den Menschen seit ewigen Zeiten vertraut waren, erklären konnte – und zwar mit äußerster Präzision und höchstem Raffinement. Newtons Physik erlaubte auch anfangs unglaubliche und kühne Vorhersagen wie zum Beispiel die, dass die Erde keine perfekte Kugel sei, sondern sich durch ihre seit mindestens Millionen von Jahren andauernde Rotation um die eigene Achse an den Polen abgeflacht habe. Diese kühne Vorhersage konnte letztendlich durch viele abenteuerliche Expeditionen im Verlauf des 18. Jahrhunderts überprüft und überzeugend bestätigt werden, bei denen nicht zuletzt der Erdumfang genau gemessen und dank eines extra dafür eingeführten Urmeters mit 40 000 Kilometern angegeben werden konnte.

Kein Wunder, dass Newton – wie eingangs geschildert – unter großer Anteilnahme der Bevölkerung beigesetzt wurde, wobei der dazugehörige Pomp den Dichter und Philosophen Voltaire in Frankreich zu dem Satz inspirierte: »Newton wurde begraben wie ein König, der beim Volk sehr beliebt war.«

Ein merkwürdiger Alchemist

Wer mit der Anrufung der Mathematik und dem Konzept eines Uhrwerks nun meint, bei Newton sei alles mit rationalen Dingen zugegangen und in seinen Schriften könne man nur eine auf Logik und Experimenten gegründete Wissenschaft finden, in der Irrationalitäten, Magisches und Alchemistisches keine Chance haben, der irrt gewaltig, wie Funde und Untersuchungen von Historikern in den letzten Jahren immer deutlicher gezeigt haben. Auf Newtons mehr metaphysische Bemühungen ist man gestoßen, nachdem klar geworden war, dass der berühmte und eine bewundernswerte Bescheidenheit suggerierende Satz von Newton: »Ich stelle keine Hypothesen auf«, keineswegs das hohe Lied einer empirischen Wissenschaft mit induktiver Logik singen sollte, sondern aus dem Repertoire der »Natürlichen Magier« seiner Zeit stammte. Sie kamen natürlich ohne wissenschaftliche Hypothese aus, wenn sie einem staunenden Publikum auf den Jahrmärkten okkulte Kräfte und anderen Hokuspokus vorführten. Wichtig für sie und ihre Zwecke war ja nicht, die in ein geheimnisvolles Dunkel gekleideten Prinzipien aufzudecken. Wichtig war, dass diese wundersamen Prinzipien existierten und angewendet werden konnten. Und mit dieser Vorgabe reihte Newton die Schwerkraft in die Vielfalt der okkulten Prinzipien ein. Und für die Gravitation konnte und wollte er keine Gründe angeben, da er ja freiwillig und großzügig auf Hypothesen verzichtete, wie er gerne verbreitete. »Für uns genügt«, so Newton«, »dass es die Schwerkraft wirklich gibt, dass sie sich nach den von uns dargelegten Gesetzen verhält und in aller wünschenswerten Vollständigkeit die Bewegungen der Himmelskörper erklärt.«

Mit anderen Worten: Newton zeigt sich als Magier, der die Dinge und ihre Bewegungen beherrscht und ihnen ihr Geheimnis dabei lässt (oder lassen muss), wobei man auch sagen könnte, dass Newton den Dingen und ihren Bewegungen durch seine Erklärungen überhaupt erst ihr Geheimnis gibt – zum Beispiel das Geheimnis, das Massen um sich ein kraftausübendes Feld erzeugen und mit seiner Hilfe andere Massen umfangen und einfangen und zu sich herziehen und an sich binden.

Newtons Gott

Der große Forscher Newton war zeit seines Lebens auch ein großer Gläubiger. Der Physiker definierte den Herrn im Himmel als »ewig, unendlich und absolut vollkommen« und sah in ihm ein »lebendes, intelligentes und mächtiges Wesen«, das die Eigenschaft der Allgegenwart besaß, die alles durchströmte und der nichts entging. Natürlich sah Newton ebenso wie seine Zeitgenossen, dass die Idee eines kosmischen Uhrwerks die Frage aufwarf, was als göttliche Aktivität übrig bleibt, wenn alles mechanisch und störungsfrei abläuft. Und seine Antwort bestand unter anderem darin, dass es ab und zu doch einmal zu Schwankungen und kleinen Instabilitäten in den ansonsten regelmäßigen Abläufen kommen kann, was bedeutet, dass das Sonnensystem in seinem Bewegungsablauf ab und zu ein göttliches Eingreifen benötigte, um nicht ins Chaos zu geraten und die himmlische Ordnung zu gefährden oder gar aufzuheben.

Die Reduktion von Gottes Tun auf diese Aufgabe hat Newton den Vorwurf eingebracht, aus dem Herrn einen kosmischen Klempner mit Servicevertrag und einen Lückenbüßergott gemacht zu haben. Er wehrte sich gegen diese Kritik mit Anmerkungen über die »Vollkommenheit aller göttlichen Werke«, die »mit der größten Einfachheit« ausgeführt sind, was eine Verpflichtung für die Forscher mit sich brachte. Sie mussten sich nämlich wie ihr Ziehvater bemühen, »ihr Wissen auf die einfachste Form zu bringen«, weil sie ja »den Aufbau der Welt verstehen möchten.«

Zum Aufbau der Welt gehörten das Vorhandensein von Raum und Zeit, und beiden gab Newton in einem Hauptwerk ein absolutes Gepräge. Er gestand ihnen auch eine unabhängige und isolierte Existenz zu und betrachtete beide als Ausströmungen (Emanationen) Gottes, die allein aus diesem Grund ewig waren – was endlich den zweiten Blick auf Gottes Werken und Wirken erlaubt, der oben angekündigt wurde und nicht unbedingt erfreulich ist. Denn während die Menschen mit der Idee einer Schöpfung von Naturgesetzen dem gelobten Herrn viel Detailarbeit ersparten, erzwangen die für Raum und Zeit erforderlichen Ausströmungen einen sicherlich erschöpfenden 24/7-Dienst rund um die Uhr, und wahrscheinlich sollten Gläubige dafür dankbar sein (oder sich etwas anderes überlegen und dem Herrn eine andere Rolle zuweisen und ihm hin und wieder gestatten, Urlaub zu machen, wie sie es selbst gerne tun).

Aber zurück zu Newton: In der lateinischen Sprache der »Principia mathematica« wird der Raum ausdrücklich als »tamquam effectus emanativus«, als Ausströmung (Emanation) Gottes bezeichnet, den er neben der Dauer (Zeit) geschaffen hat und in denen er »immer und überall« ist. Wenn nun aber Gott nicht nur der Herr über den Raum, sondern auch über die Zeit ist, dann muss man ihm auch die Fähigkeit zugestehen, die Dinge zu verändern, und genau dies findet auch Newton in dem Eintrag seines Buches über die Optik aus dem frühen 18. Jahrhundert, den die Historiker als »Query 31« bezeichnen und gelistet haben. »Queries« sind so etwas wie rhetorische Fragen, auf die keine Antwort erwartet wird. Was sollte auch damals jemand sagen, wenn man von ihm wissen wollte, ob Gott seine eigenen Naturgesetze übersteigen (transzendieren) konnte? Für Newton stand allerdings eines fest, dass Gott nämlich fähig ist, »Materieteilchen unterschiedlicher Größe und Gestalt zu erschaffen, in unterschiedlichen räumlichen Verhältnissen und vielleicht mit unterschiedlichen Dichten und Kräften«, wobei ihn all diese Fähigkeiten dazu in die Lage versetzen, »die Naturgesetze zu verändern.«

Mit anderen Worten, der sogenannte Lauf der Natur ist vor allem ein Ausdruck des göttlichen Willens, von dem wir nicht wissen, ob und wie und wann er sich ändert. Er kommt nicht zur Ruhe, wie das Treiben der Menschen selbst, oder wie die Uhr, mit der das Universum immer wieder verglichen wurde, und zwar schon bereits im 17. Jahrhundert, als man auf Newtons Uhrwerk noch zu warten hatte.

Was das Uhrwerk angeht, so kann man an seiner Mechanik einen wichtige Unterschied verdeutlichen, den Newton immer vor Augen hatte. Er trennte eine oder seine Erklärung vom Gang der Dinge – Rädchen, Federn, Zeiger –, der den Naturgesetzen folgte, von der Frage, wie das Ganze und all seine Teile entstanden sein konnten. Der dazugehörige und unvermeidliche Schöpfungsakt stellte für Newton etwas dar, das sich nur durch die Absichten Gottes zu erkennen gab und also als wundersame Offenbarung nicht von der Physik zu untersuchen war. Die Dinge der Welt funktionieren nach den Newton'schen Gesetzen, wobei es ein erstes Mysterium bleibt, wie dadurch das zusammenhängende Universum wird, in dem Menschen leben, und wobei es ein zweites Mysterium gibt, das in dem Ursprung all der agierenden Kräfte steckt. Sie zu erkennen, übersteigt die menschlichen Kräfte und Fähigkeiten, was man auch durch den Satz ausdrücken kann, dass die Antwort auf die Frage nach Gottes Plan jenseits der den Menschen zugänglichen Sphäre liegen muss. Wenn Newton sagt, dass er keine Hypothese aufstelle, dann meint er damit nicht zuletzt, dass er keine Spekulationen bezüglich eines Anfangs des Universums anstellt. Es ist diese Zurückhaltung, die seiner Physik neben dem mathematischen Raffinement die philosophische Einfachheit und Klarheit verleiht, die bis heute in aller Welt bewundert wird.

Eine heilige Theorie der Erde

In Newtons Denken zeigt sich ein allgemeiner Konflikt, der Menschen betrifft, wenn ihr Wissen über die Welt zunimmt und sie durch erste Erklärungen scheinbar in die Lage versetzt werden, die Dinge durch rationale Erklärungen zu entzaubern. Dabei soll mit diesem Begriff die Idee gemeint sein, dass es der Vernunft zugängliche Erklärungen mit wissenschaftlichem Hintergrund etwa für Blitze oder Fluten oder Epidemien gibt. Mit den sachlichen Deutungen ändert sich das Gefühl, das die Gläubigen mit der Existenz eines Gottes verbinden, was bereits im 17. Jahrhundert dazu führte, dass der Chemiker Robert Boyle ein Jahreseinkommen stiftete, das einem »gelehrten Theologen« versprochen wurde, der in Predigten »den Beweis für die christliche Religion zu erbringen und die Ungläubigen zu widerlegen« in der Lage war. Boyle meinte mit diesen Ungläubigen konkret »Atheisten, Deisten, Heiden, Juden und Mohammedaner«, wobei als Deist bezeichnet wurde, wer Gottes Wirken auf die Schöpfung allein bezog und annahm, dass danach alles seinen natürlichen Gang gehen würde, also den, der bereits in den Gesetzen der Bewegung zu stecken hatte, auch wenn diese zu Boyles Zeiten noch nicht bekannt waren und die Deisten danach noch auf Newton warten mussten.

Das religiöse und das wissenschaftliche Denken versuchten sich im komplexen Wechselspiel angemessen einer vielschichtigen Wirklichkeit zu nähern, wie auch in dem Buch »The Sacred Theory of the Earth« zu erkennen ist, in dem der Theologe und Theoretiker Thomas Burnet zu Newtons Lebzeiten sich daran machte, die biblische Darstellung der irdischen Geschichte – ihre Schöpfung, die Sintflut und die angekündigte Apokalypse – so weit zu ergänzen und zu korrigieren, dass das erzählte Geschehen einer wissenschaftlichen Erklärung zugänglich wurde. Zwar kannte Burnet sich in der Erdwissenschaft nicht übermäßig gut aus. Aber ihm gefiel der Gedanke, dass Gott die Welt zwar mit schönen und regelmäßigen Formen erschaffen habe, dass dann aber die Sintflut gekommen sei und viele Bereiche deformiert und hässlich zurückgelassen habe. Und wenn dies für moderne Ohren auch eher einfältig zu klingen scheint, darf nicht überhört oder überlesen werden, dass mit der »heiligen Theorie der Erde« ein neuer Gedanke vorgelegt wird. Burnet beschreibt in seinem Buch nämlich keine feststehende und unveränderliche Welt, die von Ewigkeit zu Ewigkeit gleich und unverändert bleibt, wie man sich die Dinge vorstellen muss, wenn sie sich einer göttlichen Schöpfung verdanken. Er stellt vielmehr eine Erde vor, die eine Entwicklung durchmacht und also eine Geschichte hat, die es zu verstehen gilt, weil aus ihr die Welt hervorgegangen ist, auf der die Menschen in der jeweiligen Gegenwart leben und auf die sie gestalterischen Einfluss nehmen können.

Leibniz – Newtons deutscher Zeitgenosse

Wenn man Newtons Einsichten in die Physik der Dinge durch den Satz ausdrückt, dass eine Kraft für eine Beschleunigung von Massen sorgt, dann kann man dabei leicht übersehen, dass dieser heute so vertraute Begriff der Beschleunigung seine wissenschaftliche Genauigkeit erst dadurch bekommt, dass Newton die in philosophischen und theologischen Kreisen umstrittene Infinitesimalrechnung mit Erfolg einsetzt. Sie erlaubt es ihm zum einen, die Beschleunigung als Änderung der Geschwindigkeit zu behandeln, und sie erlaubt ihm zum anderen, die Geschwindigkeit wiederum als Änderung des Ortes zu behandeln, den ein Gegenstand einnimmt. Wenn Kräfte ins Spiel kommen, treten Änderungen von Ort und Geschwindigkeit ein, und diese Änderungen lassen sich korrekt und mathematisch genau mit Hilfe von den infinitesimalen Größen erfassen und berechnen. Über sie wurde zwar seit den Tagen der Antike nachgedacht, aber das unendlich Kleine schien eine andere Existenz zu haben als das gewöhnlich Große, und so wehrten sich nicht zuletzt gläubige Menschen gegen den Umgang mit Infinitesimalen, und es waren vor allem die Jesuiten, die den Gebrauch dieser gedanklichen Konstruktion vehement ablehnten und unter Bann stellten, was im letzten Kapitel angesprochen worden ist. Noch 1651 hatten die Jesuiten die Infinitesimalen und ihren Gebrauch in der Rechenkunst auf die Liste der permanent verbotenen Doktrinen gesetzt, was Newton aber nicht scherte, als er bereits 1665 – im zarten Alter von 23 Jahren – mit verschwindend kleinen Größen rechnete und dabei die Methode der Differentialrechnung entwickelte, die bis heute zur Grundausbildung von Mathematikern gehört und mit deren Hilfe das wissenschaftliche Errichten der modernen Welt überhaupt erst möglich geworden ist.

Historiker wissen zu berichten, dass der deutsche Philosoph Gottfried Wilhelm Leibniz spätestens 1675 – also zehn Jahre nach Newton – seine eigene Version des Rechnens mit infinitesimalen Größen entwickelte, die er 1684 in einer von ihm gegründeten Zeitschrift mit Namen *Acta Eruditorum* veröffentlichte – der Titel meint so viel wie die »Abhandlungen Gelehrter«. Dies liegt drei Jahre vor der Publikation der »Principia mathematica«, in der Newton seine Methoden offenlegte und das Private seines

Tuns aufgab. Der deutsche und der britische mathematisch Gelehrte haben sich in den folgenden Jahren in einen unrühmlichen und eher peinlichen Streit über die Frage verwickelt, wer eher und besser und den physikalischen Problemen angemessener mit den allerkleinsten Größen umgehen konnte, was hier aber nur angemerkt werden soll. Für die Frage nach dem Einen durch das Andere ist wichtiger, was Leibniz seinem Konkurrenten vorwarf, nämlich einem faulen Deismus den Weg zu bereiten, in dem Newton Gott zu einem eher schlechten oder schlichten Uhrmacher degradiere, der sein Werk nicht vollendet habe und dies den Menschen überlasse.

Da zeigen sie sich wieder, die Uhr und ihr Mechanismus, und das Argument mit dem Uhrmacher wird sich vor allem in theologischen Kreisen halten und erneut im frühen 19. Jahrhundert auftauchen, wenn Charles Darwin sich daran macht, die Vielfalt der Lebensformen zu verstehen, ohne dafür auf einen Kreator zurückzugreifen.

Von Leibniz gibt es aber nicht nur kritische Anmerkungen zu der Rolle Gottes in einer physikalischen Welt, wie sie eben zitiert wurden. Er hat sich auch über das tiefe Problem geäußert, das den christlichen Glauben und seine Anhänger seit seinen frühen Anfängen plagte und das den philosophischen Namen Theodizee bekommen hat, was als griechischer Ausdruck die Idee der Gerechtigkeit Gottes ausdrückt und sich fragt, wo sie bleibt. Wo verbergen sich Gottes Gerechtigkeit und Güte in einer Welt, in der es menschliches Leiden gibt, und zwar großes, ungerechtes, furchtbares Leiden, das die Betroffenen verzweifeln und fragen lässt, ob sich dahinter ein (dann doch eher diabolischer) Plan Gottes verbirgt oder bloß eine eklatante Unfähigkeit des Weltenschöpfers zeigt?

Leibniz verfasste einen ausführlichen Text zur Theodizee, der in diesem Rahmen vor allem deshalb von Interesse ist, weil der philosophische Mathematiker ihm eine lange Vorrede mit auf den

Weg gibt, in der er sich Gedanken über das Verhältnis von Glauben und Vernunft macht. Leibniz sieht beide erfreulicherweise und überzeugend als Einheit an, wobei ihm aber an der Feststellung gelegen ist, dass ein Glaubensartikel nichts ausdrücken oder enthalten darf, das von der menschlichen Vernunft als widersinnig und falsch erkannt werden kann. Das Licht der Vernunft sei doch eine Gabe Gottes, mit der die Theologie nur besser werden und so den Menschen mehr Nutzen bringen kann.

Besonders bekannt ist in diesem Zusammenhang das berühmte Diktum von Leibniz, demzufolge die Menschen in der besten aller möglichen Welten leben, wobei nicht verschwiegen werden sollte, dass er sich mit dieser verwegen klingenden Idee den Spott von Voltaire zugezogen hat. Der französische Schriftsteller weist als Reaktion auf den Gedanken von Leibniz auf die Wirklichkeit des Lebens mit ihren vielen grauenhaften Geschehnissen und verbrecherischen Handlungen hin und findet es eher zynisch, wenn jemand im Angesicht von unerträglichen Untaten von der besten aller möglichen Welten redet. Natürlich übersieht auch Leibniz nicht das verbreitete Elend der Welt und die Mühe und Plagen vieler ihrer Bewohner, aber er sucht einen Zugang zu den göttlichen Gründen und Absichten, die zur Erschaffung der Welt geführt haben. »Warum ist überhaupt etwas und nicht vielmehr nichts?«, so lautet seine Frage. Über sie macht sich Leibniz Gedanken vor dem Hintergrund eines Schöpfers, der bei seinem Vorgehen ganz sicher eine Wahl und vielleicht auch einen Plan hatte.

Leibniz' grundlegende Frage findet im Übrigen in allen Jahrhunderten ihre eigene Ausprägung – im 19. Jahrhundert heißt es bei dem romantischen Philosophen Schelling: »Warum ist nicht nichts, warum ist überhaupt etwas?« Und im 20. Jahrhundert wendet die politische Philosophin Hannah Arendt die Frage in den Bereich des Persönlichen und Menschlichen, wenn sie von ihren Kollegen wissen will: »Warum ist überhaupt jemand und nicht niemand?«

Bei Leibniz steckt hinter seiner Überlegung zum Etwas und zum Nichts noch der Gedanke, dass Gott nur in einer vollkommenen Weise agieren kann und daher der von ihm erschaffenen Welt wenigstens eine besondere Qualität mitgegeben haben wird, nämlich die Möglichkeit, die Perfektion zu erreichen oder anzustreben. In der Vorstellung von Leibniz kann die angestrebte Vervollkommnung gerade deshalb erreicht werden, weil Gott der Welt und ihren Geschöpfen die Fähigkeit zur Perfektion – die perfectibilitas – zugebilligt hat (siehe: Ein Gedanke von Machiavelli).

Ein Gedanke von Machiavelli

Es ist merkwürdig, dass Leibniz am Übergang vom 17. zum 18. Jahrhundert einen brisanten Gedanken übersieht oder übergeht, der bereits aus dem frühen 16. Jahrhundert stammt. Es geht dabei nicht um Physik, sondern um Menschen und Gemeinschaften und darum, dass es ausgeschlossen ist, perfekte Menschen in einem perfekten Staatswesen vorzufinden. Die Idee findet sich in der Schrift »Der Fürst«, die 1513 entstanden ist und von Niccolò Machiavelli stammt. Machiavelli räumt darin mit einer der besonders tiefsitzenden Annahmen des westlichen Denkens auf, die von den Philosophen kaum kritisiert wurde. Es geht um die Annahme, »dass es ein einziges Prinzip gibt, das nicht nur den Lauf der Sonne und der Sterne bestimmt, sondern allen beseelten Geschöpfen das richtige Verhalten vorschreibt«, wie der Ideenhistoriker Isaiah Berlin beobachtet und publiziert hat. Machiavelli macht nun klar, dass der Glaube an dieses Eine allein ein Irrtum ist, dass es klare philosophische und nicht nur empirische Einwände »gegen den Begriff einer einzigen endgültigen Lösung gibt, die, wenn sie nur praktisch in Angriff genommen würde, die vollkommene Gesellschaft verwirklichen würde«. Es gibt eben Ziele, wie Machiavelli mutig als Erster und zugleich zeitlos gültig erkennt, »die gleichermaßen höchste, gleichermaßen heilige sind« und sich doch »einander widersprechen« können. Dabei kann es passieren, dass »ganze Wertsysteme ohne Möglichkeit einer rationalen Entscheidung zwischen ihnen in Widerspruch zueinander geraten«, und zwar nicht unter besonderen Bedingungen, sondern »als Teil der alltäglichen menschlichen Lage«.

Von Machiavelli lässt sich lernen, dass für Menschen und ihre Gemeinschaften ein Überleben nur im Wechselspiel der Wertesysteme möglich ist und dass das Ertragen von Irrtümern dazugehört. Aus der Einsicht in die Unversöhnbarkeit dogmatischer Überzeugungen hat sich historisch das Verhalten entwickelt, das als Toleranz bekannt ist. In seinem Rahmen gibt es keine endgültigen Lösungen von menschlichen Problemen. Selbst dann nicht, wenn Wissenschaftler, Philosophen oder Theologen sie vorschlagen. Vielleicht gerade dann nicht.

Bei allen Überlegungen, die Leibniz anstellt, hält er sich an ein unverrückbares Grundprinzip, demzufolge nichts ohne zureichenden Grund geschieht, wobei mit dem Begriff Grund sowohl (physikalische) Ursachen als auch (menschliche) Begründungen gemeint sein können. In diesem Denkrahmen entsteht auch sein Konzept, dass sich die von Menschen bewohnte und erlebte Welt in einer »prästabilisierten Harmonie« befindet – mit ihren Bewohnern wahrscheinlich –, womit der Philosoph in etwa sagen möchte, dass es kleinste Einheiten der Wirklichkeit gibt – er nennt sie Monaden, man kann aber ruhig an Menschen denken –, die sich in der gesamten Schöpfung zusammenfinden und sich dabei eben harmonisch in das Weltgeschehen eingliedern, das sie durch ihr Tun überhaupt erst ermöglichen.

Spätestens an dieser Stelle wird jemand sich wundern, wann endlich von dem Mathematiker Leibniz die Rede sein wird, und die Antwort heißt »Jetzt«, wobei das Augenmerk auf Hinweise ruhen soll, die mit dem Gott zu tun haben, an den zu glauben viele Menschen immer mehr Mühe haben. Leibniz findet in der Rechenkunst einen eher unerwarteten Weg zu Gott, indem er sich Gedanken über eine andere Schreibweise von Zahlen macht, die damals verwirren musste, die inzwischen aber in einer digitalisierten Welt als selbstverständlich oder wenigstens als vertraut gilt. Normalerweise werden Zahlen – etwa 183 – im sogenannten Zehnersystem ausgedrückt, was in dem Beispiel bedeutet, dass 3 mal die 10^0 (was dasselbe wie 1 ist), 8 mal die 10^1 (also die 10) und einmal die 10^2 (also die 100) gemeint sind, also 3 mal 1, 8 mal 10 und 1 mal 100, zusammen 183. Leibniz wollte Zahlen im Zweiersystem – in einer Dyadik – ausdrücken, was heißt, dass er nicht die Ziffern von 0 bis 9, sondern nur die 0 und die 1 verwenden wollte, wie es heute in Computern tatsächlich passiert. Eine Zahl im Zweiersystem – zum Beispiel 10011 – führt von rechts gelesen erst die Einser, dann die Zweier, dann die Vierer, dann die Achter, dann die Sechszehner, schließlich die Zweiunddreißiger und so weiter an. Im Beispiel bedeutet das 1 mal 1, 1 mal 2 und 1 mal 16, was zusammen 19 macht. 183 wäre im Zweiersystem einmal 1, einmal 2, einmal 4, einmal 16, einmal 32 und einmal 128, was als binäre Zahl die Reihe 10110111 ergibt.

Zwar kann man im Rückblick von heute aus sagen, dass Leibniz die digitalisierte Rechnerei der Computer vorbereitet hat, aber sein Motiv, sich auf die Ziffern 0 und 1 zu beschränken, hatte zunächst vor allem mit seiner Überzeugung zu tun, dass in der Dyadik ein überzeugendes Sinnbild des christlichen Glaubens gefunden werden könne. Leibniz glaubte sogar, das Zahlensystem zur Heidenbekehrung nutzen zu können, und so schlug er zum Beispiel vor, das Zweiersystem dem chinesischen Kaiser vorzuführen, da dieser Mann »ein großer Liebhaber der Rechenkunst sey«. Der schwärmende deutsche Mathematiker träumte davon, das duale System »möchte vielleicht als dieses Vorbild des

Geheimnißes der Schöpfung dienen, ihm des Christlichen Glaubens vortrefflichkeit mehr und mehr vor augen zu legen«, wie es etwas schwerfällig und mit seltsamer Orthographie im Deutsch des 17. Jahrhunderts heißt.

Leibniz liebte seine Dyadik dermaßen, dass er sich emphatisch dazu äußerte und die Schöpfungsgeschichte mit den beiden verfügbaren Ziffern erzählt:

> »*Zu Beginn des ersten Tages war die 1, das heißt Gott. Zu Beginn des zweiten Tages die 2, denn Himmel und Erde wurden während des ersten geschaffen. Schließlich zu Beginn des siebenten Tages war schon alles da; deshalb ist der letzte Tag der vollkommenste und der Sabbat, denn an ihm ist alles geschaffen und erfüllt, und deshalb schreibt sich die sieben [im Zweiersystem] 111, also ohne Null. Und nur wenn man die Zahlen bloß mit Null und Eins schreibt, erkennt man die Vollkommenheit des siebenten Tages, der als heilig gilt und von dem noch bemerkenswert ist, dass seine Charaktere [in der Schreiweise 111] einen Bezug zur Dreifaltigkeit haben.*«

Faradays Felder

So schön und genau Newton die Kräfte beschrieben hatte, mit denen sich verschiedene Massen an verschiedenen Orten – etwa die Erde und der Mond auf ihren jeweiligen Umlaufbahnen – anziehen und die jeweilige Bewegung beeinflussen, so rätselhaft oder mysteriös blieb, wie die Gravitation überhaupt entstehen und von einem Körper zum anderen gelangen konnte. Der Mond ließ sich von der Erde aus nicht greifen oder berühren. Er stand vielmehr hoch am Himmel, und so stellte sich die Frage, wie die Kraft, die die Masse der Erde bewirkte, in der Lage war, durch das Weltall dorthin zu gelangen.

Natürlich kannte Newton (nicht nur) das Problem, er sah aber unmittelbar keine physikalische Lösung dafür und murmelte stattdessen etwas von einer Fernwirkung, die ohne Zeitverzug zwischen räumlich entfernten Massen aufzutreten hatte. Das heißt genauer, dass Newton wusste, hier nicht wirklich eine Lösung anbieten zu können. Ihm war vielmehr klar, dass eine solch mutwillige Konstruktion philosophisch gesehen Unsinn mit sich brachte, wie er zum Ende des 17. Jahrhunderts in einem Brief an Richard Bentley schrieb, der als Philologe in Cambridge tätig war. Newton erklärte in dem Schreiben den Gedanken als eine »große Absurdität«, »dass ein Körper auf einen anderen über eine Entfernung durch Vakuum hindurch und ohne die Vermittlung von Sonstigem wirken soll«. Und er konstatierte seine Überzeugung, »Gravitation muss durch einen Vermittler erzeugt werden, welcher gleichmäßig nach bestimmten Gesetzen wirkt«, wie er sich vorstellte, wobei er es offen ließ, »ob dieser [raumerfüllende] Vermittler materiell oder immateriell« zu denken sei.

Newton war damit auf der richtigen Spur. Aber es sollte noch bis in das frühe 19. Jahrhundert dauern, bis ein ebenfalls englischer Physiker mit dem Gedanken ernst macht und einen Namen für diesen hypothetischen Vermittler vorschlug, der anschließend eine große Karriere in den Wissenschaften von der Natur machte. Die Physik verwendet ihn nicht nur bis heute, sie erfasst damit sogar nachgewiesenermaßen etwas fundamental zur Wirklichkeit Gehörendes, das experimentellen und theoretischen Untersuchungen zugänglich ist und bleibt. Gemeint ist das schlicht klingende, aber weitreichende Konzept eines Feldes, mit dem die räumliche Verteilung einer physikalischen Größe gemeint ist (Abb.: Feldlinien eines Magneten). Diesen Begriff vorgeschlagen und die dazugehörige Idee vorgeführt hatte Newtons bescheidener Landsmann Michael Faraday in den Jahren nach 1820, nachdem zunächst einem dänischen Physiker eine merkwürdige Beobachtung gelungen war, der zuerst unsere Aufmerksamkeit gilt.

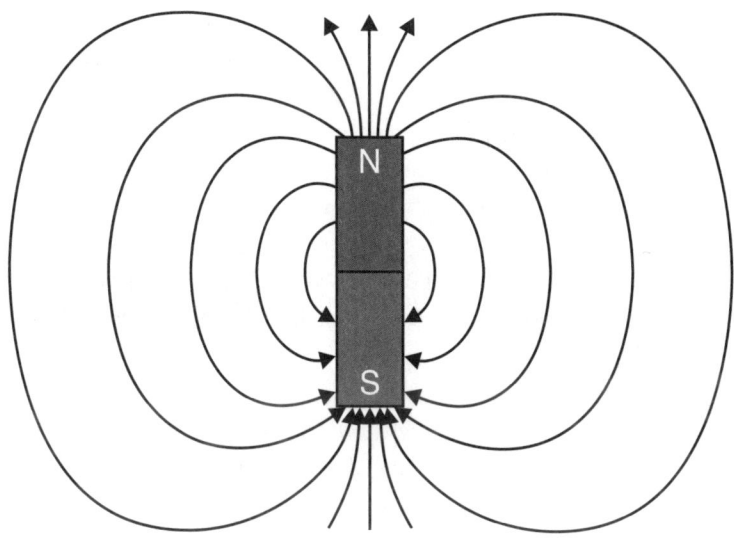

Feldlinien eines Magneten

Gemeint ist Hans Christian Ørstedt, der mit einem stromdurch-
flossenen Leiter – einem Stück Draht zwischen den Polen einer
Batterie – experimentierte und dabei bemerkte, dass von ihm eine Magnetnadel beeinflusst und gedreht werden konnte, die sich
in einiger Entfernung befand. Das heißt, immer dann, wenn der
Strom eingeschaltet wurde, reagierte die Kompassnadel, indem
sie ausschlug und ihre Anzeigerichtung änderte, und weitere Versuchen machten nach und nach klar, dass der elektrische Leiter
wie ein Magnet funktionierte, wenn durch ihn ein Strom floss.
Ørstedt, der tief an eine Einheit der natürlichen Phänomene
glaubte, sprach stolz davon, dass er den Elektromagnetismus entdeckt habe, also das untrennbare Wechselspiel und Miteinander
von Elektrizität und Magnetismus, und man kann ihn nicht genug dafür loben und preisen.

Nur – wie bei Newton stellte sich nach wie vor die Frage, wie die Wirkung des elektrischen Stromes durch den Raum zu der Magnetnadel hinkommt, wobei an dieser Stelle zu bedenken ist, dass im frühen 19. Jahrhundert den Forschern überhaupt nicht klar war, woraus die Elektrizität bestand, mit der sie operierten und Ströme erzeugen konnten. Was war das für ein Stoff, der durch Drähte fließen konnte, deren Enden sich auf zweifache Weise zeigten, nämlich als positiv oder negativ geladene Pole? Was war diese Spannung, die zwischen den beiden Polen herrschte und Ströme zur Folge hatte, die unter anderem Wärme in dem durchflossenen Draht erzeugen konnten? Was hatten Elektrizität und Wärme gemeinsam?

Was fließt, sollte flüssig sein, und so bemühten sich Ørstedt und seine experimentierenden Kollegen darum, Elektrizität als Flüssigkeit zu verstehen. Auch die Wärme wurde damals als Flüssigkeit – namens Caloricum – verstanden, und so konzentrierte sich das Denken auf das Verwandeln der dazugehörigen Stoffe – etwas, das Ørstedt in einem konkreten Fall beobachtet hatte, nämlich der Verwandlung von Elektrizität in Magnetismus. Es war dann Faraday, der sich im Anschluss an die historische Beobachtung von Ørstedt die zukunftsweisende Aufgabe stellte, die er in seinem Tagebuch festhielt: »Verwandle Magnetismus in Elektrizität!« Mit anderen Worten: Kehre den Vorgang um und produziere Strom, indem du einen Magneten so bewegst, das er einen elektrischen Leiter beeinflusst!

Man kann diesen Gedanken von Faraday so deuten, dass er die technische Möglichkeit vor Augen sah, einen Elektromotor zu bauen oder mit Hilfe von sich drehenden Magneten Strom zu erzeugen, wie es ja von den Energieunternehmen von damals bis heute tatsächlich gemacht wird und wodurch die vielen Haushalte versorgt werden, damit sie Licht, Wärme und viele andere Bequemlichkeiten genießen können. Faraday sollte bis 1831 benötigen, um den erwarteten und gewünschten Effekt herbeiführen zu können, und als er dann einem Politiker voller Freude vorführte, wie sich mit magnetischer Hilfe Strom erzeugen lässt, wollte der nur wissen, wozu man den denn benötige und was der Nutzen davon sei. Faraday soll geantwortet haben, dass man auch nicht nach dem Nutzen eines neugeborenen Kindes frage und ihm vielmehr die Chance gebe, sich zu entwickeln.

Zurück zu dem Wechselspiel von Elektrizität und Magnetismus, bei dem Faraday deshalb eine tiefe, uns wesentliche Symmetrie vermutete – das Eine kann stets das Andere hervorrufen –, weil es zu den Grundgedanken der von Kulturhistorikern als Romantik charakterisierten Epoche gehörte, an ein »Gesetz der Polaritäten« zu glauben. Zu jedem Stück gibt es in diesem Konzeptrahmen ein Gegenstück – zum Tag gehört die Nacht, zum Wachen gehört das Schlafen, zum bewussten Denken gehört das unbewusste Denken, zum sichtbaren Licht gehört das unsichtbare Licht, und zum irdischen Sein gehört das göttliche Sein, wobei jeder eingeladen ist, diese Paarungsreihe mit eigenen Beispielen zu ergänzen (was man nicht zuletzt mit Gott selbst unternehmen kann, dem ein Teufel an die Seite gestellt wird, und was auch zu verstehen erlaubt, dass es neben dem Guten das Böse geben muss, mit dem die Theodizee sich so schwertut).

Mit der vorgestellten generellen Vorgabe einer Polarität, die sich ja auch in den Plus- und Minus-Formen der elektrischen Ladung zeigt, kann Faraday erstens intensiv und trotz vieler früherer Fehlschläge nach dem Effekt suchen, der die Beobachtung von Ørstedt umkehrt und durch die Bewegung eines Magneten den Strom induziert, auf den es ihm ankam. Faraday kann zweitens die sichtbaren Wirkungen auf ein unsichtbares Medium – einen immateriellen Vermittler – zurückführen, und dafür schlägt er den Namen »Feld« vor, wobei er konkret bei dem Draht und der Nadel elektrische und magnetische Felder unterscheidet, die er anschließend genauer untersucht. Als er dabei zum Beispiel das entdeckt und vorstellt, was heute als »Gesetz der elektromagnetischen Induktion« bekannt ist, kann er zu seiner Zufriedenheit in seinem Tagebuch notieren, dass es ihm endlich gelungen sei, beim Studium der Natur so auf deren Gesetze zu stoßen, wie sich ihm die Gesetze Gottes beim Lesen der Bibel zeigen und offenbaren.

Tatsächlich lebt und arbeitet Faraday als tiefgläubiger Mensch, für den feststeht, »dass es Gott gefallen hat, seine materielle Schöpfung mit Hilfe von Gesetzen zustande zu bringen«. Faraday meint, »der Schöpfer beherrscht seine materiellen Hervorbringungen durch *definitive Gesetze*, die durch die Kräfte zustande kommen, die auf die Materie einwirken«. Wissenschaft besteht für Faraday darin, den Menschen das göttliche Handwerk zu offenbaren. Wissenschaft ermöglicht ihren Dienern genau solche Offenbarungen, wie sie der Heiligen Schrift zu verdanken sind.

Was seinen konkreten Glauben angeht, so gehörte Faraday einer fundamentalistischen christlichen Sekte an, die nach ihrem Gründer, dem Schotten Robert Sandeman, benannt ist und unter deren Mitgliedern schon Faradays Vater und Großvater zu finden waren. Als der dreißigjährige Faraday 1821 Sarah Bernard zur Frau nahm, heiratete er zudem in eine führende Familie dieser nonkonformistischen Bewegung hinein. Ein »Sandemanian« wie Faraday richtete sich streng nach den Lehren der Heiligen Schrift, was ihn privat zum Beispiel fest daran glauben ließ, dass es für Menschen moralische Gesetze gibt, die wie Naturgesetze sind und von Gott stammen. Dies führte innerhalb der Sekte dazu, dass keine Beerdigungen durchgeführt wurden, da die Bibel dafür keine Instruktionen liefert.

Gottes unsichtbares Wesen und Wirken

Robert Sandeman, der Gründer der Sekte, der Faraday aus Überzeugung zugehörte, hatte 1760 ein Büchlein mit dem Titel *The Law of Nature Defended by Scripture* veröffentlicht, was man etwas frei als »Das Gesetz der Natur im Verständnis der Heiligen Schrift« übertragen kann. Sandeman vertrat darin den Standpunkt, dass Naturgesetze einen göttlichen Ursprung haben, und Faraday stimmt diesem Gedanken von ganzem Herzen zu. Für sein eigenes Tun hat er als zentrale Stelle den 20. Vers aus dem 1. Kapitel des Briefes zitiert, den Paulus an die Römer geschrieben hat und in dem es um die Gottlosigkeit der Heiden geht. Paulus begreift deren Einstellung nicht, denn »was man von Gott erkennen kann, ist unter ihnen offenbar; Gott hat es ihnen offenbart.« Der gesamte Vers lautet in der Übersetzung von Martin Luther:

>*»Denn Gottes unsichtbares Wesen, das ist seine ewige Kraft und Göttlichkeit, wird ersehen seit der Schöpfung der Welt und wahrgenommen an seinen Werken.«*

Damit lässt sich verstehen, was Faraday sucht, wenn er im Buch der Natur liest, nämlich die Zeichen oder Signaturen, die ihm die Bedeutung der »invisible things of Him«, die Bedeutung seines unsichtbaren Wesens offenbaren. Das Sichtbare und das Unsichtbare gilt es zu verbinden, und zwar nicht unbedingt durch Rationalität, sondern durch Lektüre der biblischen Texte, die für Faraday eine strukturelle Übereinstimmung zwischen der physikalischen und der moralischen oder spirituellen Welt nahelegen. Übrigens: Zu den Eigenschaften der Romantiker gehört es, beim Sehen zwei Augenpaare zu verwenden, von denen eines im Kopf der Menschen steckt. Wenn diese äußeren (biologischen) Sehorgane alles erblickt haben, muss man die schließen, um mit den inneren (seelischen) Augen das Eigentliche im Dunkeln zu sehen. Faraday unternimmt genau dies, was ihm ermöglicht, die elektrischen und magnetischen Felder erst mit seinen inneren Augen zu erblicken und dann mit seinen Worten auszudrücken. Er legt damit die Grundlagen, die heute in der Wissenschaft des Elektromagnetismus und bei den Ingenieuren im Rahmen einer

Elektrodynamik zum praktischen und theoretischen Handwerkszeug gehören, über deren historische Herkunft man sich keine Gedanken mehr zu machen braucht.

Nachdem Faraday sich klargemacht hatte, dass Ströme elektrische Felder mit sich bringen und deren Änderung magnetische Felder entstehen lassen, wurde in ihm der Vermittler wach, der seine Einsichten über Newtons hypothetischen Vermittler veranschaulichen und auf diese Weise anderen vorführen wollte (siehe unten: Die Naturgeschichte einer Kerze). Ihm kam die Idee, die magnetischen Felder und ihre Kraftlinien mit Hilfe von Eisenfeilspänen sichtbar zu machen, und seine Demonstration wurde in meinen Schultagen noch im Physikunterricht eingesetzt, wo sie mich nachhaltig beeinflusst hat (vgl. die Abbildung oben).

Die Sichtbarmachung der magnetischen Felder musste für Faraday äußerst befriedigend gewesen sein, und zwar in einem doppelten Sinne. Zum einen hatte er Zeichen für etwas Unsichtbares gefunden, das Gott im Rahmen seiner Schöpfung hatte werden lassen (wobei an dieser Stelle die Frage offengelassen wird, warum Menschen kein Sinnesorgan für magnetische Felder haben – sie haben es weder geschenkt bekommen – etwa von Gott – noch selbst entwickelt – etwa im Rahmen der Evolution). Und zum anderen konnte er jetzt endlich Newtons altes Problem mit der Schwerkraft angehen und sagen, dass ihm der Vermittler der Gravitation, von dem der Autor der »Principia« in dem zitierten Brief geschrieben hatte, bekannt oder zumindest vorstellbar war. Es musste ein Feld sein, ein Gravitationsfeld, wie die Physiker heute sagen, und Faraday hatte mit dieser Idee seiner Wissenschaft die ungeheure Möglichkeit gegeben, den ganzen Weltraum auszufüllen, nämlich mit einem Gravitationsfeld, das alle Himmelskörper zusammenhielt und den Kosmos ermöglichte, von dem Menschen seit der Antike schwärmten. Von ihm wird noch ausführlich die Rede sein, wenn Albert Einstein in das Geschäft des Verstehens eingreift.

Die Naturgeschichte einer Kerze

Wer von Michael Faraday erzählt, darf es nicht unterlassen, seine Leistungen als Vermittler der Wissenschaft zu schildern. Faraday hat unter anderem 1826 »Weihnachtsvorlesungen für Kinder« ins Leben gerufen, die bis heute am Sitz der Royal Society in London abgehalten werden. Faraday selbst hat fast zwanzig solcher »Christmas Lectures« gehalten, und die britische 20-Pfund-Note zeigt ihn, wie er dabei vor seinem Publikum steht. Sein berühmtester Vortrag erzählt »Die Naturgeschichte einer Kerze«, an deren Ende er die Kinder bittet, selbst eine zu werden und das Licht der Wissenschaft hinaus in die Welt zu tragen.

Zur Natur des Lichts

Das Erfüllen oder Ausfüllen des Weltraums wurde noch zu Faradays Zeiten für ein anderes Problem benötigt, das mit einer Entdeckung zu tun hatte, die dem englischen Physiker Thomas Young zu Beginn des 19. Jahrhunderts gelungen war. Young hatte zeigen können, was heute eine geläufige Einsicht ist, dass sich Licht nämlich wellenförmig ausbreitet. Aber was auf den ersten Blick wie die Lösung einer alten Frage aussah, die seit den Tagen Newtons im Raum stand und wissen wollte, ob Licht aus Wellen oder aus Partikeln besteht, erwies sich beim zweiten Hinsehen als neues Problem. Denn wenn sich Licht durch das Universum als Welle bewegte, dann musste es ein Medium dafür geben, das den Raum ausfüllte – wie es das Feld der Gravitation konnte. Eine Schallwelle benötigt Luft, eine Wasserwelle benötigt ein flüssiges Medium, und das Licht?

Die Physiker konnten zwar keinen Träger der Lichtwellen finden. Sie verfügten aber über einen Namen für den hypothetischen Stoff. Sie sprachen vom Äther und versuchten, mehr über ihn zu erfahren. Allerdings – Faraday konnte sich damit nicht identifizieren. Er vermutete eher, dass es ein weiteres und aktuell noch unbekanntes Kraftfeld gebe, an dessen Linien das Licht entlanglaufen könne, ohne für diesen Vorschlag Anhänger finden zu können. Unabhängig davon zeigte er sich überzeugt von der Einheit aller physikalischen Erscheinungen – etwa der von Licht und Wärme –, und er bemühte sich eine lange Zeit hindurch, konkret eine Verbindung zwischen der Elektrizität und der Gravitation und ihren jeweiligen Feldern herzustellen, ohne dass er einen Erfolg vermelden konnte. Gestört hat ihn das nicht, denn obwohl »die Ergebnisse negativ sind, erschüttern sie mein starkes Gefühl für die Existenz einer solchen Verbindung zwischen der Gravitation und der Elektrizität nicht«, wie er seinem Tagebuch im Jahre 1849 anvertraute. Er konnte nicht wissen, dass hundert Jahre später der bereits erwähnte und in jedem physikalischen Text unvermeidlich hineinspielende Einstein erneut daran scheitern wird, ein einheitliches Kraftfeld zu finden und eine dazugehörende einheitliche Feldtheorie aufzustellen, wie noch zur Sprache kommt, wenn die Erzählung das 20. Jahrhundert erreicht.

Bei Einstein fallen vielen Menschen viele Geschichten ein, wobei die Aufgabe dieses Textes an dieser Stelle darin besteht, den Schritt von Faraday zu dem Vater der Relativitätstheorie zu unternehmen, und er gelingt mit Hilfe des Physikers, der ein Paradox mit sich bringt. Er wird von Kennern der Materie nur mit der allhöchsten Hochachtung verehrt, während Menschen, die außerhalb der wissenschaftlichen Zirkel leben, kaum von ihm gehört haben und bei seinem Namen mit den Schultern zucken oder andere Assoziationen bekommen. Gemeint ist der Schotte James Clerk Maxwell, der anders als Faraday vor allen Dingen als theoretischer Physiker gearbeitet hat und sich in dieser Eigenschaft viele Gedanken »On Faraday's Lines of Force«, also »Über Faradays Kraftlinien« gemacht hat, wie er sie zum ersten Mal

1855 in einem Vortrag im britischen Cambridge vorstellte. Noch zu Faradays Lebzeiten konnte Maxwell die physikalisch nachweisbaren Zusammenhänge, die für elektrische und magnetische Felder gelten und die der Sandemanian mühevoll in Dutzenden von Experimenten über die Jahrzehnte nachgewiesen hatte, in einem extrem eleganten mathematischen Gerüst zusammenfassen und ausdrücken, das bis heute unter dem Namen Maxwell-Gleichungen die staunende Bewunderung von Physikern erregt (Abbildung: Die Maxwell-Gleichungen). Als Maxwell seine vier Gleichungen, mit denen das elektromagnetische Wechselspiel von Ladungen, Feldern und Strömen seine mathematische Form bekommt, zum ersten Mal vorstellte, fielen einige Physiker vor Ehrfurcht auf die Knie und zitierten die Verse aus Goethes *Faust*:

> *»War es ein Gott, der diese Zeichen schrieb?*
> *Die mir das innre Toben stillen*
> *Das arme Herz mit Freude füllen*
> *Und mit geheimnisvollem Trieb*
> *Die Kräfte der Natur rings um mich her enthüllen?«*

Und Gott sprach

$$\nabla \cdot D = \rho$$

$$\nabla \cdot B = 0$$

$$\nabla \times E = -\frac{\partial B}{\partial t}$$

$$\nabla \times H = J + \frac{\partial D}{\partial t}$$

und es ward Licht.

Die Maxwell-Gleichungen verbinden räumliche und zeitliche Änderungen von elektrischen und magnetischen Feldern, die mit großen Buchstaben bezeichnet werden: D und E, H und B. Wenn nichts die Felder weiter stört, bringt ihr Zusammenspiel eine elektromagnetische Lichtwelle hervor, und die Welt wird hell.

Natürlich benötigt es mathematische Kenntnisse und Neigungen, um die von Maxwell ersonnenen und vorgelegten Gleichungen und ihre ungeheure Eleganz einigermaßen vollständig erfassen zu können, aber die Alltagssprache erlaubt es trotzdem, einige der dort gesammelten Einsichten auszudrücken. So wird eine elektrische Ladung zur Quelle für ein elektrisches Feld, das dadurch eine ausstrahlende Form bekommt, während ein elektrischer Strom zur Quelle für ein Magnetfeld wird, das sich ringförmig zeigt. Ein zeitlich sich änderndes – wirbelndes – Magnetfeld ruft ein elektrisches Feld hervor, und einem sich ähnlich ändernden magnetischen Feld gelingt dasselbe mit seinem elektrischen Partner.

Beim Betrachten seiner Gleichungen fiel Maxwell auf, dass dann, wenn es weder elektrische Ladungen noch einen Strom gab – wenn man sich also in einem Vakuum aufhielt, in dem es außer den (immateriellen) Feldern nichts gab –, etwas Merkwürdiges eintrat. In dem Fall sagten Maxwells Gleichungen voraus, dass sich die ansonsten getrennten Felder in eine gemeinschaftlich produzierte elektromagnetische Welle verwandeln und auf diese Weise sich vorwärtsbewegen und den Raum durchqueren konnten. Und die Maxwell-Gleichungen lieferten den Physikern noch einen ganz besonderen Bonus. In den Gleichungen tauchten nämlich neben den elektrischen und magnetischen Feldern und anderen physikalischen Parametern eine weitere Größe auf, die sich als Geschwindigkeit der elektromagnetischen Welle deuten ließ. Und Maxwell konnte sie 1862 berechnen, wobei er auf einen Wert von über 300000 Kilometer pro Sekunde kam, was ziemlich nahe an den Wert herankommt, den die moderne Physik für die Lichtgeschwindigkeit angibt. Der Schotte kam aus dem Staunen nicht mehr heraus, und ihn überfiel das Gefühl, zum ersten Mal etwas von der Natur des Lichtes verstanden zu haben. Es handelte sich um eine elektromagnetische Welle, die sich mit rasanten 300000 km/s durch die Leere des Weltalls bewegen kann. Er hatte zudem das Gefühl, mit seinen Gleichungen eine ganz neue Wissenschaft begründet zu haben, die von elektromagnetischen Kräften handelte und der er den bis heute gebräuchlichen Namen »Elektrodynamik« gab. Dieser Ausdruck wird erneut auftauchen, wenn Einstein im Jahre 1905 seine revolutionäre Arbeit über das Licht publiziert, die in enger Anlehnung an Maxwell von der »Elektrodynamik bewegter Körper« handelt und auf eine Merkwürdigkeit reagiert, die Maxwells Aufmerksamkeit entgangen zu sein schien. Die von ihm berechnete Lichtgeschwindigkeit trat als eine Konstante in seiner Theorie auf, was im Widerspruch zu den Gesetzen von Newton stand, in denen Geschwindigkeiten vom Zustand eines Beobachters abhingen. Als Einstein 1905 diesen Widerspruch auflöste, sprachen seine Kollegen von einem Wunderjahr. Und tatsächlich – zu wundern gab es damals reichlich.

Mehr zu Maxwell

Es wurde erwähnt, dass Maxwell unter Fachkollegen die allerhöchste Hochachtung genießt, wobei den dazugehörigen Vogel der amerikanische Physiker Richard Feynman abgeschossen hat, von dem die Ansicht überliefert ist, dass dann, wenn sich in 10 000 – in Worten: zehntausend – Jahren Menschen noch an das 19. Jahrhundert erinnern, vor allem von Maxwell (und seinen Gleichungen) die Rede sein wird. Wer sich auch nur eine kurze Liste der Bereiche anschaut, zu denen Maxwell beigetragen hat, kommt aus dem Staunen nicht heraus. Er hat eine Theorie der Farben entworfen, die erste Farbphotographie erstellt, er hat die Stabilität der Ringe des Saturn erklären können – indem er bemerkte, dass sie aus einzelnen Brocken bestehen, die den Planeten umkreisen –, er hat eine kinetische Theorie der Gase konzipiert und darin die sogenannte Maxwell-Verteilung formuliert, die fundamental für die moderne statistische Physik ist, und er hat sich einen Teufel – Maxwells Dämon – ausgedacht, mit dem er die Gültigkeit von grundlegenden physikalischen Gesetzen austesten wollte. Diesem Dämon ist ein eigener Exkurs am Ende des Kapitels gewidmet, das sich auf dem Weg dahin zwei Fragen widmen will. Eine hat mit dem Geheimnis seiner Kreativität zu tun. Wie konnte sich Maxwell die berühmten Gleichungen ausdenken und erfinden? Welche Bilder haben sich in seinem Kopf zu dem dynamischen Geschehen vereinigt, das die einheitliche Elektrodynamik auszeichnet?

Maxwell hat über diesen konkreten Schritt seiner Phantasie keine Aufzeichnungen hinterlassen. Er hat aber ein Gedicht verfasst, in dem er seine »Erinnerungen an ein Traumland«, seine »Recollections of a Dreamland« vorstellt. Biographisch ist an dieser Stelle anzumerken, dass Maxwell und seine Frau Katherine keine Kinder hatten und ihre Abende – nach allem, was man weiß – mit der Lektüre von Shakespeare-Texten oder dem Rezitieren von Gedichten verbrachten, zu denen sie ihre Ansichten austauschten. Als Maxwell einmal gebeten wurde, der britischen Königin zu erläutern, was ein Vakuum sei, bemerkte er nur das Desinteresse der vornehmen Dame an physikalischen Fragen und bezeichnete die Veranstaltung abschließend mit dem Shakespeare-Titel als »Much ado about nothing«, also als »Viel Lärm um nichts«.

Was seine »Erinnerungen an ein Traumland« angeht, so formuliert Maxwell sie wie folgt:

»There are powers and thoughts within us,
that we know not till they rise
Through the stream of conscious action
from where the self in secret lies.
But when Will and Sense are silent,
by the thoughts that come and go
We may trace the rocks and eddies
in the hidden depths below.«

Also etwa:

> *»Es gibt Kräfte und Gedanken in uns,*
> *die wir erst kennen, wenn sie aufsteigen*
> *Durch den Strom des Bewusstseins von dort,*
> *wo das Selbst sein Geheimnis hütet.*
> *Doch wenn der Wille und die Sinne schweigen,*
> *dann können wir,*
> *Durch die Gedanken, die kommen und gehen,*
> *Die Felsen und Wirbel aufspüren,*
> *die in den verborgenen Tiefen weit unten liegen.«*

Offenbar kündet Maxwell von einem unbewussten Reich der Gedanken, aus dem kreative Menschen schöpfen können, wenn sie
nur einen Weg zu ihm hin finden. Da er sich ansonsten an dieser
Stelle zurückhält und nirgendwo auf psychische Komponenten
und die Rolle von Symbolen – etwa die Wirbel, die in dem zitierten Gedicht und seinen berühmten Gleichungen auftreten – eingeht, soll der Physiker Maxwell im Folgenden in Ruhe gelassen
und stattdessen gefragt werden, wie es der legendäre Mann mit
dem Glauben zu seinen Lebzeiten gehalten hat. Menschen, die
ihn gekannt und zu diesem Thema befragt haben, geben überein-
stimmend die Ansicht wieder, dass sich in Maxwell »ein großer
Intellekt mit einem kindlichen Vertrauen« zusammengefunden
hat, und zwar ein Vertrauen in Gott und die allgemeine Schönheit seiner Werke, die sich den Gläubigen offenbart. Für Maxwell
bestand die Hauptaufgabe des Menschen darin, »to glorify God
and enjoy him for ever«, also den Herrn zu verherrlichen und
sich an ihm für alle Ewigkeit zu erfreuen. Als Student hat er eine
»Abendhymne« verfasst, die mit dem Wunsch beginnt, »Teach
me so Thy works to read«, »Lehre mich, deine Werke zu lesen«,
wobei die angesprochene Tätigkeit eine Anmerkung erlaubt.
Denn was das Lesen angeht, so hatte Galilei etwas keck davon

gesprochen, dass es ein Buch der Natur gebe, das in der Sprache der Mathematik geschrieben sei und von denen gelesen werden könne, die dieses Idiom beherrschten. Wenn überhaupt, dann gehörte Maxwell zu den angesprochenen Lesekundigen, aber ihm gefiel Galileis Idee überhaupt nicht, weshalb er ihr eine eigene Wendung gegeben hat:

> »Vielleicht ist das ›Buch der Natur‹, wie man es genannt hat, Seite für Seite ordentlich aufgebaut. Wenn das der Fall ist, dann werden die einleitenden Abschnitte ohne Zweifel die Teile erklären, die folgen, und die Methoden, die uns in den ersten Kapiteln beigebracht worden sind, können vorausgesetzt werden und als Anleitung für fortgeschrittene Partien des Buches dienen. Wenn es aber gar kein ›Buch‹ gibt, wenn die Natur nur ein Magazin ist, dann ist nichts dümmer als die Annahme, dass ein Teil Licht auf einen anderen werfen kann.«

Und natürlich können verschiedene Abschnitte in einem Magazin verschiedene Sprachen verwenden – die Bildersprache zum Beispiel oder die der Poesie.

In Maxwells Lebenszeit nimmt das zu, was Historiker des Christentums als zunehmende religiöse Skepsis bezeichnen, und es ist keine Frage, dass die zunehmende und spürbare Bedeutung der Wissenschaften dabei eine Rolle spielt. Maxwell verkörpert dabei das, was in Deutschland der Theologe Friedrich Schleiermacher als Charakteristikum für eine Persönlichkeit ausmacht, nämlich in der Lage zu sein, »religiöses Interesse und wissenschaftlichen Geist« in sich zu vereinen. Maxwell ist sein Leben lang fest im Glauben geblieben, und dies, obwohl er bis zuletzt »every system of atheism examined he could lay hands on«, obwohl er also jedes atheistische System unter die Lupe genommen hat, das damals in Umlauf war. Maxwell meinte allerdings, bei all diesen Vorschlägen zuletzt doch immer einen eigenwilligen neuen Gott ausfindig machen zu können, was ihn in seinem Glauben an den alten christlichen Gott bestärkte. Es ging dem Schotten bei seinem theoretischen Denken darum, etwas von der Wahrheit zu erhaschen, die den Menschen zugänglich ist, und das bedeutete, etwas über den zu wissen, an den man glaubte.

Was Maxwell beeindruckte und er immer wieder betonte, war die Schnelligkeit, mit der sich zu seiner Zeit wissenschaftliche Theorien und Hypothesen entwickelten, sodass etwa ein im Jahre 1876 unternommener Versuch, mit physikalischen Kenntnissen das erste Licht der Schöpfung und das Erscheinen des ersten Tages zu deuten, von denen die Bibel berichtet, schon zwanzig Jahre später ganz anders aussehen würde und vorgehen müsste, wie er meinte. Natürlich wandelten sich auch die theologischen Interpretationen der Heiligen Schrift, wie sie zum Beispiel 1835 verbreitet wurden, als David Friedrich Strauß aus Tübingen »Das Leben Jesu« veröffentlichte und zu erklären versuchte, welchen religiösen Sinn die alten biblischen Geschichten in einer protestantisch werdenden und sich industrialisierenden Welt haben könnte. Aber die Entrüstung, mit der in der gelehrten Welt auf Strauß reagiert wurde, zeigte Maxwell, dass das Denken der Theologen sich nicht so schnell wandelte wie die Konzepte der physikalischen Wissenschaften, zu denen nicht nur er beitrug. Maxwell empfahl jedem Einzelnen, sich ein Bild von der Ordnung und der Einheit im Universum zu machen, wie sie sowohl wissenschaftlichen als auch biblischen Quellen zu entnehmen waren. Und unabhängig davon fand Maxwell, dass es trotz aller wundervollen und unleugbaren Fortschritte der Wissenschaften Themen gebe und in Zukunft geben werde, die ihren Zuständigkeitsbereich überschreiten würden, und damit meinte er vor allem den Tod und das Unsichtbare, das danach folgte. Sein physikalisches Genie und sein christlicher Glaube gaben Maxwell die Eigenschaften, die seine Zeitgenossen an ihm so sehr bewunderten – Bescheidenheit, Ernsthaftigkeit, Weltabgewandtheit, Einfachheit, Demut und Nächstenliebe. Er liebte und förderte ungemein den Fortschritt der Wissenschaften. Aber bezüglich der Religion bewahrte er sich die Ansicht, dass es nichts gebe, was der alten Idee gleichkomme. »There is nothing like the old thing after all«, wie er meinte und was ihn beruhigte.

Exkurs: Maxwells Dämon

Maxwells Dämon stellt einen Versuch dar, das, was die Physiker den Zweiten Hauptsatz der Thermodynamik nennen, auf Herz und Nieren zu prüfen (und dabei vielleicht sogar über den Haufen zu werfen). Sein Erfinder hat sein Teufelchen dabei als Aufgabe für die Wissenschaft in die Welt gesetzt. Sie sollte ihm mit ihren Gesetzen nämlich erklären, warum es diesen Dämon nicht geben kann. Es hat über einhundert Jahre gedauert, bis die Physiker darauf die passende Antwort finden konnten, woraus man schließen kann, wie clever Maxwells Dämon konzipiert war.

Um ihn zu verstehen, muss zuvor der Gipfel der Wissenschaft erstiegen werden, der als Zweiter Hauptsatz schon benannt worden ist. Wer diese Bezeichnung hört, wird unschwer erraten, dass es daneben einen ersten solchen Hauptsatz geben muss: Mit ihm wird seit dem 19. Jahrhundert festgestellt, dass in allen Reaktionen und bei allen Bewegungen die Größe namens Energie weder vernichtet noch erzeugt wird, sondern vielmehr konstant bleibt. Man spricht daher auch vom Erhaltungssatz der Energie. Im 19. Jahrhundert fühlten sich die Physiker so stark, dass sie es riskierten, daraus eine universelle Aussage zu formulieren: Die Energie der Welt ist konstant (und unzerstörbar).

Das große Interesse der Physik und anderer Wissenschaften an der Energie hing im 19. Jahrhundert vor allem mit der Notwendigkeit zusammen, besser zu verstehen, wie Maschinen funktionierten. Es war die Zeit der großen Industrialisierung, und überall wurden Dampf- und Elektromaschinen installiert, um Arbeiten zu verrichten. Die Unternehmen – und nicht nur sie – wollten wissen, wie man mit möglichst geringem Aufwand möglichst viel aus einer Maschine herausholen kann, was physikalisch eine Antwort auf die Frage verlangte, wie viel von der Energie, die man etwa in Form von Kohle oder Strom in eine Maschine einbrachte, in Arbeit umgesetzt wurde. Klar war, dass nicht alle Energie nutzbar gemacht werden konnte und viel verloren ging – etwa durch Reibung oder dadurch, dass heiße Teile einer Maschine einfach abkühlten (Dissipation). Um hier genauer Auskunft geben zu können, unterschieden die Physiker zwischen der Gesamtenergie, die sie einem Apparat zuführten, und der freien Energie, die sie in Arbeit umwandeln konnten, wie sie sich etwa im Transport von Lasten zeigte. Bei ihren Versuchen, genauer zu erfassen, was diese freie Energie sein könnte, fiel den Physikern ganz allgemein auf, dass sie dann, wenn sie nur über Energie nachdachten, einen wesentlichen Aspekt sowohl der Naturvorgänge als auch der Abläufe in Maschinen außer Acht ließen und nicht in der Griff bekamen – nämlich die Richtung, in die Prozesse ablaufen. Mit der Richtung ist nicht etwas Räumliches gemeint, wenn eine Kugel nach oben oder unten fliegt oder wenn ein Ball umkehrt, nachdem ihn jemand gegen eine Mauer geschossen hat. Mit Richtung ist etwas Zeitliches gemeint. Sie zeigt sich zum Beispiel, wenn man einen Eiswürfel in ein Wasserglas gibt, die Wärme dabei stets von der warmen Umgebung zum kalten Gefrorenen strömt und niemals die Gegenrichtung einschlägt. Wer ein kühles Glas Wein in einer lauen Sommernacht trinkt, wird merken, dass dessen Temperatur nur ansteigt. Es scheint ausgeschlossen zu sein, dass die warme Luft sich zusätzlich aus der Energie der Flüssigkeit bedient, die selbst in einem kalten Glas mit

Wein steckt. Das Weinglas wird wärmer, bis seine Temperatur das Niveau der Abendluft erreicht hat. Dann kommt der Vorgang des Energietransports an sein Ende.

In den Worten von Max Planck in seinen Vorlesungen zur Thermodynamik: »Ob Wärmeleitung in die Richtung vom wärmeren zum kälteren Körper erfolgt oder umgekehrt, daraus lässt sich aus dem Energieprinzip allein nicht das mindeste schließen.« Mit »Energieprinzip« meinte Planck den Ersten Hauptsatz der Thermodynamik, dem er den Zweiten an die Seite stellte, den er so formulierte: »In der Natur existiert für jedes Körpersystem eine Größe, welche die Eigenschaft besitzt, bei allen Veränderungen, die das System allein betreffen, entweder konstant zu bleiben oder an Wert zuzunehmen.« Für diese Größe hatte der Physiker Rudolf Clausius einen Namen eingeführt, der wie Energie klingen sollte, ein Begriff der bekanntlich aus dem Griechischen kommt und hier als »energeia« so etwas wie Wirksamkeit und Kraft meinte, mit der etwas Mögliches Wirklichkeit wird. Als Clausius auf der Suche nach dem richtigen Ausdruck das griechische Wort *entrepein* entdeckte, das »umkehren« bedeutet, bildete er daraus das Kunstwort Entropie, die uns seitdem beschäftigt. Offenbar gibt es in der Natur Vorgänge, die umkehrbar sind – Wasser kann erst zu Eis gefrieren und dann wieder schmelzen, wenn die Temperatur steigt –, aber die meisten Abläufe der Natur sind unumkehrbar. Und darüber entscheidet nicht die zu- oder abgefülirte Energie, sondern die Entropie. Sie steigt an, wenn ein Vorgang nicht umkehrbar ist, und sie kann nur ansteigen und niemals abnehmen. Mit anderen Worten, die Vorgänge der Natur laufen in ihrer überwiegenden Art so ab, dass die Entropie stets zunimmt, was Clausius in selbstbewusster Manier in einer universalen Formulierung zusammenfasste: »Die Entropie der Welt strebt einem Maximum zu.«

Übrigens: Dieser Zweite Hauptsatz enthält insofern eine merkwürdige Darstellung, da er der Natur so etwas wie ein Ziel unterstellt, das immanent zu ihr gehört und sie agieren lässt.

Es ist heute eher schwer vorstellbar, welches Interesse die Physik des 19. Jahrhunderts in einigen intellektuellen Kreisen fand, vor allem, nachdem sie es riskiert hatte, universale Behauptungen aufzustellen. Bald erörterte man heftig die Frage, was diese Entropie genau sein könne (ohne zu bemerken, dass man im Grund auch nicht wusste, was die scheinbar eingängige Energie genau sein sollte, die immerhin die dramatische Eigenschaft aufwies, unzerstörbar zu sein). Bald gab es einfache Deutungen der Entropie, die mit dem anschaulichen Konzept der Ordnung agierten und besagten, dass dem Zweiten Hauptsatz der Thermodynamik zufolge die Unordnung der Welt nur zunehmen könnte. Damit wurde ein Sachverhalt benannt, den wir alle aus dem Alltag kennen, in dem die Unordnung eines Zimmers nur wachsen kann, wenn niemand aufräumt. In der Natur gibt es bekanntlich keine Putzhilfe, und also läuft es dort ab wie in einer Junggesellenbude, die zuletzt wie ein Saustall aussieht.

Tatsächlich sahen einige Intellektuelle im Zweiten Hauptsatz daher bald einen physikalischen Beweis für den notwendigen Untergang der Kultur, was man keiner transzendenten Figur mehr zuschreiben wollte. Die Urheber des Zweiten Hauptsatzes aber hatten zunächst ganz andere Probleme, nämlich zu verstehen, was die Entropie tatsächlich erfasst und wie die Naturabläufe mit ihrer Hilfe die Richtung bekommen, die sie haben. Es ist doch keine Frage, dass es gerichtet in der Natur zugeht und etwa ein Tintentropfen in einem Wasserglas nur zerfließt und sich nie wieder rückbildet. Und wenn man ein Gefäß, in dem sich ein Gas mit hoher Temperatur befindet, neben ein Gefäß stellt, in dem dasselbe Gas eine niedrigere Temperatur hat, dann wechselt die Energie nur von der warmen auf die kalte Seite – und nicht umgekehrt –, und dieser Austausch hört auf, sobald beide die gleiche Temperatur haben. Die Entropie des Systems hat jetzt ihr Maximum erreicht.

Die Fachleute hatten auch angefangen, diesen Vorgang präzise zu erfassen, und zwar durch die Annahme, dass die Gase (oder andere physikalische Systeme) aus Atomen bestehen. Hier ist ein wenig Vorsicht geboten, denn so einfach dieser Satz heute klingt, so skeptisch wurde er damals aufgenommen. Niemand wusste sicher zu sagen, ob es diese Gebilde gab, die ihren Namen schon in der Antike bekommen hatten. Und erst recht hatte damals niemand auch nur eine vage Idee, wie die Atome aussehen sollten. Trotzdem – als Hypothese darf man sie einführen, und wer das macht, verfügt über die Möglichkeit, der Temperatur eines Gases eine Deutung zu geben. Er denkt sich Atome als kleine, harte und elastische Kügelchen – winzige Flummies, wenn man so will –, die schneller oder langsamer unterwegs sind und zusammenstoßen können. Sind die Atome schnell, ist die Temperatur des Gases, das aus ihnen besteht, hoch. Sind die Atome langsam, ist die Temperatur des Gases, das aus ihnen besteht, niedrig. Wenn schnelle und langsame Kügelchen zusammenstoßen, tauschen sie ihre Energie aus, und da die langsamen Atome dabei vor allem etwas von den schnellen Exemplaren abbekommen, lässt sich jetzt der Zweite Hauptsatz gut verstehen. Er besagt, dass als Folge der Zusammenstöße zuletzt die Geschwindigkeiten von allen umhersausenden Flummies gleich sind, und das ist ja auch genau das, was man beobachtet.

Es war für Planck und seine Mitstreiter offensichtlich, dass diese mechanische Deutung der Wärme ein befriedigendes Gesamtbild der physikalischen Wirklichkeit abgab, und es störte sie nicht, dass es viele Kritiker dieser Theorie gab, die vor allem darauf hinwiesen, dass die Atome im Zentrum des Verstehens nur sehr unzulänglich beschrieben waren und ihr Wirken im Detail unklar blieb. Zu einem guten Wissenschaftler gehört ein großes Vertrauen in die eigenen Annahmen, die rational aber nicht immer zu erklären sind und ihrer eigenen Sphäre entspringen. Dieser Einwand war sicher berechtigt, aber es ist nicht zu erwarten, dass eine gute Hypothese gleich alle Fragen der Physik klärt. Es reicht, wenn sie in einigen Fällen weiterhilft – aber nur, wenn sie nicht zugleich größere Probleme schafft. Genau Letzteres aber schien der Fall zu sein, und zwar durch besagtes Gedankenexperiment des legendären Maxwell, das als Maxwells Dämon berühmt geworden ist.

Maxwell stellte sich die beiden oben erwähnten Gase vor, die er, getrennt durch eine Scheidewand nebeneinander platzierte. Eine Prämisse seiner Arbeit war, dass nicht alle Atome gleich schnell oder langsam sind. Es gibt vielmehr eine Verteilung ihrer Geschwindigkeit – sie heißt in Fachkreisen Maxwell'sche Verteilung und liefert die Grundlage für eine statistische Behandlung von Gasen, was konkret bedeutet, dass es auf der warmen Seite sehr viele schnelle, aber auch ein paar langsame Atome gibt, und entsprechend auf der kalten Seite sehr viel langsame, aber auch ein paar schnelle. Nach der Entfernung der Trennwand käme es zu dem Ausgleich der Temperaturen, wie ihn der Zweite Hauptsatz vorhersagt.

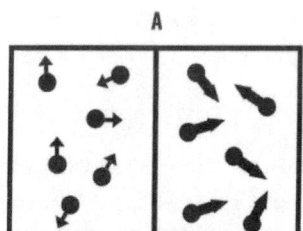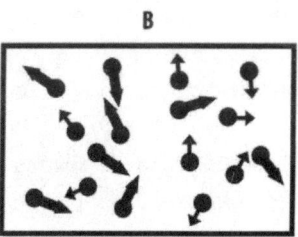

Wie in A dargestellt, ist es links der Trennwand kalt (die meisten Atome sind langsam) und rechts der Trennwand ist es warm (die meisten Atome sind schnell). Im Normalfall gleicht sich dies wie in B dargestellt nach Entfernen der Trennwand aus.

Er ging nun aber einen Schritt weiter und überlegte, was geschähe, wenn die Gase statt durch eine Scheidewand durch eine bewegliche Klappe getrennt sein würden. In seinem Gedankenspiel positionierte er an jener Klappe einen Dämon, dem er eine einfache Aufgabe stellte: Er sollte die Atome sortieren. Wenn aus der warmen Kammer ein schnelles Atom kommt, soll er es abweisen; wenn aus der warmen Kammer ein langsames Atom kommt, soll er es durchlassen. Umgekehrt: Wenn aus der kalten Kammer ein schnelles Atom kommt, soll er es durchlassen; wenn aus der kalten Kammer ein langsames Atom kommt, soll er es abweisen.

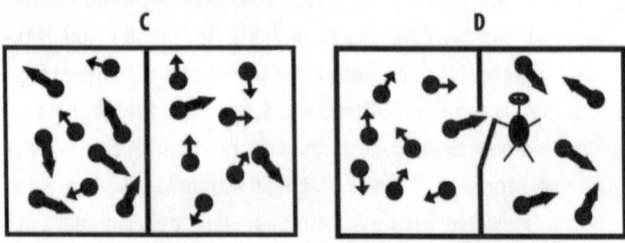

Der Dämon sortiert die Atome so, dass die Vermischung warmer und kalter Teilchen (C) aufgehoben wird. Er lässt von links nur die langsamen und von rechts nur die schnellen Atome passieren. Dadurch wird die warme Kammer wärmer und die kalte Kammer kälter (D).

Maxwells Gedankenexperiment aus dem Jahre 1871 wirft nun die Frage auf, warum es solch einen Dämon nicht geben kann, denn schließlich scheinen solche Sortierprozesse in der Natur nicht vorzukommen. Wo liegt der Denkfehler bei diesem Gedankenexperiment? Wieso also kann es den Dämon nicht geben?

Der Ausdruck »Maxwell'scher Dämon« stammt von dem britischen Physiker Lord Kelvin, der sich 1874 mit dem Thema befasste und bemerkte, dass in dieser Konstruktion allein deshalb ein tiefes Problem steckte, weil weder der Erste noch der Zweite Hauptsatz der Thermodynamik bewiesen waren. Bei ihnen handelte es sich um die Zusammenfassung von Erfahrungen, zu denen sich ja jederzeit neue gesellen konnten, und wer konnte schon sicher sein, dass diese stets mit den entsprechenden Aussagen der Physik in Übereinstimmung sein würden? Was wäre, wenn man tatsächlich ein trickreiches technisches System konstruieren könnte, das die natürliche Richtung von Prozessen umkehrt?

Viele Zeitgenossen von Maxwell, Kelvin, Clausius und Planck bemühten sich, das Teufelchen zu erledigen, aber außer dem eher hilflosen Hinweis, dass es sich hier um ein akademisches Spielchen ohne praktische Folge handelte, ist den Wissenschaftlern lange Zeit nichts von Interesse eingefallen. Mit der langen Zeit sind viele Jahrzehnte gemeint, denn tatsächlich dauerte es bis 1929, bevor auf diesem Gebiet endlich wieder ein Fortschritt zu vermelden war. Damals publizierte der aus Ungarn stammende Physiker Leó Szilárd eine Schrift mit dem Titel »Über die Entropieverminderung in einem thermodynamischen System bei Eingriffen intelligenter Wesen«.

Wer sich auf die etwas vertrackte, aber wissenschaftlich präzise Sprache einlässt, wird ablesen können, dass Szilárd erstens genau auf Maxwells Dämon anspielt und zweitens den Finger in die Wunde legt. Der Teufel kann nicht bloß als physikalischer Apparat funktionieren, er muss darüber hinaus auch intelligent sein. Der Dämon muss ja Entscheidungen treffen, und die kann er nur ausführen, wenn er über die dazu nötigen Kenntnisse verfügt. An dieser Stelle kommt ein Konzept ins Spiel, das wir heute ganz selbstverständlich verwenden, mit dem wir höchst vertraut sind und das wir daher nicht weiter definieren, das aber – wie viele große Ideen der Menschheit – erst einmal entdeckt und eingeführt werden musste. Gemeint ist das Konzept der Information, das nach dem Zweiten Weltkrieg immer populärer wurde und aus dem heutigen Sprachschatz gar nicht mehr wegzudenken ist.

Maxwell und Planck mussten – wörtlich verstanden – ohne diese Information auskommen, und dann stellt der Dämon das geschilderte Problem dar. Mit der Information wird die Sache übersichtlicher, denn das Teufelchen muss die für seine Entscheidungen nötigen Informationen erst einmal erwerben, was nicht ohne Entropieerzeugung vor sich geht, wie Szilárd grob ausrechnen konnte. Aber was noch wichtiger ist, der Dämon muss die Information auch irgendwo speichern, was verhindert, dass er beliebig klein konstruiert sein kann. Szilárd führte vor, dass die Physik nicht verstanden werden konnte, ohne Konzepte wie Messung, Information und Speicherung mit in ihre Berechnungen einzubeziehen, und wenn man seine Lösung für Maxwells Problem einfach ausdrücken will, so bedeutet dies: Die neue Unübersichtlichkeit verwirrt den Dämon so, dass er irgendwann nicht mehr genau genug zwischen schnellen und langsamen Atomen unterscheiden kann, und der Zweite Hauptsatz schien unbeschadet überlebt zu haben.

Die Physiker bewunderten Szilárd, der sich im Übrigen kurz nach seinem Angriff auf den Dämon mit Albert Einstein zusammentat, um mit ihm gemeinsam den legendären Brief an den amerikanischen Präsidenten Roosevelt zu schreiben, in dessen Folge das Manhattan Projekt ins Laufen kam. In den unruhigen Zeiten des Zweiten Weltkriegs galt es, andere Dämonen als den von Maxwell zu beseitigen, und so dauerte es bis in die frühen 1950er-Jahre, bevor sich einige Physiker erneut Szilárds Lösung vornahmen, unter anderem mit der Absicht, die Wechselwirkung zwischen dem Dämon und den Kügelchen – den alten Atomen – im Rahmen der neuen Physik genauer zu verstehen, die ja mit Quanten operierte. Dabei fiel ihnen unter anderem auf, dass die alte Größe Entropie und die neue Größe Information in der Tiefe zusammenhingen. Die eine war mehr oder weniger das Gegenstück zur anderen, was eine Konsequenz hat, die sich in drei Worten ausdrücken lässt: Information ist physikalisch.

Sie unterliegt den Gesetzen der Physik, und als in den späten 1950er- und frühen 1960er-Jahren die Konstrukteure von Computern an die Stelle der Konstrukteure der Dampfmaschinen des 19. Jahrhunderts traten, wollten auch sie wissen, an welcher Stelle es zu thermodynamischen Verlusten kommen kann.

Besonders intensiv kümmerte sich Rolf Landauer bei der Firma IBM um diese Frage, und er versuchte – mit dem Zweiten Hauptsatz der Thermodynamik und Maxwells Dämon im Hinterkopf – genau die Stelle ausfindig zu machen, an der in den Rechenmaschinen Energie in Wärme umgewandelt wird und so für ihren eigentlichen Zweck verloren geht. Im Jahre 1961 hatte er Erfolg, und er konnte ein Prinzip – das Landauer-Prinzip – formulieren, mit dem zum ersten Mal wirklich verstanden werden kann, was dem Dämon das Leben schwer macht.

Im Gegensatz zu der traditionell vertretenen Ansicht – so Landauer – entstehen die thermodynamischen Verluste nicht, wenn Information verarbeitet (aufgenommen und genutzt) wird. Der einzige Schritt, bei dem sich ein elementarer Verlust nicht vermeiden lässt, ist die Zerstörung von Information – das Vergessen. Und tatsächlich muss man sich einmal vor Augen halten, was der Dämon leisten muss: Er muss ja

nicht nur ein oder zwei Atome im Kasten messen und sortieren. Er muss vielmehr gigantische Mengen an Atomen ansehen und prüfen, und das heißt, dass er ein ebenso gigantisches Gedächtnis – Speicherplatz – benötigt, was ihn sicher
bald größer als die ganze Anlage – und damit völlig wert-
los – macht. Der Dämon muss also neben seiner Aufgabe der
Informationsgewinnung die noch viel wichtigere Aufgabe der
Informationsvernichtung betreiben. Er muss seinen Speicher
unentwegt löschen, und dafür zahlt er das, was man poetisch den »Preis des Vergessens« nennen könnte. Er wird vom
Zweiten Hauptsatz eingefordert, der jetzt tatsächlich endgültig alle Dämonen und ihre Vertreiber souverän überstan-
den hat.

Als der amerikanische Physiker Charles Bennett im Jahre 1984 Landauers Prinzip auf das Gedächtnis von Maxwells
Dämon anwenden und dabei zeigen konnte, dass auf diese Weise das Gas und seine Atomen genau mit der Entropie
wieder ausgestattet wird, die der Zweite Hauptsatz verlangt,
hatte die Physik endlich zur inneren Ruhe zurückgefunden,
die Maxwells Dämon ihr vor mehr als 100 Jahren genommen
hatte. Es sei denn, morgen findet jemand einen Aspekt, den
wir bislang übersehen haben. Diese Möglichkeit darf nicht
vergessen werden, auch wenn dafür Entropie zu zahlen sein
wird.

6. »Meine Speziestheorie ist mein Evangelium«

Die Evolution des Lebens und die Reaktionen der Gläubigen

»Ich kann es kaum begreifen, wie jemand, wer es auch sei, wünschen könnte, die christliche Lehre möge wahr sein. Denn wenn es so ist, dann zeigt der einfache Text [gemeint ist das Evangelium], dass die Ungläubigen – und ich müsste zu ihnen meinen Vater, meinen Bruder und nahezu alle meine besten Freunde rechnen – ewige Strafen verbüßen müssten. Das ist eine abscheuliche Lehre.«

Charles Darwin

Der (den meisten Menschen leider unbekannte) Physiker James Clerk Maxwell und der (nahezu allen Gebildeten wohl bekannte) Biologe Charles Darwin waren Zeitgenossen, und ihr Denken lässt sich an zwei Stellen vergleichen, auch wenn es sich um auf den ersten Blick völlig verschiedene Disziplinen der Wissenschaft handelt. Als Darwin aufgrund seiner zahlreichen Naturbeobachtungen und dank einiger Kenntnisse über die menschliche Gesellschaft seine grundlegende Idee einer Evolution des Lebens dank einer natürlichen Selektion vorstellte, die keine göttlichen Schöpfungsvorgänge mehr brauchte, um die Vielfalt der Organismen auf der Erde zu erklären, da unternahm er im Prinzip das, was Maxwell gerade für seine Physik unternommen hatte. Beide Forscher lenkten ihren Blick weg von einzelnen Gegenständen – bei Maxwell waren es die vielen Atome und Moleküle, aus denen Gase und Flüssigkeiten bestanden, und bei Darwin waren es die zahlreichen Lebewesen, die sich auf der Erde tummelten – und nahmen stattdessen größere Mengen oder Gruppierungen als Ganze in den Blick – bei Maxwell waren es Haufen oder Ensembles von Atomen oder Molekülen und bei Darwin waren es Populationen oder Gemeinschaften von Pflanzen oder Tieren –, um an ihnen Wahrscheinlichkeiten und die Verteilung von Eigenschaften zu erkunden. Das statistische Denken setzte im 19. Jahrhundert sowohl in der Physik als auch in der Biologie ein, was eine grundlegende Eigenschaft der genannten Epoche ist, in der Gesellschaften beginnen, Einzelfälle in Datenmengen zu verwandeln und mit ihrer Hilfe zum Beispiel erst kommerzielle Versicherungen und dann dafür sogar Rückversicherungen anzubieten.

Maxwell konnte mit der von ihm abgeleiteten Verteilung der Eigenschaften seiner Einzelteile vorhersagen, wie sich unter gegebenen Umständen ein berechenbarer Anteil von Gasmolekülen mit einer bestimmten Geschwindigkeit bewegt, was dann zu der Temperatur und dem Druck des betrachteten Gases führte. Und Darwin konnte sagen, dass unter den vorgefundenen Umständen einer Umgebung – ihr Nahrungsmittelangebot, ihre Höhe, ihr Klima – einige Lebewesen ihre Qualitäten auf lange Sicht wahrscheinlich zu verändern und ihrer Situation anzupassen lernten, was dann ihre biologische Evolution nach sich zieht. Mit anderen Worten, Maxwell und Darwin führten statistisch begründete Argumente in die von ihnen betriebene Wissenschaft ein, was die Sache des Verstehens nicht leichter machte, denn bekanntlich bereitet das Umgehen mit Wahrscheinlichkeiten und den dazugehörigen Prozentzahlen vielen Menschen bis heute hartnäckig Schwierigkeiten.

Allerdings: Als Darwin sich etwa zehn Jahre nach der Publikation seines großen Werkes »Über die Entstehung der Arten durch natürliche Zuchtwahl«, das 1859 erschienen ist, Gedanken zu der Frage machte, wie denn die Eigenschaften von Organismen im Laufe der Generationen erhalten, verändert oder gar verbessert werden können, da entwickelte er eine Theorie mit Namen Pangenesis, in deren Rahmen Folgendes passieren sollte:

Die Zellen eines Organismus geben »kleine Körnchen oder Atome ab, welche durch den Körper circulieren« und sich dabei zusammenfinden können, wie Darwin meinte, um von diesen Aggregaten ausgehend neue Lebewesen hervorbringen zu können, wie auch immer dies im Detail geschehen könnte. Maxwell kannte diese genetische Vorstellung und kritisierte sie, da den zirkulierenden Körperchen nur eine endliche Größe zugewiesen werden könnte, was es ihnen kaum möglich machen würde, die raffinierten Besonderheiten eines Organismus durch viele Generationen hindurch immer wieder neu oder anders hervorzubringen. Maxwell kannte oder nutzte den Begriff der Information noch nicht, mit dem sich heute sagen lässt, dass seine Kritik an Darwins Konzept einer Pangenesis darin besteht, dass die darin postulierten genetischen Atome nicht genug Information tragen können, um die Rolle zu spielen, die das Leben benötigt und die Darwin ihnen aufbürdet. Tatsächlich müssen erst die noch zu den Lebzeiten der beiden hier verhandelten Forscher erstmals von Gregor Mendel anvisierten Erbregeln und die dazugehörigen Erbelemente besser verstanden sein, die heute Gene heißen, um das zitierte Darwin-Maxwell-Problem zu klären. Dies gelingt aber erst in der zweiten Hälfte des 20. Jahrhunderts, als die Struktur des Erbmaterials namens DNA bekannt und bestaunt wird.

Anpassen statt Aussterben und das Argument des Uhrmachers

Die Erzählung ist damit zwar schon weit vorgeprescht, aber es ist sowohl lohnenswert als auch nötig, mit Darwins Geschichte von vorne zu beginnen und auch den Rahmen vorzustellen, in dem sie sich entfaltet. Von vorne, das soll heißen, vom Beginn des 19. Jahrhunderts an, als zwei theologisch beeinflusste Gedanken in die Wissenschaften von der Natur eingeführt wurden, die beide relevant für Darwins Einsichten sind.

Da ist auf der einen Seite die Idee einer Evolution des Lebens, die zwar heute im Verständnis der gebildeten Öffentlichkeit vor allem mit Darwins Namen verbunden ist, die aber bereits benannt und formuliert war, bevor er geboren wurde. Die heute selbstverständliche Idee, dass sich Lebewesen wandeln und in Abhängigkeit von den Umständen ihres Existierens verändern können – sich also ihrem Lebensraum anpassen –, findet sich zum ersten Mal in einer Vorlesung, die der französische Zoologe Jean-Baptiste de Lamarck am 11. Mai 1800 gehalten hat. Lamarck verwaltete in Paris die zahlreichen fossilen Funde, die im Jahrhundert davor durch Geologen und andere Naturforscher in den Erdschichten gemacht worden waren, und bei der Betrachtung ihrer Formenvielfalt zeigten sich zum einen Muster und Reihen von Varianten, von denen aber einige – dies zum Zweiten – in ihrer Entwicklungen abbrachen und das dazugehörige Leben aufhörte. Natürlich würde ein modern ausgebildeter Biologe sagen, dass die entsprechenden Organismen in früheren Epochen der Erdgeschichte an ihr Ende gelangt und ausgestorben sind. Aber diesen Gedanken konnte Lamarck nicht ertragen, da er fest an die großartige Schöpfung und die Herrlichkeit Gottes glaubte und es für ausgeschlossen hielt, dass der Herr des Himmels und der Erde das Leben auf dem blauen Planeten erst mit Mühe schafft und dann einige Formen davon einfach auslöscht und verschwinden lässt.

Die Auflösung dieses verstörenden Rätsels ergab sich für Lamarck durch die im Rückblick einfache Annahme, dass die Arten überhaupt nicht verschwunden sind. Sie waren alle noch da. Sie hatten sich nur verändert und verwandelt. Und so verkündete der Franzose im Jahre 1800 die mutige Idee einer Evolution mit den folgenden Worten:

> *Die Natur hat bei den belebten Körpern alles nach und nach, eins nach dem anderen hervorgebracht; daran zu zweifeln ist nicht mehr möglich.*«

Lamarck erklärte, dass Lebensformen veränderlich sind und einem evolutiven Wandel unterliegen, der allerdings »mit ungeheurer Langsamkeit« vor sich geht, wie er auch an seinen Fossilien sehen konnte, und der daher gewöhnlich unbemerkt bleibt. Der Zoologe erkannte eine »zunehmende Perfektion« der Natur bei der Gestaltung ihrer Organismen, und er bekam den Eindruck, »dass alles, was sich die Vorstellungskraft nur ausdenken kann, tatsächlich entstanden ist«.

Im Jahr zuvor, als Lamarck seine jährliche Vorlesung im Mai 1799 gehalten hatte, trug er noch eine völlig andere Ansicht vor, nämlich die Vorstellung einer Konstanz und Unwandelbarkeit der Arten, die es deshalb gab, weil es sich bei den Organismen um Gottes Schöpfungen handelte, die natürlich von Anfang an perfekt und auf eine stabile Existenz angelegt worden waren. Der Gedanke an eine dauerhafte und unverrückbare Essenz der (lebenden und toten) Dinge stammt dabei nicht nur aus christlichen Überzeugungen und ihrer Vorgabe eines allmächtigen Schöpfers, sondern auch aus der Philosophie Platons, was Nietzsches Diktum in Erinnerung ruft, dass das Christentum Platonismus für das Volk ist. Platon, der sich mehr an den geraden Linien der Geometrie und weniger an dem krummen Holz interessiert zeigte, aus dem der Mensch bekanntlich geschnitzt ist, hielt die sich offenkundig veränderlich präsentierende äußere Form der lebenden Körper und anderer Dinge für belanglos. Bedeutung hatten für den griechischen Philosophen nur die unveränderlichen und ewigen Ideen, und diese Idee steckte seine Kollegen an. Sie montierten so etwas wie ein platonisches Brett vor ihrem Kopf, das eine essentialistische Schranke vor dem Denken aufbaute, die mehr als 2000 Jahre lang die Sicht auf das versperrte, was tatsächlich in der Natur vor sich ging. Es ist das große Verdienst von Lamarck, dieses Hindernis im Jahre 1800 aus dem Weg geräumt zu haben, was aber erneut – wie bei Keplers Ellipsen am Himmel – keine Lösung brachte, sondern das offene Geheimnis nur deutlicher hervortreten ließ, das den Menschen vor Augen lag und auf Klärung wartete. Während Keplers Problem der Planetenbahnen durch Newtons Idee einer Schwerkraft in Angriff genommen werden konnte, musste Lamarcks Beobachtung auf Darwins Einsicht in die natürliche Selektion als Mechanismus der Evolution warten, um nach und nach das Verständnis dafür zu bereiten, auf welchen Wegen die Natur es bewerkstelligte, ihren zahlreichen Lebewesen die beobachtete Vielfalt zu geben (siehe: Die Logik der natürlichen Auslese).

Die Logik der natürlichen Auslese

Der Biologe Ernst Mayr hat einmal die von Darwin entwickelte Theorie der Evolution des Lebens in acht Komponenten zusammengestellt, in denen die Logik der Selektion wunderbar zum Ausdruck kommt. Es geht um fünf Tatsachen und drei Schlussfolgerungen.

Erste Tatsache: Alle Arten zeigen eine große Fruchtbarkeit, und die Größe einer Population würde exponentiell zunehmen, wenn alle Individuen sich fortpflanzen würden.

Zweite Tatsache: Die meisten Populationen erweisen sich als stabil, von kleineren Schwankungen abgesehen.

Dritte Tatsache: Die verfügbaren Ressourcen sind begrenzt und bleiben in einer stabilen Umgebung konstant.

Erste Schlussfolgerung: Unter den Mitgliedern einer Population muss es zu einem Überlebenskampf kommen, den nur ein Teil durchhält.

Vierte Tatsache: Zwei Individuen sind nie identisch; in jeder Population tauchen Varianten auf.

Fünfte Tatsache: Ein großer Anteil der Variationen wird vererbt.

Zweite Schlussfolgerung: Der Erfolg im Überlebenskampf hängt von der vererbten Variante – der zufälligen genetischen Konstitution – ab.

Dritte Schlussfolgerung: Das ungleiche Überleben führt zu einer natürlichen Auslese (Selektion), an deren Ende eine veränderte Population steht, was die Evolution einer neuen Art ermöglicht.

Es ist sicher vielen bekannt, dass Darwins weitreichende Einsicht sich nicht zuletzt der Teilnahme an einer mehrjährigen Weltreise verdankt, die er 1831 antrat und die ihn vier Jahre später auch auf die Galapagosinseln brachte, wovon noch erzählt wird. Zunächst gilt es aber auf den zweiten Gedanken aufmerksam zu machen, der oben angesprochen wurde und der im frühen 19. Jahrhundert seine Anhänger fand. In den ersten Jahren nach 1800 gehörten noch alle Professoren für Botanik und Zoologie zur Fakultät der

Theologen, und so nannten sie sich Naturtheologen. Ihre Aufgabe bestand darin, das Wirken Gottes in der Natur verständlich und einsichtig zu machen, und die größte Aufmerksamkeit fand eine Schrift, die der Philosoph und Theologe William Paley 1802 vorlegte und die den langen Titel trug: »Natural Theology, or Evidence of the Existence and Attributes of the Deity Collected from the Appearance of Nature«, also etwa »Natürliche Theologie oder Die Evidenz für die Existenz und die Eigenschaften einer Gottheit, wie sie sich in den Erscheinungen der Natur zu erkennen gibt«. Was Paley in seinem Buch ausführt, nennen Historiker heute das »argument by design«. Paley fragt nämlich seine Leser, was sie denken würden, wenn sie in einem Wald einen Spaziergang machen und eine Uhr finden. Sie würden denken, dass es irgendwo einen (kleinen) Uhrmacher gibt. Und das heißt doch, dass derjenige, der beim Spaziergang einem Menschen begegnet, sofort weiß, dass es irgendwo einen großen Uhrmacher, eben einen Menschenmacher gibt, nämlich den Gott, den die Christen kennen und verehren. Dieses »argument from design« zirkulierte immer noch in akademischen Kreisen, als Darwin seine ersten Studien zur Naturtheologie betrieb. Und so dauerte es eine Zeit, bis er sich von diesem argumentativen Gefängnis befreien konnte, und vielleicht hat ihm dabei die Schiffsbibel geholfen, die an Bord der MS Beagle war, mit der Darwin seine Weltreise unternahm, auch wenn dies beim ersten Hören verwirrend klingen muss.

Die Entdeckung der Tiefenzeit

Als Darwin 1831 seine Weltreise antrat, fand er auf dem Schiff eine Bibel vor, in dem jemand das Datum der Weltschöpfung eingetragen hatte, und zwar den 23. Oktober 4004 vor Christi Geburt. Darwin las und kam ins Grübeln – mit verheerenden Folgen für die Religion.

Die Frage nach dem Alter der Erde hatte die Menschen schon länger interessiert. Sie wurde seit dem Beginn der Geschichte gestellt und anfänglich mit Methoden beantwortet, die wir heute weder nachvollziehen können noch wollen. Erste verständliche oder rational wirkende Angaben sind aus dem 2. Jahrhundert christlicher Zeitrechnung überliefert, als ein Rabbi mit Namen Josef ben Halafta den Anfang der Erde auf das Jahr 3760 vor Christi Geburt legte. Ihm folgte der als Julius Africanus bekannte christliche Chronist, der ihn um das Jahr 200 bis zu dem Jahr 5504 vor Christi Geburt zurückrechnete. Auffallend ist dabei die Tatsache, dass all diese – und spätere – Bemühungen, die ohne die exakten Methoden der Naturwissenschaft vorgingen, mit einigen Tausend Jahren auskamen, was offenbar genügend eindrucksvoll und zugleich ausreichend weit von der Gegenwart entfernt zu sein schien.

Spannend wurde dieses insgesamt eher gemütliche Verfahren, als im 17. Jahrhundert der aus Dublin stammende irisch-anglikanische Theologe und Bischof James Ussher durch sorgfältiges Addieren aller in den biblischen Texten enthaltenen Altersangaben sich nicht nur in der Lage fühlte, das Jahr anzugeben, an dem Gott die Erde geschaffen habe – Ussher nannte 4004 BC (»Before Christ«) –, sondern darüber hinaus sogar den Mut fand, den genauen Tag zu bestimmen, an dem dies ins Werk gesetzt worden war, nämlich den 23. Oktober, wie es Darwin in der Bibel lesen konnte.

Es kam dann, wie es kommen musste, das heißt, ein Zeitgenosse von James Ussher, Hochwürden John Lightfoot, wollte es genauer wissen und die Uhrzeit der Schöpfung angeben, die er schließlich auch exakt ermittelte: 9 Uhr morgens. Und in dieser pedantischen Genauigkeit konnte man es noch am Ende des 19. Jahrhunderts lesen, als Andrew D. White, der angesehene Präsident der renommierten amerikanischen Cornell Universität, ein Buch über »The Warfare of Science with Theology in Christendom« vorlegte – also über den Krieg der Wissenschaft mit der

Theologie im Rahmen des Christentums. In diesem Werk wurde 1896 als wissenschaftlich ergründete Wahrheit klipp und klar verkündet, dass nicht nur die Erde, sondern mit und auf ihr der der Mensch am 23. Oktober 4004 BC um 9 Uhr morgens von Gott geschaffen worden sei. Punkt.

Der Philosoph Hans Blumenberg (1920–1996) weist in seinem Buch »Die Sorge geht über den Fluß« in dem Kapitel über »Darwins Schiffsbibel« darauf hin, »wie zerstörerisch die fromme Notiz« über den präzisen Zeitpunkt der Schöpfung letztlich war, zeigte sie Darwin doch nur, wie unsinnig die theologische Naturforschung war, die solch ein Datum hervorgebracht hatte und in seinen Tagen dominierte. Genauigkeit kann also tödlich sein. Sie war es in diesem Fall für die alte und behäbige Form der Naturkunde, die nun den Theologen aus der Hand genommen und dafür den Geologen, Botanikern und anderen Wissenschaftlern anvertraut wurde.

Seit den Tagen von Bischof Ussher hatten sich zahlreiche Physiker an die Aufgabe gemacht, das Alter der Erde und ihrer Bewohner zu schätzen, wobei als Erstes auffällt, dass sie in der gleichen Größenordnung stecken blieben, die ihnen das christliche Denken vorgegeben hatte. Johannes Kepler kam zum Beispiel auf das Jahr 3993 BC als Zeitpunkt der Schöpfung, sein dänischer Zeitgenosse Christian Longomontanus schlug 3964 BC vor, und der große Isaac Newton arbeitete sich nach ihnen erneut durch die Bibel und die Schriften von Herodot, um das alles mit seinen astronomischen Daten zu kombinieren und sich zuletzt auf das Jahr 3998 BC festzulegen, wie in einem Text mit dem Titel »Chronology of Ancient Kingdom Amended« nachzulesen ist.

Offenbar nahmen all die genannten Zeitforscher an, dass das berechnete Alter einer gemeinsamen Geschichte der Erde und des Lebens auf ihr sich den menschlichen Maßstäben für lange fügen müsse, etwas, das der Philosoph Friedrich Nietzsche im 19. Jahrhundert mit dem bösen Satz verspottet hat: »Und ihr

Erdenbewohner mit euren Begriffelchen von ein paar Tausend Zeitminütchen«.

Zu Beginn des 19. Jahrhunderts hatte bereits Lamarck über diese Enge gelästert, als er schrieb: »[W]ie klein sind die Gedanken derer, die glauben, seit der Entstehung unserer Erde bis zum heutigen Tag seien nicht mehr als sechstausend und ein paar hundert Jahre vergangen«. In der Tat setzte sich damals nach und nach die Überzeugung durch, dass es wahrscheinlich mehr als 100 000 Jahre und vielleicht sogar mehr als eine Million Jahre gedauert habe, um das Weltall, die Erde und das Leben auf unserem Planeten so werden zu lassen, wie wir sie vorfinden. Überraschend großzügig erwies sich dabei der Philosoph Immanuel Kant, der 1755 eine »Allgemeine Naturgeschichte und Theorie des Himmels« vorgelegt und darin seine Ansicht formuliert hatte, die Schöpfung sei nicht in einem Augenblick gelungen, sie benötige vielmehr sehr lange Zeiträume – nahezu eine Million Jahre – und sei noch lange nicht vollendet.

Die zunehmende verfügbare Dauer beschäftigte auch Johann Wolfgang Goethe, der im frühen 19. Jahrhundert im zweiten Teil der Faustdichtung schrieb und dabei auch eine Szene in einem Laboratorium einfügte, in der »ein Mensch gemacht« wird. Goethe greift darin alchemistisches Gedankengut auf, das von einer Retortenschöpfung träumt, die rasch und in aller Kürze vor sich gehen kann, aber nur, um zur Vorsicht zu mahnen. Im *Faust* kommt der griechische Philosoph Thales zu Wort, der als Vater der westlichen Wissenschaft gilt, und Goethe legt ihm die Worte in den Mund:

»*Gib nach dem löblichen Verlangen*
Von vorn die Schöpfung anzufangen,
Zu raschem Wirken sei bereit!
Da regst du dich nach ewigen Normen
Durch tausend abertausend Formen,
Und bis zum Menschen hast du Zeit.«

Theorien der Erde

Wie viel Zeit? Das war die Frage, auf die zwar immer wieder
mit Zahlen geantwortet wurde, allerdings nur mit solchen, die
mit – aus heutiger Sicht – völlig unzureichenden Methoden operierten und bestenfalls relative Angaben über früher oder später
machen konnten. Die in der Tabelle 2 angeführten Daten können erst mit Verfahren ermittelt und geprüft werden, die das
20. Jahrhundert hervorgebracht hat und die im irdischen Bereich
vor allem mit dem Phänomen der Radioaktivität operieren, wie
noch zur Sprache kommen wird. Trotzdem kann man sagen, dass
der Weg zum modernen Verstehen des Erdalters im ausgehenden
18. Jahrhundert gefunden worden ist, und zwar durch den schottischen Naturforscher James Hutton, der 1795 sein großes Werk
mit dem Titel »Theory of the Earth« vorlegt und in ihm einen
besonderen Gedanken zur Zeit einführt.

Das Problem mit Huttons Buch besteht in seiner Unlesbarkeit.
So bedeutend sein Inhalt auch sein mag, vermutlich wäre Hutton
mit seinen Gedanken lange Zeit unbeachtet geblieben, wenn sich
nicht der schottische Mathematiker und Geologe John Playfair
daran gemacht hätte, die mühsame und spröde Sprache Huttons in einen angemessenen und lesbaren Text zu übertragen, der
1802 unter dem Titel »Illustrations of the Huttonian Theory of
the Earth« erschienen ist. Wenn man so will, hat Playfair Huttons
(natürlich englischen) Text ins Englische übersetzt, und jemand
sollte einmal überlegen, ob es sich nicht lohnte, solche Exerzitien
einmal mit den vielen unverständlichen deutschen Texten – etwa
von berühmten Philosophen – vorzunehmen und zum Beispiel
Hegel ins Deutsche zu übersetzen, wie es Karl Popper einmal unternommen hat (mit unliebsamen Folgen für den Übersetzten).

Mit Playfairs Hilfe verstanden die Zeitgenossen bald, welche wichtige Entdeckung Hutton gemacht hatte, nämlich die,
dass es neben der linearen Zeit – der gesamten Dauer des Plane-

ten – noch zyklische Zeitverläufe – sich wiederholende Zeitkreisläufe – auf der Erde geben musste, in deren Verlauf die immer wieder neue Schichten – Zeitschichten – hervorgebracht wurden, die sich den Geologen heute zeigen. Wir sprechen heute von der Stratigraphie, die die Entstehungsprozesse der Gesteine erkundet und neben dem Zeitpfeil auch Zeitzyklen einsetzt, um die Geschichte der Erde zu erforschen. »Time's Arrow – Time's Cycle« – so heißt dann auch das Buch, in dem Stephen J. Gould die »Entdeckung der Tiefenzeit« – so der deutsche Titel – schildert, die eben möglich geworden ist mit dem, was Playfair »Huttons Weltmaschine« nannte. Sie bringt Formationen hervor, die meist übereinanderliegen, die aber auch gekippt zueinander stehen können. Playfair weist dabei auf den physikalischen Ursprung des Denkens hin, denn »das geologische System des Dr. Hutton ähnelt in vielerlei Hinsicht jenem System, das die Himmelsbewegungen zu leiten scheint. In beiden ist Vorsorge für eine unbegrenzte Dauer getroffen«, wie Playfair schreibt, wobei das Vergehen der Zeit nicht zur Folge hat, »die Maschine zu verschleißen«. Sie gibt »der Welt eine wiederherstellende Wirksamkeit« und fügt dem linear gedachten Zeitpfeil einen Zeitkreislauf hinzu. Hutton denkt die Erde tatsächlich als eine Maschine, die mit einer sich wiederholenden Ordnung in der Zeit (»a succession of worlds«) neue Schichten hervorbringt. Das muss alles sehr langsam vonstattengegangen sein, wie Playfair Hutton übersetzt, der bei Grabungen im schottischen Jedburgh betont hat:

> *»Wir hätten von der unabhängigen Bildung der hier [in Jedburgh] übereinanderliegenden Formationen und dem langen Zeitraum dazwischen nicht einmal dann einen klaren Beweis erhalten, wenn wir dabei gewesen wären ... Aus dieser Perspektive nahmen wir sogar noch weiter zurückliegende Revolutionen wahr. Uns schwindelte beim Blick in den Abyssus der Zeit.«*

In seinem Buch und in seiner Theorie führt Hutton das Konzept des »Uniformitarismus« ein, dem zufolge alle geologischen Erscheinungen aus ferner Vergangenheit durch dieselben Prozesse wie die zustande gekommen sind, die heute noch ablaufen. Dieser Grundgedanke wird weitergeführt von dem britischen Geologen Charles Lyell, dessen dreibändiges Werk »Prinzipien der Geologie« großen Einfluss auf Charles Darwin ausübt und die Zeiträume für seinen Gedanken der Evolution freimacht. Lyell unternimmt wie Hutton den Versuch, »die früheren Veränderungen der Erdoberfläche durch die heute wirkenden Ursachen zu erklären«. Er ist überzeugt, »dass es niemals eine Unterbrechung derselben einförmigen Ordnung der Ereignisse gegeben hat«.

Er ist zudem davon überzeugt, »dass der allmähliche Fortschritt der Meinung bezüglich der Aufeinanderfolge von Erscheinungen in fernen Zeitaltern auf einzigartige Weise jenem ähnelt, der die wachsende Verstandeskraft eines Volkes begleitet.«

Als Darwin in den 1840er-Jahren mit der Geschichte des Lebens beschäftigt ist, stehen ihm neben den geologischen auch viele Daten einer neuen Wissenschaft namens Paläontologie zur Verfügung. Sie untersucht das »Altseiende« und handelt von Fossilien, die in verschiedenen Erdschichten auszumachen sind. Man untersucht sie im zunehmenden Detail seit 1800 und bringt nach und nach mit Hilfe sogenannter Leitfossilien und einer dazugehörigen Biostratigrafie eine relative Zeitbestimmung der Erde und ihrer Zeitalter zustande, bevor eine absolute Altersbestimmung mit Hilfe von radioaktiven Prozessen (Radiometrie) möglich wird. Inzwischen kann die heutige Wissenschaft das Alter mittels magnetischer Anomalien messen, die im Laufe langer Zeiträume durch ein Umpolen des Erdmagnetfeldes zustande gekommen sind. Alle Methoden zusammen erlauben die moderne und umfassend akzeptierte Gliederung der Erdgeschichte, die in Tabelle 1 im Überblick gezeigt wird.

Tabelle 1 – Die Erdzeitalter und einige Besonderheiten
(zusammengestellt z. B. nach Fortey, S. 8)

Millionen Jahre vor der Gegenwart	Zeitalter	Perioden	Besonderheiten
	Quartär	Holozän	Der Mensch erscheint
1,64		Pleistozän	Eiszeiten, besonders auf der Nordhalbkugel; Anpassung der Säugetiere
5,2	Tertiär	Pliozän	Verwandte des Menschen
25,3		Miozän	
35,4		Oligozän	Evolution auf getrennten Kontinenten
56,5		Eozän	und periodische Migrationen
65		Paläozän	Säugetiere und Vögel diversifizieren sich, Massenaussterben der Dinosaurier
145,6	Mesozoikum	Kreide	Ablagerung von Kreide
208		Jura	Dinosaurier zu Lande
245		Trias	Moderne Ozeane verbreitern sich
290	Ober-Paläozoikum	Perm	Massensterben, Superkontinent Pangäa
362,5		Karbon	Kohlensümpfe
408,5		Devon	Fische und Amphibien
438,1	Unter-Paläozoikum	Silur	Besiedlung des Festlandes
505		Ordovizium	Größte Ausdehnung des Urozeans
545		Kambrium	Trilobiten und andere marine Tiere
2500	Präkambrium	Proterozoikum	Vielzelliges Leben
2300		Archaikum	Leben – Spuren im Gestein

Wer sich die Tabelle anschaut und ihre Zahlen betrachtet, wird auf diese Weise unter anderem erfahren, dass sich die Erde seit etwa knapp vier Milliarden Jahren entwickelt, dass es nicht lange gedauert hat, bis das erste Leben auf dem Planeten vor mehr als drei Milliarden Jahren auftauchte, dass selbst vielzelliges Leben bereits mehr als zwei Milliarden Jahre auf dem Buckel hat, und vieles mehr. Doch dabei stellt sich eine andere Frage, nämlich die, wer mit diesen immensen Zahlen, die mit einem »Kometenschweif an Nullen« daherkommen (Thomas Mann), etwas Verständliches anfangen kann.

Um kein Missverständnis aufkommen zu lassen: Die aufgeführten und viele andere Daten (Tabelle 2: Das Alter der Dinge) sind zuverlässige, allgemein akzeptierte und vertrauenswürdige Ergebnisse der Wissenschaft, über deren methodische Herkunft im Folgenden noch Auskunft gegeben wird. Die Zahlen sind tatsächlich groß, aber sie sind nicht nur das. Sie sind leider sogar unvorstellbar groß und überfordern vielfach das menschliche Vorstellungsvermögen. Wer kann sich in Zeiträumen zurechtfinden, die nicht nur die alltäglich zu meisternden Dimensionen des Tages, der Woche und des Monats übersteigen, die nicht nur die Länge des erfahrenen Lebens in den Schatten stellen, sondern die darüber hinaus auch jeden historischen Rahmen sprengen, in dem Menschen zu denken gewohnt sind?

Tabelle 2 – Das Alter der Dinge

Weltall	13,7 Milliarden Jahre
Erste Sterne	12,3 Milliarden Jahre
Unser Planetensystem	4,5 Milliarden Jahre
Leben auf der Erde	4 Milliarden Jahre

Als der amerikanische Paläontologe und Evolutionsbiologe Stephen J. Gould die wissenschaftlich erkundete »Geschichte unserer Erde« 1987 in seinem bereits erwähnten Buch »Die Entdeckung der Tiefenzeit« ausführlich und allgemeinverständlich dargestellt hat, ist er auf diese Frage nach der Unvorstellbarkeit der erforschten Daten eingegangen. Gould meinte, in der aufgeführten Dimension der Tiefenzeit eine mögliche Kränkung für den »Narzissmus der Moderne« zu entdecken, und es könnte tatsächlich sein, dass die Wissenschaft den Menschen an dieser Stelle verliert oder zumindest beleidigt. Früher hat man gedacht, die Zeit sei leicht zu verstehen, denn »sie ist nur fünf Tage älter als wir«, wie Gould einen theologischen Autor (Thomas Browne) aus dem 17. Jahrhundert zitiert, der sich dabei ganz auf die Schöpfungsgeschichte verlässt. Heute scheint es eher so zu sein, dass sich die Zeit und ihre Dauer dem Verstehen entziehen, und zwar gerade weil und indem die Wissenschaft beiden auf den Leib rückt.

»Wo aber Gefahr ist, wächst das Rettende auch«, wie bei Friedrich Hölderlin nachzulesen ist, und tatsächlich – wo die Gefahr besteht, den Menschen zu verlieren, fällt der Wissenschaft ein überzeugendes Wort ein, das der »Tiefenzeit« nämlich, welches in Goulds Titel erscheint und das mit diesem Buch im deutschsprachigen Raum populär geworden ist.

Zu dieser Feststellung müssen allerdings zwei Anmerkungen gemacht werden: Zum einen stammt der schöne Begriff nicht von Gould selbst, was auch gar nicht von ihm behauptet wird. Die »deep time« stammt von dem amerikanischen Sachbuchautor John McPhee, der diesen Ausdruck 1981 in seinem Buch »Basin and Range« vorgeschlagen hat. Und zum anderen liefert vielleicht erst die deutsche Version der »deep time« – eben die schöne Wortbildung einer »Tiefenzeit« – mit ihrem poetischen Klang den passenden Anreiz, sich einfühlsam auf die Dimension einzulassen, die die Erdgeschichte dem irdischen Werden und menschlichen Denken eröffnet.

Gould greift das höchst elegante und verführerisch klingende Wort von der Tiefenzeit auch deshalb in seinem wissenschaftlichen Text auf, weil damit »etwas so Fremdes« erfasst wird, dass Metaphern benötigt werden, um das damit Gemeinte wenigstens versuchsweise verstehen zu können. Eine einprägsame und nachvollziehbare Metapher stammt dabei von McPhee selbst:

> »Wenn man sich die Erdgeschichte als das alte englische Yard vorstellt, also als die Entfernung zwischen der Nase des Königs und der Spitze seiner ausgestreckte Hand, dann würde die Nagelfeile am Mittelfinger des Königs mit einem einzigen Strich die ganze Menschheitsgeschichte in Staub zerfallen lassen.«

Und eine andere hat der Vater von Huckleberry Finn, Mark Twain, geliefert, der von Gould wie folgt zitiert wird:

> »Wenn die Höhe des Eiffelturms dem Alter der Erde entspräche, dann entspräche dem Alter des Menschen die dünne Lackschicht auf der obersten Turmspitze.«

Die Idee der Selektion und der Blick auf den Menschen

Als Darwin seine Weltreise antrat, dachte er noch im Rahmen der Vorstellungen, die an eine Konstanz von Arten glaubten. Erst während der Heimreise erinnerte er sich an viele Eindrücke, die er auf den Galapagosinseln gesammelt hatte und die ihn ins Grübeln bringen konnten, wie er in seinen Notizbüchern festhielt:

> »Wenn ich sehe, wie diese Inseln, die in Sichtweite beieinander liegen und nur einen spärlichen Bestand an Tieren besitzen, von diesen Vögeln bewohnt sind, die sich in der Struktur nur

geringförmig unterscheiden und denselben Platz einnehmen, so muss ich den Verdacht haben, dass sie Varietäten [einer Art] sind. Wenn es auch nur das geringste Fundament für diese Bemerkung gibt, so ist die Zoologie des Archipels wohl der Untersuchung wert, denn solche Tatsachen würden die Stabilität der Arten unterminieren.«

Was Darwin brauchte, um seine Anschauungen der Natur in eine Theorie der Evolution zu überführen, war ein geeigneter Mechanismus oder ein passender Begriff, wie es Immanuel Kant ganz allgemein formuliert hatte. Anschauung ohne Begriffe bleibt blind, Begriffe ohne Anschauung bleiben leer, wie es der Philosoph der Aufklärung gelehrt hat. Die entscheidende Idee, die heute als natürliche Selektion bekannt ist und mit deren Hilfe unter den Varianten, die bei der Erzeugung von Nachkommen unvermeidlich auftreten, diejenigen bevorzugt werden, die sich besser in der Umwelt zurechtfinden, die ihnen zur Verfügung steht, verdankt Darwin dabei allerdings nicht dem Betrachten der Natur, sondern der Lektüre eines Buches, das im frühen 19. Jahrhundert ein Bestseller war und dessen Autor sich Sorgen um die Entwicklung der Menschheit machte, genauer um die Entwicklung der englischen Gesellschaft des 19. Jahrhunderts, die damals das erreicht und ausgeführt hatte, was sie selbst als industrielle Revolution bezeichnete.

In dieser Gesellschaft nahm die Zahl der Menschen schneller als vorher zu, was den Pfarrer und Volkswirtschaftler Thomas Robert Malthus zu einem »Essay on the Principles of Population« anregte. Er verglich in dem Buch schon um 1800 die Zunahme der Zahl an Menschen mit dem Wachstum in der Produktion von Nahrungsmitteln und kam zu dem Schluss, dass die Bevölkerung sich viel zu schnell vermehrt, um ausreichend versorgt werden zu können. Es musste unweigerlich zu einem Kampf der Menschen um die Ressourcen kommen.

Die viktorianische Gesellschaft hatte zwar auf diese Warnung reagiert und eine Armenfürsorge installiert, aber Malthus hielt das für den falschen Weg, da er die unteren Schichten nur ermutige, noch mehr Kinder in die Welt zu setzen. Unter der nachwachsenden Bevölkerung würde nach und nach ein »Kampf um die Existenz« – der berühmte Kampf ums Dasein – stattfinden, und als Darwin diese Darstellung las, kam ihm sofort der Gedanke, dass er genau diesen Kampf in der Natur beobachtet hatte. Und er sah auch die Folgen, denn solche Auseinandersetzungen der Lebewesen würden dazu führen, »dass günstige Änderungen dazu neigen, erhalten zu werden, und ungünstige, zerstört zu werden. Das Resultat würde die Bildung neuer Arten sein«, wie Darwin feststellte, um zu resümieren: »Hier hatte ich nun endlich eine Theorie, mit welcher ich arbeiten konnte.«

Das Selektionsprinzip ist denkbar einfach: Wenn es vor allem die gut Angepassten sind, die Nachwuchs hervorbringen, und wenn sich erst bei diesen Organismen das Geschehen – das Auswählen – wiederholt und danach erneut bei deren Nachkommen, und wenn das immer so weitergeht von einer Generation zur nächsten und übernächsten, dann können im Laufe der Zeit Organismen entstehen, die besser mit ihren Existenzbedingungen zurechtkommen, als es ihren Vorgängern möglich war. So lautet Darwins Idee, und sie kommt nicht aus der Natur, wie man meinen könnte, sondern aus der Sphäre der menschlichen Gesellschaft. Ihm fällt auch sofort ein Ausdruck für dieses artenbildende Wirken ein – nämlich »natural selection« oder natürliche Auswahl, deren Vorbild die Auslese ist, die ein Züchter vornimmt, wenn er etwa schnellere Hunde oder fettere Schweine hervorbringen möchte. Mit diesem ebenfalls der humanen Sphäre entstammendem Konzept verfügt Darwin endlich über die Möglichkeit, die Anpassungen des Lebens an seine Umwelt ohne Rückgriff auf einen transzendenten Gott und als natürliche Entwicklung aus immanenten Gründen verständlich zu machen.

Diese erste Einsicht in den evolutionären Prozess vertraut Darwin nur seinen Notizbüchern an. Es dauerte ein paar Jahre, bis er Freunde mit seiner Idee bekanntmacht, der noch etwas zu fehlen scheint, denn die Entwürfe des Artenbuches, dessen Erscheinen 1859 wir heute feiern, entstehen bereits Mitte der 1850er-Jahre. Dann fühlt sich Darwin plötzlich wie ein »Krösus«, der »vom eigenen Reichtum an Fakten« erdrückt wird.

Diese neue Stimmung hat mit einer Ergänzung seiner Grundidee zu tun, die er als »Divergenzprinzip« bezeichnet hat und die sich in ihm meldete, als er mit einem Wagen unterwegs war, und zwar irgendwo zwischen London und seinem Wohnort Down. Im Mai 1851 hatte in der englischen Hauptstadt eine – von der Industrie geförderte – Weltausstellung ihre Tore geöffnet, und Darwin war mit einigen seiner Kinder hingefahren. Dabei muss ihm der Gedanke gekommen sein, dass sich im Verlauf der Evolution Pflanzen- und Tierarten dann besonders gut durchsetzen und behaupten können, wenn ihre Variationen möglichst breit gestreut sind – »als ob die Natur ein Industriebetrieb wäre, in dem ja die Arbeiter bekanntermaßen desto effizienter produzieren, je weiter fortgeschritten die Arbeitsteilung ist – je vielgestaltiger also die Tätigkeiten der Einzelnen sind«. Darwin hatte diese fortschreitende Spezialisierung vor der Weltausstellung bereits mit eigenen Augen in den Töpfereien gesehen, die seine Schwiegereltern betrieben, und er fügte sie nun in sein dynamisches Naturbild ein.

Mit anderen Worten: Es sind ausschließlich Begriffe aus der humanen Lebenswelt – und keine Naturbeobachtungen –, die es Darwin 1859 erlauben, seine gefeierte Einsicht in die Entwicklung des Lebens zu formulieren. Er stellt sie in seinem Buch »Über die Entstehung der Arten« zusammen, dessen Titel allerdings überhaupt nicht hält, was er verspricht. Von einem Verständnis des Ursprungs der Arten sind wir heute noch so weit entfernt wie damals, auch wenn die Evolutionsbiologen der Moderne dies möglichst nur als Fußnote mitteilen. Was Darwin in seinem Magnum Opus auf vielen hundert Seiten erzählt und darstellt, hätte er besser »Die Anpassung der Organismen an ihre Umwelt« genannt, was aber längst nicht so verlockend klingt. Um Anpassungen geht es aber in der Stammesgeschichte der Organismen, die Darwin als Disziplin begründet, aber seine vielen Ausführungen dazu haben seine Zeitgenossen nur wenig interessiert. Ihnen kam es vor allem darauf an, die Anpassung oder Abstammung der einen Art zu verstehen, deren Gesellschaftsform Darwin überhaupt zu seinen Ideen über das Wirken der Natur verholfen hat. Gemeint sind die Menschen selbst, denen Darwin in seinem Werk von 1859 genau einen Satz widmet, nämlich den, in dem er die Hoffnung äußert, dass mit der Kenntnis der Evolution auch »Licht auf den Menschen und seine Geschichte« fallen wird. Es ist zu vermuten, dass Darwin damals schon bezüglich dieses Themas der Meinung war, die er 1871 zu Papier bringt, wenn er in einem eigenen Buch die »Abstammung des Menschen« beschreibt und seine Ansichten dazu mit dem Satz abschließt:

»Wir müssen indessen, wie es scheint, anerkennen, dass der Mensch mit allen seinen edlen Eigenschaften, mit der Sympathie, welcher er für die Niedrigsten empfindet, mit dem Wohlwollen, welches er nicht bloß auf andere Menschen, sondern auch auf die niedrigsten Wesen ausgedehnt hat, mit seinem gottähnlichen Intellekt, welcher in die Bewegungen und die Konstitution des Sonnensystems eingedrungen ist, mit all diesen hohen Kräften doch noch in seinem Körper den unauslöschlichen Stempel eines niederen Ursprungs trägt.«

Mit diesem niederen Ursprung meinte bereits der dreißigjährige Darwin die Abstammung des Menschen von Affen, wie es in Kurzform gesagt werden kann. In dem genannten Alter trug der Vater des selektiven Gedankens nämlich als private Notiz in sein

Tagebuch eine weitreichende Überlegung zu einer Bemerkung des Philosophen Platon ein:

> *»Plato says in ›Phaedo‹ that our ›imaginary ideas‹ arise from the preexistence of the soul, are not derivable from experience – read monkeys for preexistence.«*

Also etwa:

> *»Platon sagt im ›Phaidon‹, unsere ›notwendigen Ideen‹ entstammen der Präexistenz der Seele, seien nicht aus der Erfahrung ableitbar – lies Affen für Präexistenz.«*

Aus diesem frühen Satz von Darwin ist längst eine eigene Denkrichtung geworden, die sich evolutionäre Erkenntnislehre nennt und die die angeborenen Ideen eines Menschen durch die Erfahrungen erklärt, die seine Vorfahren im Laufe der Stammesgeschichte machen konnten. Die Kategorien, mit denen Menschen denken, können ebenso wie seine Gliedmaßen oder Sinnesorgane als Anpassungen an die Umwelt verstanden werden, in denen sich das organische Leben abspielt.

Mit solchen wunderbaren und zugleich subtilen Argumenten wollten und konnten sich Darwins Zeitgenossen nicht abgeben. Sie mussten sich überhaupt erst an den Gedanken gewöhnen, dass sie nicht göttlichen, sondern »niederen Ursprungs« sind und also von den Affen abstammen, was sicher nicht jedermanns Geschmack war. Es gab Menschen, die sich witzig zu dem Thema äußerten – »Was, wir sollen von Affen abstammen? Hoffen wir, dass es nicht stimmt, und wenn es stimmt, hoffen wir, dass niemand davon erfährt« –, es gab aber auch Menschen, die an dieser Stelle lautstark Unverständnis und Protest äußerten. Und aufgefallen ist dabei vor allem ein Vertreter der Kirche, der Bischof Samuel Wilberforce, der auf der 1860 in Oxford abgehaltenen

Versammlung der britischen Naturforscher deren Vertreter herausforderte und ihnen die polemische Frage an den Kopf warf, ob sie mütterlicherseits oder väterlicherseits von den Affen abstammten. Geantwortet hat dem Bischof der Naturforscher Thomas Henry Huxley, der sich insgesamt einen Namen als Verteidiger der evolutionären Idee gemacht hat und von Historikern gerne als »Darwins Bulldogge« bezeichnet wird. Huxley antwortete dem Bischof wie folgt: Wenn er, Huxley, bei der Wahl seiner Vorfahren sich zwischen einem Affen und einem Mann entscheiden könne, der sein Talent zur Rede nur benutze, um einen bescheidenen Sucher nach der Wahrheit bösartig zu verunglimpfen, dann würde er den Affen vorziehen.

Diese berühmte Konfrontation ist leider ziemlich unglücklich verlaufen. Auf der einen Seite lässt sich erkennen, dass der Bischof schlecht präpariert war, was die Erzählung der Evolution anging, die Darwin in seinem umfangreichen Hauptwerk ausgebreitet hatte. Auf der anderen Seite zeigte sich Huxley als bekennender Atheist, was den Eindruck erklärt, dass viele in der Debatte eine Auseinandersetzung zwischen Religion und Wissenschaft sehen. Auf der Veranstaltung von 1860 zeigte sich dies in der Schlussbemerkung eines Redners, der die Frage formulierte: »Ist der Mensch ein Affe oder ein Engel?«, und dann proklamierte: »Wir sind auf der Seite der Engel!«, was immer damit gemeint sein soll.

In moderner Sprache würde man ähnlich unsinnig fragen: »Ist der Mensch ein Zellhaufen oder ein Geistwesen?«, und vielleicht sollte man antworten: »Er ist ein geistvoller Zellhaufen.« Dass Menschen eine materielle Grundlage zukommt, räumt sogar die Bibel ein, denn schließlich »bildete Gott der Herr den Menschen aus Erde vom Ackerboden«, wie es in Genesis 2, Vers 7 heißt, wobei dem dabei entstehenden Klumpen noch der Odem des Lebens eingehaucht oder ein göttlicher Funke übermittelt werden muss, wie es etwa Michelangelo in seiner berühmten Darstellung der Menschwerdung in der Sixtinischen Kapelle vor Augen führt.

Um die teilweise erschrockenen Reaktionen des Bischofs und anderer Gläubiger auf Darwins Idee eines niederen Ursprungs zu verstehen, lohnt es sich zu vergegenwärtigen, was damals in den Kreisen von Naturtheologen debattiert wurde, die erst allmählich sich zu Naturforschern wandelten. Eine Frage, die Naturtheologen noch 1857 – also am Vorabend der Publikation von Darwins Darstellung einer natürlichen Abstammung des Menschen – erörterten, wollte wissen, ob Adam als erster Mensch einen Nabel hatte oder nicht. Das Problem sah dabei so aus: Da Adam als eine besondere Schöpfung und nicht als Kind einer natürlichen Mutter in die Welt gekommen war, brauchte er aus anatomisch-physiologischen Gründen keinen Nabel. Dann wäre er aber anders als seine Nachfahren. Also schlossen die Naturtheologen, dass Gott Adam mit Nabel geschaffen hat, auch wenn der erste Mensch den gar nicht brauchte.

Wie bei der Frage nach der Stunde der Schöpfung enthält die Naturtheologie den Sprengstoff für ihre eigene Zerstörung, die sich zeigt, wenn immer mehr Details ins Visier genommen werden. So quälten sich ihre Vertreter unter anderem mit dem Problem, wie der Garten Eden genau ausgesehen habe. Die in ihm stehenden Bäume – des Lebens und der Erkenntnis zum Beispiel – seien auf der einen Seite gerade erst von Gott geschaffen worden, wie der Schöpfungsbericht mitteilt. Auf der anderen Seite konnte man sich aber junge und glatte Bäume nicht vorstellen. Es gab sie nur in alter und verwitterter Form, wie Bäume eben aussehen, die ein langes Wachstum hinter sich haben und Wind und Wetter ausgesetzt sind. Wieder entschieden die Naturtheologen, dass Gott die Bäume direkt als verwitterte Exemplare geschaffen hat, was aber keine zufriedenstellende Antwort ist und mehr nach einem Taschenspielertrick aussieht. Ob Gott den tatsächlich nötig hat?

Darwins Zeitgenossen merkten rasch, wie hilflos die in alten Positionen verharrende Naturtheologie neben der sich rasant entwickelnden Naturforschung aussah, und nach 1870 hörten die billigen Polemiken gegen die Idee eines evolutionären Werdens des Lebens und der dazugehörenden Abstammung des Menschen aus dem Reich der Tiere auf. Als Darwin 1882 starb, beschloss die Nation, ihn ebenfalls – wie Newton – in der Westminster Abtei beizusetzen. Zwei Jahre nach seinem Tod gab das christliche Establishment sogar seinen offiziellen Segen zur Evolution. Frederick Temple, der später Erzbischof von Canterbury wurde, hielt eine Reihe von Vorlesungen über das Verhältnis von Religion und Wissenschaft, in denen er den großen Uhrmacher und das dazugehörige »argument from design« schlicht und einfach ins Abseits schickte: »Wir können nicht sagen, Gott machte die Dinge. Wir können aber sagen, Gott machte die Dinge so, dass sie sich selber machen können.«

Das kommt dem allerletzten Satz nah, mit dem Darwin sein berühmtes Werk über den *Ursprung der Arten* abschießt und in dem er endlich auf Gott eingeht. Er schreibt:

> *»Es liegt etwas wahrlich Erhabenes in der Auffassung, dass der Schöpfer den Keim alles Lebens, das uns umgibt, nur wenigen oder gar nur einer einzigen Form eingehaucht hat und dass, während sich unsere Erde nach den Gesetzen der Schwerkraft im Kreise bewegt, aus einem so schlichten Anfang eine unendliche Zahl der schönsten und wunderbarsten Formen entstand und noch weiter entsteht.«*

Darwins Gott

So erfreulich die zitierte Hinwendung der Kirchenvertreter zum Gedanken der Evolution auch ist, so fraglich bleibt, was Darwin von den Argumenten gehalten hat, die um einen Gott kreisen und auf einen gütigen Schöpfer Bezug nahmen. Als er sich vor

1850 an die Niederschrift seiner evolutionären An- und Einsichten machte, begann er mit einer bemerkenswerten Notiz: »Mir ist, als gestehe ich einen Mord«, wobei anzunehmen ist, dass er dabei an die tiefreligiösen Gefühle seiner Frau dachte, auf die er lange die Rücksicht genommen hatte, die er nun aufgeben wollte und musste. Während er an seinem Manuskript über den Ursprung der Arten arbeitete, fühlte er sich meist elend und krank, was vielleicht auch damit zu tun hat, dass er auch beim besten Willen keine Spuren eines gütigen Gottes in der beobachteten Natur voller Überlebenskämpfe finden konnte. Darwin kam sich mehr »wie ein Kaplan des Teufels« vor, der das »plumpe, verschwenderische, stümperhaft niedrige und entsetzlich grausame Wirken der Natur« ins Werk und in Gang gesetzt hatte. Ihm kam der Verdacht, dass all diejenigen, die in der Natur eine Schöpfung Gottes sahen, die Natur gar nicht kannten und ihre Wahrnehmung auf ein friedvoll romantisches Bild von den Wäldern, Weiden und Auen beschränkten, in denen in Wirklichkeit unbarmherzig um das Überleben gekämpft wurde, was man nicht wahrhaben wollte und was sich in Predigten bequem übergehen ließ.

Wer die Natur ohne religiös gefärbte Brille anschaute und sich in ihren grausamen Gesetzen mit Fressen und Gefressenwerden auskannte, konnte dabei keinen friedfertigen Glauben finden und auf keinen Fall einen liebevollen Gott verehren, wie es Darwin schien. Er hatte darüber hinaus auch andere, persönliche Probleme mit der Güte des Herrn. Sie entsprangen dem kurzen und qualvoll verbrachten Leben seiner Lieblingstochter Annie, die schon in sehr jungen Jahren anfing, über Übelkeit und Schmerzen zu klagen, und dann 1851 im Alter von nur zehn Jahren verstarb, ohne dass jemand sie von ihrem Leiden erlösen konnte. Von ihrem sinnlosen Tod zeigte sich Darwin derart erschüttert, dass er unfähig war, an Annies Begräbnis teilzunehmen. Als er aus seiner Depression erwachte, sagte er sich endgültig vom Christentum und dem dazugehörigen Glauben los. Diese Religion hatte ihm überhaupt nichts zu bieten, weder natürliche Gewissheiten noch menschlichen Trost. In seiner Autobiographie merkt Darwin dazu an: »Nichts ist bemerkenswerter als das Zunehmen der Skepsis oder des Rationalismus in meiner zweiten Lebenshälfte«, und er stellt diesen Wandel genauer vor:

>*»Erst viel später in meinem Leben dachte ich gründlicher über die Existenz eines persönlichen Gottes nach, trotzdem will ich schon hier die vagen Forderungen schildern, zu denen ich mich gedrängt fühle. Das alte Argument vom Bauplan in der Natur, das Argument Paleys, das mir früher so schlüssig vorgekommen war, hat inzwischen, seit das Gesetz der natürlichen Selektion entdeckt ist, seine Kraft verloren. Wir können nicht mehr argumentieren, dass zum Beispiel ein wundervoller Gegenstand wie eine zweischalige Muschel ebenso von einem intelligenten Wesen gemacht sein muss wie eine Türangel von Menschen. In der Variabilität organischer Wesen und in dem Vorgang der natürlichen Selektion scheint uns nicht mehr Planung zu stecken als in der Richtung, aus der der Wind bläst.«*

Wie viele Naturforscher zeigt sich Darwin nicht als ein Gelehrter, der große Theoriegebäude aufstellt. Unter den Naturforschern findet man eher Menschen, die sich an kleinen Beobachtungen erfreuen können und dabei so etwas wie ihren eigenen Glauben oder gar ihre Religion finden. Bei Darwin lässt sich das zeigen an seinen Untersuchungen an sogenannten Rankenfüßern, die vielleicht nicht jedermann vertraut sind, denen er aber ein über 1000 (!) Seiten langes Werk widmet, das er 1854 abschließen kann, um sich danach endlich dem »Ursprung der Arten« zuzuwenden, über den er unentwegt nachdachte und über den er zehn Jahr zuvor ein erstes Manuskript angefertigt hatte, das zur Veröffentlichung bereit in seiner Schublade lag. Aber noch wollte er warten, und noch faszinierten ihn die Rankenfüßer, die er als »missgebildete kleine Ungeheuer« bezeichnete und die als Parasiten auf Mollusken lebten.

Rankenfüßer galten als Hermaphroditen, was bedeutet, dass jedes Tier sowohl männliche als auch weibliche Geschlechtsorgane entwickeln konnte. Im Laufe seiner Forschungen fand Darwin einige Ausnahmen, bei denen in einigen Fällen Männchen und Weibchen so verschieden waren, dass sie gar nicht mehr verwandt erschienen. Darwin kann nur staunen:

»Das Weibchen hat das übliche Aussehen, während das Männchen in keinem Körperteil dem Weibchen gleicht und mikroskopisch klein ist. Doch jetzt kommt das Merkwürdige: Das Männchen oder manchmal auch zwei Männchen werden in dem Augenblick, da sie die Existenz als fortbewegungsfähige Larven beenden, zu Parasiten in der Mantelhöhle des Weibchens, und so am Fleisch ihrer Gattinnen festklebend und halb darin eingebettet, verbringen sie ihr ganzes Leben und können sich nie wieder bewegen.«

Was für ein Einfall der Natur – ein beherrschendes Weibchen, das sich kleine Ehemänner hält, die zu bloßen Spermiensäcken reduziert sind. Darwin gibt zu, dass er die Beobachtung »ohne meine Artentheorie« nie gemacht hätte, die den Gedanken erlaubt, dass eine hermaphroditische Spezies in unmerklich kleinen Schritten in eine zweigeschlechtliche übergeht. Er schreibt einem Freund dazu:

»Du kannst meine Artentheorie al diabolo wünschen. Aber Du kannst sagen, was Du willst, meine Speziestheorie ist mein Evangelium.«

Einige Folgen

Das Zitat weist darauf hin, dass selbst dann, wenn sich große Naturforscher von Gott losgesagt haben, ihnen die religiösen Ideen und Grundbegriffe, die zu ihrer – in dem Fall – europäisch-abendländischen Kultur gehören, präsent bleiben und mit zu ihrem Denken gehören und es mehr oder weniger beeinflussen. Es erweist sich immer wieder als unfruchtbar und unsinnig, Glauben und Wissen, Wissenschaft und Religion gegeneinander auszuspielen. Stattdessen gilt es den Mut zu finden, mit beiden Möglichkeiten oder Angeboten des menschlichen Geistes gleichermaßen sein Weltbild zu formen und das Eine, das man sucht, mit Hilfe des Anderen zu finden, an dem sich der Suchende festhalten und mit dessen Hilfe er eine Richtung finden kann.

Im Gefolge von Darwins Einsichten sind auf der einen Seite Leute aufgefallen, die als Kreationisten meinen, ihre religiösen Überzeugungen würden durch evolutionsbiologische Fakten verwässert, und so wehren sie sich gegen das Vordringen der Wissenschaft. Auf der anderen Seite haben Naturforscher extrem materialistische Vorstellungen entwickelt und sich offen gegen das Christentum ausgesprochen. Zu ihnen gehört der Zoologe Ernst Haeckel, dem die künstlerische Darstellung des berühmten Stammbaums des Lebens zu verdanken ist, der als Poster verfügbar und immer noch in Lehrbüchern zu finden ist. Für Haeckel stellte Darwins Vorschlag einer evolutionären Geschichte des Lebens kein Forschungsprogramm dar, das es mit vielen empirischen Details sorgfältig zu belegen galt, wie es erfolgreich im 20. Jahrhundert gelungen ist. In Haeckels Sicht hatte Darwin seiner Wissenschaft eine theoretische Fundierung gegeben und ein Lebensgesetz gefunden, das er durch sein »Biogenetisches Grundgesetz« ergänzen wollte, demzufolge das individuelle Werden eines Organismus – seine Ontogenese – die Schritte wiederholt, die seine Stammesgeschichte – seine Phylogenese – ergeben. Haeckel präsentierte dem Publikum eine Menge ästhetisch gelungener Darstellungen von Embryos, die sein Gesetz demonstrieren sollten, was zunächst überzeugte, was heute aber nicht ohne den Hinweis zu berichten ist, dass die historische Forschung unmissverständlich zeigen konnte, wie sehr Haeckel seine Zeichnungen mehr künstlerisch frei als wissenschaftlich penibel gestaltete, um seine Kollegen zu überzeugen.

Gepfuscht wird aber nicht nur im Reich der Wissenschaft, sondern vor allem auch im Reich von Kreationisten und Fundamentalisten, die etwa in Texas ein »Creation Evidences Museum« betreiben, in dem vor allem durch plumpe Fälschungen bewiesen werden soll, dass der Mensch mit allen Lebewesen zusammen die Erde vor wenigen Tausend Jahren betreten hat. Es soll dort sogar eine »Genesis Chamber« geplant sein, in der die Lebensbedingungen vor der Sintflut simuliert werden sollen, und vermutlich findet sich ein reaktionärer Milliardär, der den Unfug finanziert. Nützen wird das wenig, nachdem sich der jetzt im Ruhestand lebende Papst Benedikt XVI. von den Kreationisten der Neuzeit distanziert und die dazugehörige Idee eines »Intelligent Design« des Lebens, das ein einzelnes (göttliches) Wesen entworfen haben soll, verworfen hat. Der Papst und die Kirchen sehen schon den evolutionären Mechanismus am Werk. Sie möchten nur nicht den Menschen als Zufallsprodukt verstanden wissen und dem ganzen Geschehen einen »göttlichen Antrieb« unterlegen. Menschen sind »Frucht eines Gedanken Gottes«, wie Benedikt XVI. im Jahre 2013 gesagt hat, und die Evolution sei auf ein Ziel ausgerichtet, nämlich »de[n] Mensch[en] in der Auferstehung«, was auch immer der damalige Papst sich darunter vorstellt und damit gemeint haben könnte.

Neben dem Rückzug auf einseitige Positionen – entweder atheistisch oder kreationistisch –, die ihre Vertreter auf verlorenen Posten verkünden, gab und gibt es neben dem katholischen

Bemühen weitere Versuche, die Naturforschung mit der Schöp-
fungserfahrung zu vereinen, etwa durch den französischen Jesuitenpater Teilhard de Chardin, der selbst sowohl Paläontologe als
auch Theologe war. Teilhard de Chardin bekannte sich dazu, sowohl von der Herz-Jesu-Frömmigkeit seiner Mutter als auch von
der Vulkanlandschaft der Auvergne beeinflusst zu sein, und er
stellte Christus als Ziel der Evolution vor, der als treibende Kraft
des Geschehens zur liebenden Vereinigung der Gläubigen mit
Gott, zur Vollendung der Schöpfung in einem »Punkt Omega«
führt, was auch immer man sich darunter vorzustellen hat.

Was der Jesuitenpater schreibt, findet nicht unmittelbar Verständnis bei den Biologen, die aber anerkennen, dass in seinen
Texten versucht wird, das Thema der Theodizee durch den Gedanken zu lösen, dass das Böse evolutionär entstehen und sich im
Kampf ums Dasein behaupten kann.

Einen Versuch, »Gott, die Bibel und die Evolution« unter einen gedachten Hut zu bringen, unternimmt im 20. Jahrhundert
der englische Genetiker Robert J. Berry, der nicht nur Universi-
tätsprofessor, sondern auch Prediger der Anglikanischen Kirche
ist. Sein Buch, dessen Untertitel oben zitiert wurde, heißt »Adam
und der Affe« und vergleicht die Berichte der Bibel mit den Darstellungen der Evolution. Für Berry zeigen sich dabei keine Widersprüche. Er sieht vielmehr ergänzende Wege zur Erkenntnis
der Welt, wobei sich die Autoren der Bibel mehr poetisch und
die Fachleute der Evolution mehr sachlich ausdrücken. Für einen
Gläubigen kann die Konzeption einer Evolution vor allem den
Mechanismus der Schöpfung erfassen, für den erstens gilt, dass
er dem menschlichen Geist zugänglich ist, und für den zweitens
kein göttliches Verbot existiert, ihn zu ergründen. Vielleicht empfindet Gott ja Wohlgefallen an den Menschen, die seine Werke so
genau betrachten, dass sie ihren Geheimnissen dabei auf die Spur
kommen und die Hoffnung nähren, einen Abglanz der Wahrheit
erkennen zu können.

Freuds Kränkungen

Da eben von Betrug – in der Wissenschaft – die Rede war, kann eine Brücke zu dem Mann gebaut werden, der von Theologen mit zu den Religionskritikern gerechnet wird, die im Laufe des 19. Jahrhunderts auftreten und die alle durch Darwin beeinflusst waren, an dem kein religiöser Denker damals vorbeikam. Gemeint an dieser konkreten Stelle ist der Vater der Psychoanalyse, Sigmund Freud, der gemeinsam unter anderem mit Karl Marx und Friedrich Nietzsche die Religion als Illusion deutete, von der Menschen getäuscht würden, weshalb dem Volk dieses Opium entzogen werden müsse.

Es geht hier nicht um die allgemeine Kritik, wie sie etwa in Nietzsches berühmten Satz gipfelt, »Gott ist tot« – was Witzbolde gerne ergänzen lässt, dass diese Aussage nachweislich für den Philosophen zutrifft. Es geht hier um eine Ansicht von Freud, der bekanntlich die Religion als seelische Krankheit analysiert hat. 1917 hat Freud einen Aufsatz mit dem Titel »Eine Schwierigkeit mit der Psychoanalyse« geschrieben, in dem der Begründer der Tiefenpsychologie auf eine ihn störende Beobachtung einging. Viele seiner Patienten zeigten sich nämlich nicht gerade begeistert, als ihre psychischen Probleme mit unbewussten sexuellen Orientierungen oder Erfahrungen erklärt werden sollten. Sie lehnten solche Verbindungen ebenso ab wie die Gläubigen, die sich als seelisch krank betrachten sollten. Und viele fürchteten sich sogar vor solchen Diagnosen.

Für Freud, der sich seine angeblich authentischen Fälle nachweislich und notorisch so zurechtgebogen hat, dass es heute noch wehtut, lieferte diese Abwehrhaltung aber keinen Grund, seine Theorie zu überdenken. Im Gegenteil! Die Abwehr der Patienten zeigte ihm nur, wie richtig seine Einschätzung und wie nötig eine psychoanalytische Behandlung war, und er fügte ihrem Schaden noch seinen Spott hinzu, indem er die kleinbürgerlichen Zweifel als Unbehagen an seiner grandiosen Seelendeutung deutete. Und da Freud gerade dabei war, die Größe seiner eigenen Theorie zu bewundern, gab er ihr eine historische Dimension und siedelte seine Lehre auf ungeheurer Höhe an. Freud stellte sich in eine Reihe mit dem legendären Nikolaus Kopernikus und dem überlebensgroßen Charles Darwin und behauptete, ihm sei dasselbe gelungen wie den beiden Stars der Wissenschaft, nämlich den Menschen zu kränken.

Freud meinte das ernst. In seiner Sicht der Dinge haben sowohl das heliozentrische Weltbild als auch die evolutionäre Idee von sich im Laufe von Generationen verändernden Arten dem menschlichen Narzissmus eine schwere Wunde zugefügt. Kopernikus – so Freud – habe den Menschen gezeigt, dass sie nicht im Zentrum der Welt stehen, und Darwin habe ihnen verboten, sich als Gipfel des Tierreichs – als Krone der Schöpfung – anzusehen. Was nun Freud selbst angeht, so habe der Vater der Psychoanalyse deutlich gemacht, dass die Menschen nicht einmal Herr im eigenen Haus seien. Ihr bewusst planendes Denken entspringt verborgen bleibenden Quellen, und was aus diesem Dunkel strömt, entscheidet, wie wir unser Verhalten wählen und Handlungen festlegen. Die Vernunft ist für die Menschen, was das Große Latinum für die Studenten ist. Zwar verfügen alle darüber, aber niemand merkt etwas davon.

Hier soll jetzt nicht gefragt werden, wieso ein Arzt stolz darauf ist, das Gegenteil seiner Aufgabe erreicht und keine Gesundung, sondern eine Kränkung herbeigeführt zu haben. Es gilt stattdessen zu prüfen, was von Freuds Sicht der Dinge zu halten ist, die selbst noch im 21. Jahrhundert merkwürdig oft zustimmend zitiert wird. Seine drei Kränkungen werden uns tatsächlich so häufig präsentiert, dass der Eindruck entstehen muss, sie treffen zu und geben die historische Wirklichkeit wieder.

Tatsächlich könnte nichts weiter von der Wahrheit entfernt sein, wie gleich erläutert wird. Was Freud über Kopernikus und

Co. behauptet, ist sogar derart unsinnig und irreführend, dass ein Nachdenken darüber lohnt, warum wir – trotz aller Aufklärung – nicht nur gerne und fest daran glauben, sondern es sogar Leute gibt, die Freud übertreffen wollen, indem sie vierte, fünfte und weitere Kränkungen mehr anführen, die der Mensch durch die Wissenschaft erfahren haben soll. An der Spitze dieses Wettbewerbs steht zurzeit die Hirnforschung, die uns unerbittlich weismachen will, dass es keinen freien Willen gibt, weil im Gehirn alles mit rechten Dingen zugeht (also überall die Naturgesetze gelten). Warum Freuds Kränkungen so faszinierend sind, kann hier erst zuletzt und dann auch nur kurz erwähnt werden. Zunächst gilt es, zu zeigen, wie sie die Wahrheit verfehlen und in die Irre führen.

Der erste Blick gehört dem heliozentrischen Weltbild: Hierzu gibt es schon länger erläuternde Arbeiten. Wie Wissenschaftshistoriker seit den 1970er-Jahren publiziert haben, stellte die zentrale Position, die die Erde vor Kopernikus einnahm, keine Auszeichnung, sondern eine »Demütigung des Menschen« dar, wie der Philosoph Rémi Brague es nennt. Wie hätte das Mittelalter sie auch sonst akzeptiert? Was Freud schreibt, ist somit das Gegenteil der Wahrheit. In der vorkopernikanischen Weltanschauung, so Brague, ist die zentrale Stelle der Erde gerade kein Ehrenplatz. Sie ist eher der Abtritt der Welt. Im Bereich der Astronomie stellt das Zentrum den allerbescheidensten Platz dar, wie sogar Galileo Galilei einräumt, der in seinen Dialogen den klugen Salviati sagen lässt: »Was die Erde betrifft, so versuchen wir, sie zu veredeln, indem wir sie zurück in den Himmel setzen«.

Mit anderen Worten: Als Kopernikus die Erde aus der Mitte nahm, brachte er sie – und damit uns – näher zu den Göttern. Und so wurde sein Tun auch von den Zeitgenossen verstanden.

Übrigens: Nicht ganz nebensächlich ist folgender Hinweis: Zwar nehmen viele prominente Leute gerne an prominenter Stelle das Wort von einer »kopernikanischen Wende« in den Mund, aber nicht alle scheinen zu wissen, was sie da sagen. Kurt Bieden-kopf zum Beispiel wirbt für sein Buch über »Die Ausbeutung der Enkel« mit dem Hinweis: »Wir brauchen eine kopernikanische Wende.« Er meint damit eine Neuorientierung, die nicht uns, sondern unsere Kindeskinder ins Zentrum der Betrachtungen stellt. Nun wird niemand bestreiten, dass wir in Zukunft anders wirtschaften müssen als in der Vergangenheit, wenn unsere Enkel eine Welt bewohnen sollen, die ähnlich lebenswert wie die heuti-ge ist. Aber dieser Gedanke enthält keine kopernikanische Kehre. Die »kopernikanische Wende« hat seit den Tagen von Immanuel Kant eine feste Bedeutung, und sie hat nichts mit der Drehung der Erde um die Sonne, sondern mit der Drehung der Erde um ihre eigene Achse zu tun. Nicht die Sterne bewegen sich, sondern wir bewegen uns – und damit die Sterne. Eine kopernikanische Wende vollzieht gerade nicht, wer zur Seite tritt, sondern wer sich ins Zentrum begibt und von dort aus die Dinge sieht und argumentiert. Genau diesen Schritt unternimmt Kant mit seiner metaphysischen Kehre, nach der wir die Gesetze der Natur nicht in ihr finden, sondern in sie hineinlegen.

Dem Namen »Kopernikus« folgt oft das Wort »Revolution«, und tatsächlich handelt das Werk des Astronomen ja auch von den Umläufen am Himmels, die auf Lateinisch Revolution hei-ßen. Das Konzept des Umdrehens ist anschließend in politische Gefilde gelangt, um hier Umwälzungen des Staates zu mei-nen – zunächst noch so, wie es sich für eine Umdrehung gehört, die ja an ihren Ausgangsort zurückkehrt. Sonst ergibt das »Re« in der Revolution keinen Sinn.

Berühmt geworden ist die Glorreiche Revolution, die 1688 in England stattfand und bei der man den König dort ließ, wo er vorher war – an der Spitze des Staates –, nur dass er jetzt nicht mehr von Gott, sondern von seinen Untertanen eingesetzt wurde.

Genau solch eine Revolution stellt Darwins Idee der Evolution dar. Auch sie lässt den Menschen dort, wo er war, nämlich an der

Spitze der Entwicklung, nur dass er diese Position nicht mehr einem Gott verdankt, sondern sich selbst. Es mag nicht nach jedermanns Geschmack sein, von Affen abzustammen, aber wichtiger als diese Marginalie sind die Feststellungen, dass sich nun erstens verstehen lässt, wie Menschen ihre Position in der Natur erreicht haben, und dass sich zweitens jetzt zeigt, was an *Homo sapiens* uns das Besondere ist. Exemplare dieser Art zeichnen sich dadurch aus, dass sie der Biologie entwachsen sind. Menschliche Gesellschaften versorgen zum Beispiel die Alten, Kranken und Schwachen, statt sie der natürlichen Selektion zu überlassen, und es sind nicht – zumindest auf den ersten Blick – unsere Besten (die Mitglieder der höheren Stände), die für große Nachwuchszahlen sorgen. Die meisten Kinder findet man in Entwicklungsländern.

Mit anderen Worten: Darwins Gedanke zeigte, dass das Leben mit den Menschen eine neue (nämlich kulturelle) Entwicklung beginnen konnte und diese Art sich von der Natur emanzipiert hat. Wir Menschen sind Spitze – aber nicht, weil ein Gott diesen Ort ausgewählt hat, sondern weil unsere Spezies ihn sich bereitet und erworben hat.

Natürlich gibt es irgendwo Leute, die sich gerne als Mitglieder eines auserwählten Volkes sehen, und unter ihnen könnte es schon einige beleidigte Leberwürste geben. Aber die Menschheit, die Freud gekränkt sieht, hat anders reagiert, vor allem als sich – dank einer besser werdenden Geologie – die Einsicht verbreitete, dass die Erde veränderlich ist und folglich auch die Arten ebenso flexibel und variationsfreudig sein müssen, wenn sie nicht aussterben wollen. Als der Gedanke der Evolution geboren wurde, diente er nicht der Vertreibung eines Gottes, sondern seiner Rettung. Er wurde ein Gott, der seine Geschöpfe nicht einfach umkommen lässt und sie dafür wandlungsfähig gemacht hat. Dass sich heute Menschen unbehaglich fühlen, wenn führende Evolutionsforscher wie der Vogelexperte Ernst Mayr grinsend verkünden, sie verdankten ihre Existenz allein dem Zufall, ist verständlich. Niemand sollte solche Sprüche überbewerten. Kenner von cleveren Vögeln sind nicht unbedingt Könner im klugen Denken. Auf diesem Niveau wird die Wissenschaft nicht stehen bleiben.

Übrigens: Zuletzt soll noch etwas zu Freud selbst und dem Unbewussten gesagt werden. Was diese angesprochene Sphäre des Geistigen angeht, so hatten sich die Menschen seit mindestens einem Jahrhundert mit ihr angefreundet. Sie gab ihnen unter anderem Hoffnung, verstehen und nachvollziehen zu können, wie es mit dem Gewebe unter der Schädeldecke gelingen kann, über die Erfahrungen hinauszugehen, die wir den Sinnen verdanken und mit denen wir Wissenschaft betreiben. Zu den Besonderheiten des menschlichen Lebens gehört seit Tausenden von Jahren die »Vielfalt religiöser Erfahrung«, wie sie der amerikanische Philosoph William James 1902 beschrieben hat. Wir wissen vor jeder Wissenschaft und ohne sie, dass »etwas Höheres existiert«, wie James es ausdrückt, der annimmt, dass das MEHR – so seine Schreibweise –, mit dem sich Menschen in der religiösen Erfahrung verbunden fühlen, »die unterbewusste Fortsetzung unseres bewussten Lebens ist«. James ist überzeugt, »dass die Welt unseres gegenwärtigen Bewusstseins nur eine von vielen Welten ist, die es gibt, und dass diese anderen Welten Erfahrungen enthalten müssen, die auch für unser Dasein eine Bedeutung haben.«

Anders ausgedrückt: Der Mensch, der stur Herr in seinem Haus sein will, übersieht, was ihn und uns alle geprägt hat, und er erfährt weder, woher seine Vorfahren kommen, noch, wo große Ideen ihren Weg in das Bewusstsein beginnen. Sie können doch nicht von außen kommen – dann wären wir tatsächlich nicht Herr im Haus und einer unheimlichen Macht ausgeliefert. Die Ideen der Menschen können nur aus seinem Innen kommen, für das frühere Zeiten den Namen Seele nutzen. Und das heißt, die Ideen des Menschen gehören zu ihm, und sie stecken in der Schatzkammer des Wissens, die alle Individuen als das

Unbewusste mit sich führen. Wer denkt und nach Wissen verlangt, will Zugang zu ihr bekommen, und inzwischen besteht Hoffnung, dass ein Zugang besteht. Ihn gehen zu können, ist das Glück der Menschen und keine Kränkung.

Und noch etwas: Bei James kann man auch lesen: »Humbug ist Humbug, auch wenn er im Namen der Wissenschaft daherkommt.« Die Theorie der menschlichen Kränkungen von Freud gehört hierzu, wobei zu fragen bleibt, warum so viele Zeitgenossen ihr bis heute so gerne auf den Leim gehen.

Wenn Goethes *Faust* aufgeführt wird, lacht das Publikum besonders gerne, wenn der Famulus des großen Herrn davon schwärmt, wie herrlich weit es die Wissenschaft doch gebracht habe und er so viel mehr wisse als die Menschen vor ihm. Mein Verdacht ist, dass viele Menschen sich uns zwar im Gespräch gerne bescheiden wie Sokrates geben, der nur wusste, dass er nicht wusste, dass sie sich in ihrem Herzen aber wie der Famulus fühlen und meinen, etwas Besseres zu sein und Bescheid zu wissen. Freud fördert dieses Gefühl. Im Gegensatz zu den von ihm genannten großen Theorien kränken seine kleinkarierten Sätze wirklich.

Die Evolution des Religiösen

Als sich Freud über die psychologischen Mechanismen der Religion Gedanken machte und sich über das Widersinnige mancher Aussage aus gläubigen Kreisen ärgerte, stellte er sich vor allem zwei Fragen: Warum übt die Religion »trotz ihres unbestreitbaren Mangels an Begründung den allerstärksten Einfluss auf die Menschheit« aus, und »worin besteht die innere Kraft dieser Lehren, welchen Umstand verdanken sie ihre von der vernünftigen Anerkennung unabhängige Wirksamkeit?«

Für Freud lag die Antwort auf der Hand, indem er die Religionen nicht als Niederschläge von Erfahrungen oder Resultaten von Nachdenken deutete, sondern als »Illusionen, Erfüllungen der ältesten, stärksten, dringendsten Wünsche der Menschheit« benannte, wobei ihm nicht entging, dass zur Religion ein Verständnis für das Leiden der Menschen gehört. Aber Freud meinte, dass »im Plan der ›Schöpfung‹ nicht enthalten« sei, die Menschen glücklich zu machen, wo auch immer der Gedanke herstamme. Er wird noch ernsthaft beansprucht werden, wenn von Max Planck und seinem persönlichen Schicksal im nächsten Kapitel erzählt wird.

Wer meint, sich nach Darwin über einen Plan der Schöpfung auslassen zu können, ist gut beraten, stattdessen die Frage zu stellen, wie sich religiöse Überzeugungen und Riten im Kontext der evolutionären Entwicklung ausbilden konnten. Zwar wird niemand erwarten, Details der historischen Entwicklung – etwa das Herauslösen des Christentums aus dem Jüdischen – auf einen Selektionsdruck zurückführen zu können. Doch da der Glaube an einen – den einen – Gott ein globales Phänomen ist, könnte der evolutionäre Gedanke Stellen finden, an denen er Beiträge anbringen kann.

Der Schweizer Philologe Walter Burkert hat in seinem Buch über »Kulte des Altertums« darauf hingewiesen, dass »die interkulturelle Ähnlichkeit religiösen Verhaltens auf der ganzen Welt unverkennbar« ist, was ihm die Überzeugung eingibt, dass es »biologische Grundlagen der Religion« geben muss.

Wer den selektiven Ausgangspunkt religiös motivierter Praktiken analysieren will, sieht viele Aufgaben vor sich. Er oder sie muss das Beten – den Sprachkontakt zu einem höheren Wesen –, das Tieropfer, die Darbringung von Dankesgaben, die Rituale der Taufe und des Abendmahls und mehr erklären, was hier nur als Aufgabe formuliert wird. Hier soll angemerkt werden, dass es zu den bekannten Tatsachen der Sozialforschung gehört, dass zum einen »religiös zusammengehaltene Lebensgemeinschaften eine signifikant längere Halbwertzeit haben als säkular motivierte Siedlungen, etwa von Anarchisten«, wie Eckart Voland in dem Kapitel seines Buches »Die Natur des Menschen« anmerkt, in dem er fragt, ob es das gibt, »[e]ine Naturgeschichte Gottes?« Die erwähnte Beobachtung lässt zum einen den Schluss zu, dass der Glaube sozial konkurrenzfähig macht, und er bringt zum anderen den vielfach belegten Satz des Wirtschaftsnobelpreisträgers Friedrich August von Hayek in Erinnerung, der besagt, dass eine Religion nicht überlebt, weil sie eine Wahrheit verkündet, sondern »weil sie Kinder zeugt«. Und wenn Eltern ihrem Nachwuchs Geschichten erzählen oder vorlesen – eine weitere dem menschlichen Gehirn innewohnende Neigung –, dann handeln sie weniger von physikalisch erklärten Zusammenhängen und mehr von tätigen Personen, die Wolken bewegen und Berge verschieben und andere Zauberkunststücke ausführen können. Kinder glauben früh an ein absichtsvoll agierendes Wesen, das hinter den Erscheinungen und Dingen steht und sie so einrichtet, dass sie zusammenpassen. Man kann diesen Gedanken die frühe Einbildung eines Gottes nennen. Und wer seine kindliche Grundhaltung mit ins erwachsene Leben nimmt, wird auf die angenehme Idee kommen, einen Gott zu verehren, der von Anfang an vorhanden war und die Welt ans Laufen gebracht und in diesem Zustand gehalten hat. Fragt sich nur, wie man dieses Geschöpf von der Aufgabe befreit, für jeden einzelnen Schritt der Evolution und für jedes individuelle Schicksal verantwortlich zu sein. In der Antwort steckt die Geschichte der Kultur und findet sich das Geheimnis der Gläubigen. Man sollte es ihnen gönnen und lassen.

7. »Das Losungswort lautet: Hin zu Gott«

Auf dem Weg in das Innerste der Welt und an ihren äußeren Rand

»Erst wenn wir den sicheren Boden kennen
der allein aus der Erfahrung des wirklichen
Lebens gewonnen werden kann, dürfen wir
uns ohne Bedenken einer auf den Glauben an
eine vernünftige Weltordnung begründeten
Weltanschauung hingeben.«

Max Planck

»Die gefährlichste Weltanschauung
ist die Weltanschauung derer,
die die Welt nie angeschaut haben.«

Alexander von Humboldt

»Man kann nicht elektrisches Licht und Radioapparat benutzen,
in Krankheitsfällen moderne medizinische und klinische Mittel
in Anspruch nehmen und gleichzeitig an die Geister- und Wun-

derwelt des Neuen Testaments glauben. Und wer meint, es für
seine Person tun zu können, muss sich klarmachen, dass er, wenn
er das für die Haltung des christlichen Glaubens erklärt, damit
die christliche Verkündigung in der Gegenwart unverständlich
und unmöglich macht.«

So drückte der Theologe Rudolf Bultmann 1941 in dem Buch
»Neues Testament und Mythologie« seine Überzeugung aus,
dass schon seit längerer Zeit ein wissenschaftliches Weltbild die
abendländische Kultur charakterisiert und dominiert. Aus diesem
Grund hielt Bultmann ein Programm der Entmythologisierung
für erforderlich, um mit seiner Hilfe den Kern des christlichen
Glaubens deutlicher hervortreten zu lassen. Konkret gemeint war
bei dem kritischen Theologen, dass sich die Kirche den Heraus-
forderungen einer Welt stellen musste, in der die Naturwissenschaften mit ihren Techniken nicht nur von den Universitäten
aus, sondern längst auch im Rahmen einer dynamischen Industrialisierung großen Einfluss auf das Leben und seinen Alltag
gewonnen hatten. Es konnte nicht übersehen werden, dass Wissenschaft nicht mehr nur von einsamen Gelehrten in privaten
Räumen getrieben wurde, die ihre Ergebnisse zur Unterhaltung
des Publikums präsentierten. Es galt vielmehr, »Wissenschaft als
Beruf« zu verstehen, wie es der Soziologe Max Weber in einer
1917 gehaltenen und 1919 veröffentlichten Rede formuliert und
dabei zu verstehen versucht hatte, »was denn eigentlich diese
intellektuelle Rationalisierung [des Lebens] durch Wissenschaft
und wissenschaftlich orientierte Technik praktisch bedeutet«.
Mit dem Beginn des 20. Jahrhunderts kam die Elektrifizierung
der Haushalte in Gang, erhielt der Umgang mit Krankheiten eine
zunehmend rationale Basis, die später einmal als »evidenzbasiert«
bezeichnet wird und große Erfolge etwa in Form von Antibiotika vorweisen kann. Das Aussenden und Empfangen von Radio-
wellen ermöglichte es, die Erde in ein globales Nachrichtendorf
zu verwandeln, das Jahrhundert der Kohle erlaubte den Bau von

mächtigen Maschinen, und das harte schwarze Gold wurde ab 1859 von der flüssigen Sorte namens Öl abgelöst, das den Menschen Energie in immer neuen Formen leichter verfügbar machte und über das Kraftfahrzeug namens Auto ihre Mobilität ungeheuer erweiterte und neuartige Städte und Siedlungen zuließ. Und so könnte man noch einige Entwicklungen nennen, die aus dem 19. Jahrhundert kommen und im Verlauf von Bultmanns Leben eine neue Welt schaffen, die technisch-wissenschaftliche Zivilisation eben, in der Menschen gerne und vorzüglich leben, wie nach und nach unübersehbar wird, auch wenn von soziologischer Seite aus immer wieder versucht wird, dem Publikum etwas anderes einzureden.

Bei manchen Formulierungen der Sozialwissenschaftler spürt man unmittelbar den Gelehrtenneid, der zu ihnen geführt hat, etwa wenn zu lesen ist: »Die Gedankengebäude der Wissenschaft sind ein hinterweltliches Reich von künstlichen Abstraktionen«, wie der erwähnte Max Weber schrieb, als der vielfach bewunderte Soziologe einen ersten Versuch unternahm, die Naturwissenschaft als Beruf zu erfassen. Er meinte dabei konkret und abschätzig Abstraktionen, »die mit ihren dürren Händen Blut und Saft des wirklichen Lebens einzufangen trachten, ohne es jedoch zu erhaschen«.

Wer das liest, möchte sich zum einen erkunden, woher der Soziologe an seinem Schreibtisch und mit seinen Büchern so genau weiß, wie das wirkliche Leben aussieht und etwa in dem Forschungslaboratorium entweder einer Universität oder eines Unternehmens pulsiert, und er möchte zum anderen prüfen, was der berühmte Redner von der abstrakter werdenden Wissenschaft seiner Zeit tatsächlich verstanden hat. Die Antwort auf die zweite Frage ist einfach und mit wenigen Worten zu geben. Sie lautet »nahezu nichts«, wie im Verlauf des Kapitels noch erläutert und deutlich wird, wenn Physiker wie Max Planck und Albert Einstein als Zeitgenossen Webers zu Wort kommen. Von den beiden

Heroen der Wissenschaft hat der Theologe (!) Adolf von Harnack gesagt, was auch die Soziologen bemerkt haben könnten,
dass sie nämlich die Philosophen des 20. Jahrhunderts seien, wie
im Verlauf der folgenden Seiten deutlich wird, selbst wenn sie
in einer anderen Fakultät agierten. Der Vorwurf, ihre Beiträge
zum wissenschaftlichen Denken und dem dazugehörigen Weltbild seien bloß eine Ansammlung von blutleeren Abstraktionen,
muss deshalb auf den Urheber der Analyse zurückfallen, der sich
insgesamt als erschreckend kenntnislos und verständnisfrei zu
erkennen gibt, was den zeitgenössischen Umsturz im Weltbild
der Physik angeht, mit dem die Menschen bis heute beschäftigt
sind. Bekanntlich lässt Weber seine wissenschaftlich wenig ge-
haltvollen Ansichten in der abgedroschenen Behauptung enden,
die Wissenschaft habe »die Entzauberung der Welt« bewirkt, und
dieser Vorschlag ist – was auch sonst? – von anderen Soziologen
und Philosophen aufgenommen und unkritisch verbreitet worden. Wer die Welt entzaubert, generiert Langeweile, und warum
so etwas einer Physik vorgeworfen wird, die man nicht versteht,
sollten Psychologen zu erklären versuchen. Keiner der weiteren
Verkünder des unsinnigen Gedankens von der Entzauberung
nach Weber hat sich auch nur ansatzweise um das gekümmert
oder gar verstanden, was er durch das dumme Diktum des Vaters der Sozialwissenschaft als belanglos und wenig inspirierend
charakterisieren möchte, nämlich die Physik des 20. Jahrhunderts, also die Leistungen von Planck, Einstein und anderen, um
die es gleich gehen wird. Als die Idee der Entzauberung noch
neu und der Begriff originell war – nämlich in der ersten Hälfte
des 19. Jahrhunderts – meinte man damit eine »Neutralisierung
des Kosmos«, die es damals wohl gegeben hat, als die Menschen
lernten, den Himmel nicht weiter transzendent, sondern immanent zu erkunden, wie es nach und nach auch auf zauberhafte
Weise gelungen ist. Diese Neutralisierung ist aber an ihr Ende
gekommen, als Weber den Gedanken aufgriff und aus ihm eine

berechenbare Welt formen wollte, ohne dass es so etwas jemals gegeben hat – damals nicht und heute erst recht nicht. Zu Webers Zeiten dachten unter anderem Planck und Einstein über Gott und die Welt nach, und wer sich auf ihre Überlegungen einlässt, kann bestenfalls von einer Verzauberung der Welt durch ihre Erklärung reden, weil das Geheimnisvolle, das den Dingen angehört, vertieft wird, wenn man genau hinschaut und die Physik so ernst nimmt, wie sie es verdient. Den Mut dazu müsste man allerdings aufbringen und sich auf das einlassen, was in der Naturforschung zwischen Planck und Einstein verhandelt wird, auch wenn es das eigene Gehirn strapaziert. Dann könnte man über ihre Theorien und Erklärungen staunen und sich wundern und die soziologische Idee der Entzauberung und ihre Urheber entzaubern. Ein »hinterweltliches Reich von künstlichen Abstraktionen« findet man nicht in den Natur-, dafür aber unübersehbar in den Sozialwissenschaften.

Die verwandelte Welt

Der Historiker Jürgen Osterhammel hat seiner Geschichte des 19. Jahrhunderts den anspruchsvollen Titel »Die Verwandlung der Welt« gegeben, und es lohnt sich, wenigstens ein paar Aspekte des dazugehörigen Geschehens in Augenschein zu nehmen. In der verhandelten Zeit wird zum Beispiel aus der Gesundheit eine technische Größe, und die Menschen beginnen damit, die Wirklichkeit statt mit künstlerischen Mitteln mit statistischen Daten zu erfassen, und mit deren Hilfe werden Personen zu Durchschnittsbürgern. Mit der zunehmenden Rationalisierung und ihren praktischen und spürbaren Erfolgen haben es die biblischen Darstellungen göttlicher Schöpfungen und Wundertaten zunehmend schwer, das alte Interesse des Publikums zu finden und mit dem zu konkurrieren, was die Wissenschaften über die

Komplexität des Lebens und die Dimensionen des Universums
sagen können, die beide nach und nach dem forschenden Menschen zugänglich werden.

Zu den in diesem Kontext relevanten und dramatischen
Entwicklungen der genannten Epoche gehört das Aufkommen
der Industrieforschung, durch die Wissenschaft tatsächlich und
konkret zum Beruf wird, ohne das Laien dadurch entmutigt
würden. In Deutschland richten zum Beispiel pharmazeutische
Unternehmen wie Boehringer Mannheim und Hoechst private
Industrielaboratorien ein, in denen bald mehr Menschen For-
schungsarbeiten ausführen als an den staatlichen Universitäten,
wobei in den Räumen der Industrie natürlich kaum ein Einstein
zu finden ist. In den USA gründen die Produzenten von Elektrizität, Eisen, Stahl und Düngemitteln eigene Forschungsstätten,
wobei besonders das Laboratorium von Thomas Alva Edison herausragt, das in Menlo Park bei New York angesiedelt wird und
dessen Arbeiten die Elektrifizierung bald so erfolgreich entwickeln und mit ihr die Gesellschaft voranbringen, dass Lenin im
fernen Moskau sich etwas Vergleichbares für seine Sowjetunion
wünschte, um dort den Kommunismus voranzubringen. Die Industrieforschung nimmt derart zu im Verlauf des 19. Jahrhunderts, dass bald die überwältigende Menge an wissenschaftlichen
Publikationen aus diesem Bereich stammt, auch wenn sich der
Fokus dabei einengt. Einer Gesellschaft und ihren Vordenkern
kommt damit die Aufgabe zu, die inhärente dynamische Wissenschaft als ein fabrikmäßig angefertigtes soziales Objekt in die
Kultur zu integrieren, was viele Soziologen entgangen zu sein
scheint. Die zunehmend ökonomische und politische Bedeutung der Wissenschaft versteht dafür besonders gut der erwähnte Theologe Adolf von Harnack, der es sogar für geboten hält
und sich persönlich beim Kaiser dafür einsetzt, Forschungen in
größeren Einrichtungen zu organisieren, als es den Universitäten möglich ist. Er macht diesen Vorschlag, um Deutschland

international wettbewerbsfähig zu halten. Seiner Initiative ist die 1911 vollzogene Gründung der Kaiser-Wilhelm-Gesellschaft zu verdanken, die eigene Institute für Kohleforschung und physikalische Chemie unterhält, um nur zwei Beispiele für die Vielfalt der Großforschung zu nennen. Die von einem Theologen vorbreitete, von Bankern geförderte und vom Kaiser gegründete neue Form der Wissenschaft lebt heute mit großem Erfolg als Max-Planck-Gesellschaft weiter, die sich im Laufe der Geschichte auch den Geisteswissenschaften geöffnet hat und unter anderem mit großem Erfolg in Leipzig ein eigenes Institut für evolutionäre Anthropologie betreibt, dessen Mitarbeiter derzeit die genetische Geschichte des Menschen auf eine Weise erkunden, die man nur bestaunen kann.

Max Planck zum Beispiel

Im Zusammenhang dieses Buches kann auf die eben angedeutete Sozialgeschichte der Wissenschaft nur hingewiesen werden, denn die Erzählung möchte sich vor allem auf Persönlichkeiten konzentrieren, die sowohl zum vollständigen Umsturz des sich im 19. Jahrhundert scheinbar für alle Zeiten fest etabliert habenden Weltbildes der Physik beigetragen als auch eigene Überlegungen zu ihrer Religiosität angestellt haben.

Der Anfang gebührt Max Planck, mit dessen Auftreten im Jahre 1900 das sogenannte Quantum der Wirkung in die wissenschaftliche Erfassung der Natur kommt, wobei der heute populäre Sprachgebrauch den ebenfalls im Rahmen der Behandlung von Atomen auftretenden Begriff des Quantensprungs übernommen hat. Tatsächlich kann man mit diesem Wort sagen, dass Planck bemerkt hat, dass das alte Diktum des Philosophen Leibniz, »Die Natur macht keine Sprünge« – »Natura non facit saltus«, wie es ursprünglich auf Latein formuliert wurde –, unzutreffend ist. Die Natur macht doch Sprünge, nämlich Quantensprünge, die aber nur in Atomen bemerkbar und nachvollziehbar werden und dort völlig anders als normale Sprünge des Alltags ablaufen. Wenn jemand etwa von einer Mauer auf die Erde springt, lässt sich seine Bewegung mit der sinnlichen Wahrnehmung durchgängig verfolgen und beschreiben. Nirgendwo taucht eine Lücke auf und die Bewegung vollzieht sich anscheinend kontinuierlich. Wenn hingegen ein Atom von einem Zustand mit hoher Energie in einen anderen mit geringer Energie springt, dann lässt sich kein Zwischenzustand mit einer mittleren Energie angeben oder finden – so als ab der Springende nur oben auf der Mauer, mitten im Sprung oder unten auf dem Boden, sonst aber nirgendwo sein könnte. Ein Quantensprung zeigt sich diskret. Er stellt eine unstetige Lücke, einen Riss oder eine Art schwarzes Loch im physikalischen Geschehen dar, und es gibt dort weder etwas zu sehen noch zu holen – wobei sich im Laufe der Geschichte erschwerend herausstellte, dass sich einige Quantensprünge einfach so und ohne jeden Grund ereignen und für sie keine Kausalität auszumachen ist.

Trotzdem: Zunächst klang die Idee mit dem Quantensprung noch ganz harmlos. Planck wollte im Jahre 1900 verstehen, welches Licht ein schwarzer Körper ausschließlich dadurch aussendet, dass er erhitzt wird und zu glühen anfängt. Wie sich nach langem Bemühen herausstellte, konnte Planck endlich in dem Moment Erfolg vermelden und berechnen, welche Farbe bei welcher Temperatur zu sehen ist, als er eine ungewöhnliche Forderung an die Natur und an die Physik stellte. Planck musste annehmen und verlangen, dass die Energie (E) des Lichtes proportional zu seiner Frequenz (υ) ist, und den Proportionalitätsfaktor nannte er »Quantum der Wirkung« oder Wirkungsquantum und bezeichnete ihn mit dem Buchstaben h. Wirkung meint dabei physikalisch das Produkt aus Energie und Zeit, und was Planck erkannte und einführte, sieht mathematisch ganz einfach und harmlos aus, nämlich so: $E = h \cdot \nu$. Wie gesagt: Die Energie des Lichts ist proportional zu seiner Frequenz.

Wesentlich schlichter kann ein wissenschaftlicher Vorschlag kaum klingen, und die Gemeinde der Physiker benötigte tatsächlich einige Jahre, um überhaupt zu verstehen, dass mit Plancks Vorschlag keine kalte Kleinigkeit serviert worden war, sondern sich etwas Besonderes ereignet hatte. In diesen Kreisen war überhaupt niemand auf grundlegende Änderungen vorbereitet, wie der Anekdote zu entnehmen ist, in der Planck erzählt, was sich ereignet hat, als er sich gegen Ende des 19. Jahrhunderts zum Studium der Physik anmelden wollte. Der Ordinarius, bei dem er vorsprach, riet ihm dringend von dem Vorhaben ab. Die Physik sei nahezu abgeschlossen, wurde dem Studierwilligen mitgeteilt. Wohl gebe es noch hie und da kleine Probleme zu lösen, aber das sei wie das Entfernen von Staubteilen in einem fast sauberen Saal, also kaum der Rede wert und bald erledigt. Das System als Ganzes, so erfuhr Planck, stehe gesichert da, und die Wissenschaft von der theoretischen Physik nähere sich merklich demjenigen Grade der Vollendung, wie ihn die Geometrie schon seit Jahrhunderten besitze.

Man kann natürlich mit dem Blick vom 21. Jahrhundert aus gerne über solche Ansichten lachen. Es gab damals aber nicht nur gute, sondern sogar sehr gute Gründe für die geschilderte Einstellung, und sie hießen unter anderem Newton'sche Mechanik, Maxwell'sche Elektrodynamik und Thermodynamik, in deren Rahmen es gelungen war, die Wahrscheinlichkeitsrechnung in die Physik zu schleusen und mit statistischen Argumenten materielle Eigenschaften wie Druck und Temperatur ableiten zu können. Die Mechanik erläuterte die Bewegungen von materiellen Körpern, und die Elektrodynamik erfasste das Wechselspiel von immateriellen Objekten, alles schien zu passen und zu stimmen, und man bewunderte ausgiebig und in bester Stimmung das großartige und zugleich höchst solide wirkende Gebäude der Physik.

In seinen Erinnerungen, in denen Planck die oben wiedergegebene Anekdote erzählt hat, erläutert er leider nicht, was ihn trotz der dringenden Empfehlung, die Physik zu meiden, doch dazu brachte, sich mit diesem Fach und seinen Theorien und Kenntnissen zu beschäftigen. Ein Grund dafür könnte in dem Erlebnis stecken, das Planck als Schüler machen konnte. Die Darstellung, die sein Physiklehrer von dem Prinzip der Energieerhaltung gab, löste in dem Knaben nämlich die Vorstellung einer »Heilsbotschaft« aus. Planck hat das Attribut »heilig« gerne für die physikalische Einsicht benutzt, die als Satz von der Erhaltung der Energie bezeichnet wird und besagt, dass Energie zwar ihre Form wechseln kann – sie kann als Wärme, als Bewegung, als Potenzial, in elektrischen und magnetischen Feldern und auf viele andere Weisen vorliegen –, dass sie selbst aber dabei unverändert bleibt. Energie kann weder erzeugt noch vernichtet und nur verwandelt werden. Energie stellt etwas Unzerstörbares dar, und es ist gut vorstellbar, dass sich Planck von diesem Geheimnis derart stark angezogen fühlte, dass er die professoralen Warnungen vor der drohenden Entzauberung seiner Disziplin in den Wind schlug und das Studium der Physik aufnahm. Und er entwickelte dabei einen großen Wunsch, nämlich selbst ein Gesetz wie das von der Erhaltung der Energie zu finden oder zu formulieren. Er suchte etwas, das absolute Geltung haben und ins Reich der Wahrheit gehören sollte, und er traute der Physik zu, so etwas anzubieten. Als sich Planck an das Problem machte, wie die Farben eines schwarzen Körpers verstanden werden können, der nur deshalb leuchtet, weil er erhitzt wird, glaubte er, auf dem richtigen Weg zur Erfüllung seines Wunsches zu sein. Hätte ihm jemand prophezeit, dass seine erfolgreichen Bemühungen nicht zur Befestigung, sondern zum Einsturz des stolzen Gebäudes führen würden, das die Physiker im 19. Jahrhundert errichtet hatte, er hätte es nicht geglaubt und den Gedanken weit von sich gewiesen.

Tatsächlich hat Planck das Quantum der Wirkung und damit die Möglichkeit von Quantensprüngen in die Physik in einem »Akt der Verzweiflung« eingeführt, der dem eigentlichen Ziel diente, ein mathematisch formuliertes Gesetz für die Strahlung des schwarzen Körpers angeben zu können. So etwas musste es in seinem Verständnis der Natur geben, und es musste unter allen Umständen gefunden werden. Da kannte Planck kein Pardon. Als dieser Schritt dann tatsächlich mit den Quantensprüngen gelungen war und Planck eigentlich triumphieren konnte, sah er den hohen Preis, den es nun zu zahlen galt. Mit seinem Quantum der Wirkung war die Energie des Lichts – diese fast heilige Größe – proportional zu seiner Frequenz geworden, und das konnte Planck nicht schmecken. Zwar galt für die Energie der Energiesatz, doch so etwas gab es nicht für die Frequenz. Wie sollte sie erhalten bleiben? Wie konnten die beiden Größen überhaupt gleich sein? Wer oder was konnte sie gleich machen?

Planck hoffte, dass sich im Verlauf der weiteren Entwicklung der Physik herausstellen würde, dass sein Quantum der Wirkung nur als rechnerische Hilfsgröße funktionierte, die nach ihrem Einsatz wie eine infinitesimale Größe der Mathematik gegen null gehen und verschwinden würde. Als er das Quantum einführte, dachte er nicht daran, damit eine physikalische Realität erfasst und in seine Wissenschaft eingeführt zu haben. Er glaubte vielmehr, einen mathematischen Parameter gefunden zu haben, der sich irgendwann in einem Grenzprozess immer kleiner machen und zuletzt übergehen ließe. Aber diesen Gefallen hat die Natur Planck nicht getan. Dies wurde ihm klar, als 1905 ein damals unbekannter Angestellter an einem Patentamt in Bern – gemeint ist natürlich Albert Einstein – bemerkte und verkündete, dass Plancks Quantensprünge zur physikalischen Wirklichkeit gehören und zum Beispiel eine große Rolle spielen, wenn es um das Licht, sein Verhalten und sein Verstehen geht. Doch bevor die Aufmerksamkeit dem gerade erwähnten Mann des 20. Jahrhun-

derts – dazu hat das »Time Magazine« Einstein gewählt – zuge-
wendet wird, soll noch einmal der Blick auf Planck gerichtet werden. Diesmal geht es um seinen Glauben und seine Religiosität.

Eine fromme Ordnung

Planck hat sich mehrfach und ausführlich über »Wissenschaft
und Glaube« oder über »Religion und Naturwissenschaft« geäußert und unermüdlich in öffentlichen Vorträgen vorgestellt, wie
die »Physik im Kampf um die Weltanschauung« abschneidet. Es
fällt in dem Zusammenhang auf, dass es in Deutschland sehr viel
leichter fällt, an Schriften von Heidegger und Adorno als an Texte
von Planck heranzukommen, und man sollte diese Tatsache als
Schande für die gegenwärtige deutsche Kultur betrachten, die immer noch Mühe hat, bei dem Wort »Bildung« mit an die Naturwissenschaften zu denken, denen sie ihr Wohlergehen verdankt.

In ihrem Vortrag »Max Planck als Mensch« hat Lise Meitner
von der Ehrfurcht erzählt, die ihr Mentor und Förderer »vor den
wunderbaren Gesetzmäßigkeiten des Naturgeschehens« emp-
fand, die ihm wie eine »fromme Ordnung« der Dinge erschienen.
Planck nannte es wiederholt »wunderbar«, »dass in allen Vorgän-
gen der Natur eine universelle, uns bis zu einem gewissen Grad
erkennbare Gesetzlichkeit herrscht«, und er fügte hinzu: »Nichts
hindert uns daran, die Weltordnung der Naturwissenschaft und
den Gott der Religion miteinander zu identifizieren«, wie er in
seinem Vortrag »Religion und Naturwissenschaft« gesagt hat, den
Planck im Mai 1937 – also in schwerer Zeit – im Baltikum gehalten hat, wobei hinzuzufügen ist, dass Planck beide, den Gott und
die Weltordnung, »als überall wirksame und doch geheimnisvolle
Mächte« bezeichnet.

Planck nimmt es mit dem Glauben ernst, und er sorgt sich über
diejenigen, zu deren Grundhaltung der Glaube an Naturwunder

gehört, der schließlich Schritt für Schritt »vor der stetig und sicher voranschreitenden Wissenschaft zurückweichen« muss. Ihn treibt die Frage um, »ob ein naturwissenschaftlich Gebildeter zugleich echt religiös sein kann«, was jemanden wie Planck dazu bringt, zum einen die Merkmale echter Religiosität und zum anderen die Art der Gesetze zu erkunden, die von den Wissenschaften aufgestellt werden und das Gefühl vermitteln, sie verkündeten unantastbare Wahrheiten.

Nachdem er »Religion als Bindung des Menschen an Gott« erörtert und die Naturgesetze als menschliche Schöpfungen diskutiert hat, und nachdem er darauf eingegangen ist, dass es ebenso Fragen gibt, für die allein die Naturwissenschaften zuständig sind – etwa die nach dem Wert der Naturkonstanten –, wie es Themen gibt, die allein der Religion überlassen sein sollten – etwa die Frage nach dem Sinn des Lebens –, kommt Planck zu dem überzeugenden Schluss, dass die beiden großen Bestrebungen und Fähigkeiten des Menschen nicht im Widerspruch miteinander liegen, sondern einen Einklang bilden und ihn hörbar machen. Das Eine wird durch das Andere. Planck sieht, dass Naturwissenschaft und Religion einen großen und »nie erlahmenden Kampf« gemeinsam führen, nämlich den »gegen Skeptizismus und gegen Dogmatismus, gegen Unglaube und Aberglaube«, und er schließt seinen Vortrag mit einem Bekenntnis ab, in dem er sagt, das »richtungsweisende Losungswort … lautet von jeher und in alle Zukunft: Hin zu Gott!«

Planck weiß natürlich, dass es Unterschiede zwischen Menschen gibt. Die einen sind eher religiös und die anderen eher wissenschaftlich eingestellt und veranlagt. Doch auch da gelingt es ihm, das Eine und Gemeinsame zu finden. Für ihn gilt, dass »beide, Religion und Naturwissenschaft, zu ihrer Betätigung des Glaubens an Gott bedürfen«, und daraus folgt, dass »Gott für die einen am Anfang, für die anderen am Ende alles Denkens« steht, wobei sich der Gott am Ende des wissenschaftlichen Denkens durch das Erlebnis der Einsicht zeigt, wie er selbst erfahren durfte und wie es sich etwa in der heiligen Raserei von Kepler ausdrückt.

Ein persönliches Schicksal

In ihrem schon erwähnten Aufsatz »Max Planck als Mensch« weist Lise Meitner auch auf die schweren Schicksalsschläge hin, die Plancks Leben überschattet haben, der den Tod von vieren seiner Kinder zu ertragen hatte. Sein ältester Sohn ist im Ersten Weltkrieg gefallen, seine Zwillingstöchter sind beide bei der Geburt ihres ersten Kindes gestorben, und sein Sohn Erwin ist trotz Plancks flehentlicher Bitte um Schonung Opfer von rücksichtslosen Schergen des Hitlerregimes geworden. Planck hat aber wegen dieser privaten Tragödien seine religiöse Grundhaltung nicht aufgegeben und sich vielmehr die Ansicht zu eigen gemacht, dass kein Mensch Anspruch auf Glück hat. Vielmehr »müsse man eine jede freundliche Fügung des Schicksals, eine jede froh erlebte Stunde als ein verpflichtendes Geschenk entgegennehmen«, wie er meinte. Für Lise Meitner zeigte sich Planck religiös im selben Sinn, in dem Goethe religiös war. Ihrer Ansicht nach drücken die Verse, die Goethe seinem Gedichtzyklus »Gott und Welt« vorangestellt hat, das aus, was auch Planck empfunden hat:

> »Weite Welt und breites Leben,
> Langer Jahre redlich Streben,
> Stets geforscht und stets gegründet,
> Nie geschlossen, oft geründet,
> Ältestes bewahrt mit Treue,
> Freundlich aufgefasstes Neue,
> Heitern Sinn und reine Zwecke,
> Nun, man kommt wohl eine Strecke.«

Gott würfelt nicht

Als Planck seine Idee von Quantensprüngen zum ersten Mal öffentlich vorstellte, studierte der 21-jährige Einstein noch Physik in Zürich. Da er nach dem dazugehörigen Abschluss keine Anstellung an der dortigen Universität finden konnte, ging Einstein nach Bern, um hier am Patentamt zu arbeiten. Seine Dienstpflichten ließen ihm offenbar genug Zeit, um 1905 ein Wunderjahr zelebrieren zu können. Damals erschienen fünf Arbeiten von Einstein in den Annalen der Physik, die alle mehr oder weniger revolutionär wirkten. Das Attribut »revolutionär« hat Einstein dabei selbst verwendet, und zwar für die Analyse, die er 1905 über das Licht vorlegte. Mit dieser Arbeit von Einstein bekam Plancks Quantum der Wirkung erstmals seine besondere physikalische Bedeutung, und sie erlaubte es den Forschern in den folgenden Jahrzehnten, die klassische Physik des 19. Jahrhunderts aus den Angeln zu heben und völlig umzukrempeln.

Einstein nahm physikalisch ernst, was Planck mathematisch notiert hatte, dass nämlich die Energie des Lichtes von seiner Frequenz abhängt und die Intensität keine Rolle spielt, und zwar dann, wenn Licht auf einen Leiter fällt und dabei Elektronen freisetzt, die dann den Stromfluss erhöhen. Um diesen sogenannten photoelektrischen Effekt erklären zu können, benötigte Einsteins Plancks Quantum der Wirkung, aber auch für diesen Triumph zahlte die Physik einen hohen Preis, und zwar einen fast unbezahlbaren. Was Einstein nämlich erkannte – und was er als wirklich revolutionär bezeichnete –, bestand in der Tatsache, dass die seit dem 19. Jahrhundert als eindeutig erkannte und unverrückbar feststehende Beschreibung von Licht als Welle jetzt nicht mehr ausreichte, um alle Phänomene zu erklären, die sich mit und an ihm beobachten ließen. Licht agierte gerade beim Losschlagen von Elektronen in Metallen als Teilchen, und mit dieser Einsicht bekam Einstein das Gefühl, ihm und seiner

Wissenschaft wäre der Boden unter den Füßen weggezogen worden. Denn wenn Licht sowohl Welle als auch Teilchen sein kann, dann kann man zwar vieles mit ihm unternehmen. Man kann aber nicht mehr sagen, was Licht ist. Licht bleibt also ein Geheimnis, und das kann man schön oder furchtbar finden. Schön an dem Geheimnisvollen des Lichts ist, dass – laut Einstein – das Gefühl für das Geheimnisvolle dafür sorgt, dass Menschen überhaupt kreativ werden. Furchtbar an dem Geheimnisvollen des Lichts ist, dass die Wissenschaft dabei an Objektivität einbüßt und es plötzlich von der Deutung oder Entscheidung eines Subjektes abhängt, was das genau ist, das man untersuchen und erfassen möchte.

Es ist verständlich, dass Einsteins damals neue und heute umfassend akzeptierte Physik des Lichts, für die ihm mehr als ein Jahrzehnt später der Nobelpreis für das Fach verliehen worden ist, nicht alle auf Anhieb überzeugen konnte, und es war kurioserweise vor allem Planck, der sich skeptisch zeigte und zunächst meinte, auch ein Genie wie Einstein könne einmal danebenliegen. Planck schrieb diese Ermahnung, nachdem er zuvor Einsteins andere Arbeiten von 1905 – vor allem seine »Elektrodynamik bewegter Körper«, die das begründete, was heute Relativitätstheorie heißt – als historische Leistungen gefeiert und ihren Autor als den neuen Kepler seiner Wissenschaft begrüßt hatte.

Einsteins Beiträge zur Wissenschaft spannen ein ungeheuer weites Feld auf, das von den kleinsten Teilchen der Wirklichkeit – denen des Lichts – bis zu der größten denkbaren Einheit – dem Kosmos und seiner Geometrie – führt. Und wenn jemand sowohl zu erkunden in der Lage ist, was die Welt im Innersten zusammenhält, als auch Auskunft darüber geben kann, wie sie an ihren äußeren Rändern aussieht, dann stellt sich ganz von selbst die Frage, welchen Platz er einem Gott einräumt, und zwar sowohl im Weltall als auch in seinem Denken und möglicherweise auch in seinem Leben.

Zum Glück für die Historiker und die Nachwelt hat sich Einstein ziemlich oft über den lieben Gott geäußert, und zwar so oft, dass der Dichter Friedrich Dürrenmatt einmal den Verdacht geäußert hat, dass Einstein ein verkappter Theologe gewesen sei. Was unabhängig von dieser Idee der Fall und für das Folgende wichtig ist: Wenn von Einsteins Physik die Rede ist, türmt sich eine Schwierigkeit neben der nächsten auf, und selbst im Jahre 2015, also einhundert Jahre nachdem er eine erweiterte – allgemeine – Form der ursprünglich speziellen Relativitätstheorie publiziert hat, findet man außer den hochgradigen Spezialisten kaum jemanden – oder besser: niemanden –, der sie verstehen oder gar allgemeinverständlich erklären kann. Wenn aber von Einsteins Gott die Rede ist, versteht auch der Mann oder die Frau auf der Straße jedes Wort, wie durch die folgende Auswahl nachvollzogen werden kann. Einstein hat sich über den lieben Gott unter anderem so geäußert:

»Gott würfelt nicht.« »Raffiniert ist der Herrgott, aber boshaft ist er nicht.« »Ich möchte nichts anderes als meine Ruhe haben und wissen, wie Gott die Welt erschaffen hat. Seine Gedanken sind es, die mich beschäftigen.« »Was mich eigentlich interessiert, ist, ob Gott die Welt hätte anders machen können; das heißt, ob die Forderung der logischen Einfachheit überhaupt eine Freiheit lässt.« »Wissenschaft ohne Religion ist lahm, Religion ohne Wissenschaft ist blind.«

Was das Persönliche angeht, so hat Einstein nie an einem Gottesdienst teilgenommen, seinen Söhnen den Religionsunterricht verweigert und bis zu seinem Tode an seiner Konfessionslosigkeit festgehalten. Er hat immer und regelmäßig betont, dass seine wissenschaftlichen Theorien mit jeder Weltanschauung vereinbar seien, und am liebsten hätte er nur über Physik gegrübelt und geredet. Aber die Verhältnisse und seine nach 1919 weltumspannend – also global – werdende Berühmtheit, sie haben es nicht zugelassen. Im Frühjahr 1929, als Einstein die USA besuchen wollte, hat ein amerikanischer Kardinal seine Gemeinde vor einem Studium der Relativitätstheorie gewarnt, da sie Gott und ihren Schöpfer bezweifle und gottlose Gedanken verbreite. Dies brachte den Oberrabbiner von New York dazu, Einstein folgendes Telegramm zu schicken:

»Glauben Sie an Gott? Stopp. Bezahlte Antwort 50 Worte.«

Einsteins Reaktion ist berühmt geworden und bedenkenswert. Er kabelte folgenden Text zurück nach Amerika:

»Ich glaube an den Gott Spinozas, der sich in der gesetzlichen Harmonie des Seienden offenbart, nicht an einen Gott, der sich mit den Handlungen der Menschen abgibt.«

Mit Spinoza ist ein niederländischer Philosoph jüdischen Glaubens aus dem 17. Jahrhundert gemeint, der eine berühmte »Ethik in geometrischer Ordnung« und neben zahlreichen anderen Texten eine »Kurze Abhandlung von Gott, dem Menschen und dessen Glück« vorgelegt hat. Für Spinoza ist Gott die freie, allein durch sich selbst und nichts anderes bestimmte Ursache, und die Menschen können von den unendlich vielen Wesensmerkmalen (Attributen) Gottes die beiden erkennen, die der Philosoph merkwürdigerweise als Denken und Ausdehnung bezeichnet. Durch die Fähigkeit des Denkens besitzen Menschen eine Idee von Gott. Sie wissen also, dass er existiert, wie Spinoza meint, wobei sich Gott gerade nicht durch eine Form von Transzendenz, sondern durch seine Immanenz in allen Dingen mit ihrer Ausdehnung als das zu erkennen gibt, was er ist. Spinoza schließt jede Zufälligkeit im Wirken Gottes aus, was heißt, dass der Herr nicht würfelt, wie Einstein es ausgedrückt hat, damit Menschen in der

Lage sind, über die Harmonie der Naturgesetzlichkeit zu staunen, »in der sich eine so überlegene Vernunft offenbart«, wie Einstein meint, die so souverän agiert, »dass alles Sinnvolle menschlichen Denkens und Anordnens dagegen ein nichtiger Abglanz ist.«

Übrigens: Die Ausdehnung der Dinge erklärt die moderne Physik mit Hilfe der seltsamen Eigenschaft von elementaren Bausteinen, die als Spin bekannt und wenig anschaulich ist. Die Attribute Spinozas bleiben in jeder Hinsicht ein Geheimnis, und man sollte und kann ein Gefühl dafür bekommen und dann seine Form der Religiosität erleben.

Ein Glaubensbekenntnis und die kosmische Religiosität

Im Jahre 1932 hat man Einstein überredet, seine Stimme auf einer Schallplatte festzuhalten. Er hat dabei so etwas wie ein »Glaubensbekenntnis« abgegeben. Die Aufnahme endet mit den folgenden Worten:

»Ich bin zwar im täglichen Leben ein typischer Einspänner, aber das Bewusstsein, der unsichtbaren Gemeinschaft derjenigen anzugehören, die nach Wahrheit, Schönheit und Gerechtigkeit streben, hat das Gefühl der Vereinsamung nie aufkommen lassen. Das Schönste und Tiefste, was der Mensch erleben kann, ist das Gefühl des Geheimnisvollen. Es liegt der Religion sowie allem tieferen Streben in Kunst und Wissenschaft zugrunde. Wer dies nicht erlebt hat, erscheint mir, wenn nicht wie ein Toter, so doch wie ein Blinder. Zu empfinden, dass hinter dem Erlebbaren ein für unseren Geist Unerreichbares verborgen sei, dessen Schönheit und Erhabenheit uns nur mittelbar und in schwachem Widerschein erreicht, das ist Religiosität. In diesem Sinne bin ich religiös. Es ist mir genug, die-

se Geheimnisse staunend zu ahnen und zu versuchen, von der erhabenen Struktur des Seienden in Demut ein mattes Abbild geistig zu erfassen.«

In diesem »Glaubensbekenntnis« geht Einstein auch auf das Problem des freien Willens ein, das für ihn keins zu sein scheint:

»Ich glaube nicht an die Freiheit des Willens. Schopenhauers Wort: Der Mensch kann wohl tun, was er will, aber er kann nicht wollen, was er will – begleitet mich in allen Lebenslagen und versöhnt mich mit den Handlungen der Menschen, auch wenn sie mir recht schmerzlich sind.«

Und an anderer Stelle hört man:

»Unser Handeln sei getragen von dem stets lebendigen Bewusstsein, dass die Menschen in ihrem Denken, Fühlen und Tun nicht frei sind, sondern ebenso kausal gebunden wie die Gestirne in ihren Bewegungen.«

Was Einstein 1932 den Rillen einer Schallplatte anvertraute, hatte er bereits von 1930 an zu formulieren versucht, und als 1934 die erste Auflage von »Mein Weltbild« in Amsterdam erschien, konnte man unter der Überschrift »Wie ich die Welt sehe« eine leicht variierte Fassung lesen, in der sich Einstein als tief religiöser Mensch bekennt und den Gott abgrenzt, der seiner Vorstellungskraft zugänglich ist:

»Das Schönste, was wir erleben können, ist das Geheimnisvolle. Es ist das Grundgefühl, das an der Wiege von wahrer Wissenschaft und Kunst steht. Wer es nicht kennt und sich nicht mehr wundern, nicht mehr staunen kann, der ist sozusagen tot und sein Auge erloschen. Das Erlebnis des Geheimnisvollen – wenn

auch mit Furcht gemischt – hat auch die Religion erzeugt. Das Wissen um die Existenz des für uns Undurchdringlichen, der Manifestationen tiefster Vernunft und leuchtender Schönheit, die unserer Vernunft nur in ihren primitivsten Formen zugänglich sind, dies Wissen und Fühlen macht wahre Religiosität aus; in diesem Sinne und nur in diesem gehöre ich zu den tief religiösen Menschen.«

Bereits am 11. November 1930 konnten die Leser des »Berliner Tagblatt« erfahren, wie Einstein »Religion und Wissenschaft« verbunden sah, wie sein entsprechender Beitrag überschrieben war. In ihm versucht Einstein sich Klarheit über die Frage zu verschaffen, welche Gefühle und Bedürfnisse Menschen zum religiösen Denken und Glauben gebracht haben. Er antwortet:

»Beim Primitiven ist es in erster Linie die Furcht, die religiöse Vorstellungen hervorruft. Die Furcht vor Hunger, wilden Tieren, Krankheit, Tod« (siehe unten: Angst und Wissenschaft).

Und etwas später:

»Eine zweite Quelle religiösen Gestaltens sind die sozialen Gefühle. Vater und Mutter, Führer großer menschlicher Gemeinschaften sind sterblich und fehlbar. Die Sehnsucht nach Führung, Liebe und Stütze gibt den Anstoß zu Bildung des sozialen bzw. des moralischen Gottesbegriffs.«

Für Einstein spielen diese anthropomorphen Gottesideen keine besondere Rolle. Dies passiert erst auf der »dritten Stufe religiösen Erlebens«, die er »als kosmische Religiosität« bezeichnet, wobei er betont, dass dazu kein menschenartiger Gottesbegriff gehört. Für Einstein steht zum einen fest, »die religiösen Genies aller Zeiten waren durch diese kosmische Religiosität ausgezeichnet«, und er behauptet zum Zweiten, »dass die kosmische Religiosität die stärkste und edelste Triebfeder wissenschaftlicher Forschung ist.« Er zitiert sogar die Ansicht, »dass die ernsthaften Forscher in unserer im allgemeinen materialistisch eingestellten Zeit die einzigen tief religiösen Menschen« sind, und schildert genau, was er damit meint:

> »Nur wer die ungeheure Anstrengung und vor allem die Hingabe ermessen kann, ohne welche bahnbrechende wissenschaftliche Gedankenschöpfungen nicht zustande kommen, vermag die Stärke des Gefühls ermessen, aus dem allein solche dem unmittelbar praktischen Leben abgewandte Arbeit erwachsen kann.«

Dabei ist offenkundig, dass er seine eigene Arbeit an der Allgemeinen Relativitätstheorie meint, auf die oben hingewiesen worden ist und mit der die Welt als Ganzes dem physikalischen Denken zugänglich wird. Einstein erinnert in diesem Zusammenhang aber auch an zwei seiner großen Vorgänger, wenn er schreibt:

> »Welch ein tiefer Glaube an die Vernunft des Weltenbaues und welche Sehnsucht nach dem Begreifen, wenn auch nur eines geringen Abglanzes der in dieser Welt geoffenbarten Vernunft musste in Kepler und in Newton lebendig sein, dass sie den Mechanismus der Himmelsmechanik in der einsamen Arbeit vieler Jahre entwirren konnten!«

Religiosität bei Einstein meint »das verzückte Staunen über die Harmonie der Naturgesetzlichkeit, in der sich eine … überlegene Vernunft offenbart«, und wer dies liest, fragt sich, wie Soziologen jemals das Wort von der »Entzauberung der Welt« ernst nehmen und als tiefe Einsicht verkünden konnten. Das geht nur, weil sie selbst keinerlei Einsicht in die Natur der Dinge haben. Sie wissen nicht, wie wenig sie wissen.

»Angst und Wissenschaft«

Wenn Einstein von der Furcht oder der Angst von Menschen spricht, dann muss man nicht unbedingt seiner Ansicht sein, dass daraus die religiösen Bedürfnisse entstanden sind. Es lohnt aber einen Blick auf die Rolle der Angst zu werfen, die sich im Laufe der Jahrhunderte andere Ziele aussuchen kann.

Wenn man im 21. Jahrhundert Angst empfindet, dann nicht mehr vor möglicherweise bedrohlichen Naturphänomenen, wie dies noch im 18. Jahrhundert der Fall war, als unter anderem Blitz und Donner Schrecken verbreiteten, sondern eher vor den Naturwissenschaften selbst und ihren wachsenden Eingriffsmöglichkeiten. Wolf Lepenies, der als Soziologe und langjähriger Rektor des Wissenschaftskollegs in Berlin bekannt ist, hat mit dem Ausdruck »Saeculum der Wissenschafts- und Technikbegeisterung« das 19. Jahrhundert charakterisiert und deutlich gemacht, dass in ihm so etwas wie die »Trivialisierung der Angst« gelingt. Für Lepenies treten »Wissenschaft und Technik« in dem Moment »ihren Siegeszug an«, in dem »sie sich gegenüber Magie und Religion als wirkungsvollere, schließlich konkurrenzlose Mechanismen der Angstbewältigung durchsetzen.«

Dieser Gedanke erscheint deshalb wesentlich, weil Angst zu den Grundbefindlichkeiten des Menschen gehört. Mit dieser Bemerkung stellt sich sofort die Frage, was diese Einstellung bedingt, und die moderne Antwort im Kontext evolutionären Denkens darauf lautet, dass Angstgefühle selektiv entstanden sind und zu den Voraussetzungen des Überlebens unserer Art gehören. Wer in den Frühtagen der Menschheit ohne Angst unterwegs war und bedenkenlos etwa in dichte Wälder eingedrungen ist, wird von dort nicht mehr zurückgekommen sein und keine Nachkommen hinterlassen haben, die als unsere Vorfahren dienen konnten. Evolutionäre Erklärungen kommen selbstverständlich ohne Hinweis auf Gott oder Göttliches aus, und sie tragen im 19. Jahrhundert massiv zur Säkularisierung bei, wie sich leicht vorstellen lässt.

Der Philosoph Peter Sloterdijk hat das Thema der Angst – in Anspielung auf den unglücklichen und leicht missverständlichen Satz von Martin Heidegger: »Die Wissenschaft denkt nicht« – durch die hübsche und einprägsame Formulierung ausgedrückt: »Die Wissenschaft zittert nicht.« Sie kann daher »einen lebbaren Ersatz ... für die Ordnungsversicherungen der Theologie« darstellen, was sich auch so formulieren lässt, dass sich mit den Aktivitäten der Wissenschaft »im europäischen 19. Jahrhundert eine Art von szientistischer Kirche formierte, die ihren Zeitgenossen beruhigend zusprach, sie sei dazu da, den blassen alten durch einen vitalen neuen Glauben: durch wissenschaftliche Weltanschauung eben, zu ersetzen.«

Wenn man – nicht nur damals, sondern bis weit ins 20. Jahrhundert hinein – sagte: »Die Wahrheit wird euch frei machen«, dann zitierte man damit nicht mehr das Johannes-Evangelium, sondern beanspruchte die damit bezeichnete Möglichkeit für das eigene Tun. Die Wahrheit der Wissenschaft wird euch frei machen – von Angst und Sorge, wie man meinte, von Aberglauben und Irrationalität –, wie zum Beispiel die Gründer des California Institute of Technology meinten, die als gottesfürchtige und bibelfeste Physiker die Worte des Evangeliums kannten und in den 1920er-Jahren über das Eingangstor meißeln ließen.

Ausgangspunkt des relevanten Lebensgefühls der Angst ist die Feindseligkeit der Natur, die Menschen im 18. Jahrhundert ihr Leben lang unmittelbar erfahren konnten, während wir vielleicht gerade noch als Kinder (oder als Fernsehzuschauer) damit in Berührung kommen. Das folgende Zitat

aus einem Roman dieser Epoche zeigt an dem einfachen Beispiel eines Gewitters, wie man auf Unbilden reagierte, bevor sich die Folgen der Säkularisierung bemerkbar machten:

>*Der Tanz war noch nicht zu Ende, als die Blitze, die
wir schon lange am Horizonte leuchten gesehn und die
ich immer für Wetterkühlen ausgegeben hatte, viel stärker zu werden anfingen und der Donner die Musik über-
stimmte. Drei Frauenzimmer liefen aus der Reihe, denen
ihre Herren folgten; die Unordnung wurde allgemein,
und die Musik hörte auf. [...] Diesen Ursachen muß ich
die wunderbaren Grimassen zuschreiben, in die ich mehrere Frauenzimmer ausbrechen sah. Die klügste setzte
sich in eine Ecke, mit dem Rücken gegen das Fenster,
und hielt sich die Ohren zu. Eine andere kniete vor ihr
nieder und verbarg den Kopf in der ersten Schoß. Eine
dritte schob sich zwischen beide hinein und umfasste
ihre Schwesterchen mit tausend Tränen. Einige wollten
nach Hause; andere, die noch weniger wussten, was sie
taten, hatten nicht so viel Besinnungskraft, den Keck-
heiten unserer jungen Schlucker zu steuern, die sehr beschäftigt zu sein schienen, alle die ängstlichen Gebete,
die dem Himmel bestimmt waren, von den Lippen der
schönen Bedrängten wegzufangen.*«*

In dieser Szene aus Goethes *Die Leiden des jungen Werthers*,
die 1774 zu lesen war, geht es nicht um den Unterschied der
Geschlechter – nur die Frauen scheinen sich zu fürchten und
zu beten –, sondern um die Angst, die von bis in die damalige Zeit unerklärlichen Phänomenen wie Blitz und Donner hervorgerufen wird. Sie kann ohne physikalische Erklärung naturgemäß nur durch Gebete gemildert werden. Erst
wenn bekannt ist, wie man sich vor den Gefahren eines Ge-

witters schützt, nämlich durch einen Blitzableiter, also einer schlichten Metallstange, kann man sich rational beruhigen und vergewissern.

Tatsächlich war der Blitzableiter zu Goethes Lebzeiten erfunden und eingesetzt worden, wobei immer daran zu denken ist, dass es dem merkwürdig schlichten Gegenstand schwerfallen musste, im Vergleich zu dem Naturschauspiel von Blitz und Donner zu bestehen, die zudem noch direkt aus dem Himmel kamen. Mit elektrischen Entladungen wurde zum ersten Mal 1752 in Frankreich experimentiert, bevor Benjamin Franklin den Blitzableiter in der neuen Welt populär machte, indem er noch im selben Jahr einen Drachen (!) zu Gewitterwolken aufsteigen ließ, um mit einem am Ende einer feuchten Schnur angebrachten Schlüssel einen elektrischen Funken zu ziehen und die Wolke zu entladen. Mit diesem riskanten Versuch bekamen Blitz und Donner physikalische Gründe, ohne noch Platz für irgendeinen göttlichen Zorn zu lassen, den es zu besänftigen galt. Doch diese Einsicht änderte nicht unmittelbar die Ängste der Frauenzimmer und anderer Menschen, die sie vor finsteren Naturgewalten empfanden, und erst allmählich verlor die äußere Natur ihre beängstigenden oder Furcht erregenden Züge dadurch, dass die dazugehörigen Naturerscheinungen erklärt werden konnten.

Es lohnt sich, an dieser Stelle einen Augenblick bei Benjamin Franklin zu verweilen, weil jene Beherrschung des Blitzes – des himmlischen Feuers – ihm die Ehrenbezeichnung »neuer Prometheus« eingebracht hat. Es war kein Geringerer als Immanuel Kant, der Franklin so bezeichnet hat, denn tatsächlich hat der Mitautor der amerikanischen Unabhängigkeitserklärung mit seinem Drachen den Göttern ganz konkret das Feuer entrissen und in die technisch geschickten Hände der wissenschaftlich orientierten Menschen gelegt. Was mit der Blitzableitung gelingt, könnte man Säkularisierung pur nennen, nämlich die endgültige Autonomie der Lebenssicherung ohne irgendwelche religiösen Restverbindungen. Zudem liefert Franklins Tat das Versprechen, dass es weitere Möglichkeiten geben muss, der Natur quasi mühelos ihre Tricks abzuringen, um sie praktisch nützlich machen zu können.

Wie sehr die Menschen in der Mitte des 19. Jahrhunderts dem analytischen und rationalen Sachverstand und dem beherzten Eingreifen des wissenschaftlich orientierten Mannes vertrauten, zeigt ein Ausschnitt aus den 1902 erschienenen *Lebenserinnerungen* des Unternehmers Werner von Siemens, dessen Firma Siemens, Halske & Co. 1859 den Auftrag bekommen hatte, eine über 3500 Seemeilen lange unterseeische Telegraphenleitung vom Roten Meer bis nach Indien zu überwachen.

Bei den genannten geographischen Namen braucht nicht betont zu werden, dass es hier nicht um alltägliche Abläufe, sondern um weitreichende wissenschaftliche Abenteuer ging, wie sie es damals noch gab und wie sie von der Öffentlichkeit empfunden wurden. Siemens selbst leitete die technisch anspruchsvolle Expedition, die bis kurz vor Schluss glänzend verlief. Dann aber – bei der Rückfahrt – tauchten Schwierigkeiten auf. Das Schiff, mit dem Siemens unterwegs war, lief auf dem Weg nach Suez auf ein Riff auf und begann zu sinken.

Natürlich breitet sich in solch einer Situation Angst aus – was durch das Grimm'sche Wörterbuch bestätigt wird, demzufolge früher unter Angst »die Unsicherheit und Gefahr, das Risiko bei Transport und Sendung« verstanden wurde. Genau diese Lebensangst bewältigt der »Fürst der Technik«, wie die Preußische Akademie der Wissenschaft Werner von Siemens bei seiner Aufnahme nannte. Und ihm gelingt dies allein schon dadurch, dass er sich nur der Mittel seiner Wissenschaft bedient:

>»Das Schiff lag bald ganz auf der Seite, und die große Fra-
>ge, an der jetzt Leben und Tod alles Lebendigen auf ihm
>hing, war die, ob es eine Ruhelage finden oder kentern
>und uns sämtlich in die Tiefe schleudern würde. Ich errich-
>tete eine kleine Beobachtungsstation, mit deren Hilfe ich
>die weitere Neigung des Schiffes an der Stelle eines beson-
>ders glänzenden Sterns verfolgen konnte, und proklamier-
>te von Minute zu Minute das Resultat meiner Beobach-
>tungen. Alles lauschte mit Spannung diesen Mitteilungen.
>Der Ruf ›Stillstand!‹ wurde mit kurzem, freudigem Gemur-
>mel begrüßt, der Ruf ›Weiter gesunken!‹ mit vereinzelten
>Schmerzenslauten beantwortet. Endlich war kein weite-
>res Sinken mehr zu beobachten, und die lähmende Todes-
>furcht machte energischen Rettungsbestrebungen Platz.«

Der Glaube an die Wissenschaft hatte sich durchgesetzt. Man
konnte sein Leben in die eigenen Hände nehmen.

Der Einstein-Bohr-Dialog

Als Einstein im Jahre 1949 seinen siebzigsten Geburtstag im
amerikanischen Örtchen Princeton feiern konnte, haben sich
Kollegen und Freunde vorgenommen, aus diesem Anlass einen
umfangreichen Band mit dem Titel »Albert Einstein: Philoso-
pher-Scientist« herauszugeben. Mit zu den Autoren gehörte der
dänische Physiker Niels Bohr, der 1913 ein erstes Atommodell
vorlegen konnte, in dem die Quanten eine entscheidende Rolle
spielen und letztlich für die Stabilität der Materie sorgen. Für
diese Arbeit ist Bohr etwa zeitgleich mit Einstein mit dem Nobelpreis für Physik geehrt worden.

Als sich in den folgenden Jahren zeigte, dass mit den dazugehörigen Sprüngen Unstetigkeiten und Unbestimmtheiten in die

Physik einzogen und von einer deterministischen Kausalität des Naturgeschehens keine Rede mehr sein konnte, reagierte Einstein bitter enttäuscht, während Bohr immer mehr jubilierte. Für ihn lieferte die Physik keine Beschreibung der Natur, sondern nur eine Beschreibung dessen, was Menschen von der Natur wissen konnten, und dabei konnte es auch Lücken geben. Wieso sollten Menschen vollkommen sein?

Dieser Gedanke störte Einstein, der sich selbst zwar gerne als Freigeist vorstellen ließ, der in den Naturabläufen aber alles kausal – naturgesetzlich – festgelegt sehen wollte. Die beiden Großen der Physik fanden in den 1920er- und 1930er-Jahren viele Gelegenheiten, über die erkenntnistheoretischen Fragen zu diskutieren, die sich ihnen durch die Fortschritte der Atomphysik stellten. In den folgenden Abschnitten soll deshalb darauf eingegangen werden, weil meist nur vordergründig über die Interpretation der merkwürdig abstrakten Quantenmechanik und die Frage nach der physikalischen Wirklichkeit diskutiert wurde, während im Hintergrund eine tiefere Thematik gemeint war. Hier lauerte die vermutlich ewige und unauflösbare Frage, wie sich ein Gott in dem Weltbild verorten und einfügen lässt, das Menschen entwerfen können, nachdem erst die Relativitätstheorie ihnen den aktiven Kosmos und seine Geometrie nähergebracht und dann die Quantenmechanik ihnen die verrückten Zustände der Atome gezeigt hatte, mit denen sich alle Elemente und ihre Verbindungen verstehen ließen – eben alles, was ein Gott gemacht hat.

Wie erwähnt hatte Einstein 1905 noch geholfen, die Quantentheorie in den Sattel zu heben, als er dem Licht erlaubte, sowohl Welle als auch Teilchen zu sein – was Bohr anfänglich aufschreckte und ablehnte. Als das Pferd dann aber in Richtung einer Quantenmechanik galoppierte, die statt realer Zahlen imaginäre Operatoren einsetzte, deren Ergebnisse statistisch gedeutet werden mussten, missbilligte Einstein diese Entwicklung. Er war es gewohnt und beharrte darauf, dass die Gleichungen und Formeln der herkömmlichen Physik von Größen handelten, die es wirklich gab – eine Länge etwa, eine Masse, eine Energie oder eine Geschwindigkeit. Auch die frühe Quantentheorie wurde mit Größen formuliert, die tatsächlich vorhanden waren, Ladungen etwa, Frequenzen und Wellenlängen. Erst für die beiden mathematisch gefassten Formulierungen der Quantenmechanik, die Werner Heisenberg und Erwin Schrödinger in der Mitte der 1920er-Jahre vorlegten, traf diese Bedingung nicht mehr zu. In der Wellenmechanik von Schrödinger zum Beispiel tauchte eine Wellenfunktion auf, unter der man sich nichts mehr vorstellen konnte. Sie beschrieb nichts, was es in dem uns umgebenden Raum wirklich gab. Aus ihr konnte man aber ein besonderes Stück der Wirklichkeit berechnen, zum Beispiel die *Wahrscheinlichkeit,* ein Elektron an einem bestimmten Ort zu finden. Auch die sogenannte Matrizenmechanik von Heisenberg machte klar, dass sich atomare Objekte nach Wahrscheinlichkeitsgesetzen bewegen. Die physikalischen Gesetze der Quantenwelt legten nur diese Wahrscheinlichkeiten fest. Nur sie (und nicht die Partikel selbst) breiten sich nach den Anforderungen der Kausalität aus.

Einstein schien dies nicht »der wahre Jakob« zu sein, wie eine seiner Formulierungen lautete. Er hatte Physik immer als den Versuch verstanden, die konkrete Wirklichkeit begrifflich oder symbolisch zu erfassen. Und dies machte die neue Physik offenkundig nicht mehr. Sie handelte vielmehr von Symbolen, die mit imaginären Komponenten behaftet sein mussten, denen keine physikalische Wirklichkeit entsprach. Zwar bestand die Quantenmechanik aus einer Ansammlung von Gleichungen, wie es sich in der Theoretischen Physik gehört, aber diese Gesetze beschrieben Vorgänge in abstrakten Räumen, die zu den Denkmöglichkeiten von Mathematikern gehörten, ohne dass sich jemand in ihnen aufhalten konnte.

Einsteins erster Gedanke lautete nun, dass unter diesen Umständen in der ansonsten sicher zutreffenden Quantenmechanik

Widersprüche stecken müssten, und er versuchte, sie in einfachen Anordnungen und Beobachtungen sichtbar zu machen. Zu diesem Zweck griff er zu seiner besten Waffe, mit der er auch seine kosmologischen Überlegungen vorangebracht hatte. Einstein dachte sich sogenannte Gedankenexperimente aus, deren Ziel es zum Beispiel wurde, die Unbestimmtheitsrelation von Heisenberg zu unterlaufen, um damit zugleich um Bohrs Komplementarität herumzukommen. Ein Gedankenexperiment beschreibt eine vorgestellte Situation, über die man zwar gut nachdenken kann und die technisch im Prinzip realisierbar sein sollte, auch wenn sich diesem Vorhaben viele praktische Hindernisse in den Weg stellen. Das Ergebnis eines solchen Versuchs im Kopf stammt nicht aus der Erfahrung, es wird aber mit Hilfe all der vielen Erfahrungen plausibel und akzeptabel, die bei tatsächlich ausgeführten Versuchen gesammelt wurden. Mit solchen Gedankenexperimenten war es Einstein tatsächlich unnachahmlich gut gelungen, sich in den Kosmos vorzutasten und den Zusammenhang von Raum, Zeit, Materie und Energie zu verstehen.

Seine ersten Einwände gegen die Quantenmechanik und ihre Kopenhagener Deuter trug Einstein im Herbst 1927 in Brüssel vor, wo sich die Physiker in unregelmäßigen Abständen auf den sogenannten Solvay-Konferenzen im Hotel Metropol trafen. Geantwortet hat ihm dabei immer Bohr, allerdings nicht ohne sich vorher unter anderem gründlich mit Heisenberg zu beraten. Alle Physiker begrüßten die Gelegenheit zum offenen Gedankenaustausch, bot sich hier doch die Möglichkeit, die gewonnenen Anschauungen der strengst möglichen Prüfung im freien Diskurs zu unterziehen. Bohr trat Einstein dabei mit der philosophischen Grundüberzeugung entgegen, dass Physik sich damit beschäftigte, was Menschen über die Natur sagen können. Er wollte zeigen, dass die Quantenmechanik ohne Widersprüche und vollständig ist und das Beste biete, was Menschen über die Atome sagen können. Damit begann eine philosophische Debatte, die heute noch andauert. Wer an ihr teilnehmen möchte, findet einen guten Einstieg durch den eingangs erwähnten Aufsatz, in dem Bohr seine Darstellung der »Diskussion mit Einstein über erkenntnistheoretische Probleme in der Atomphysik« gibt, die natürlich viele der langen und sich windenden Bohr-Sätze enthält, die charakteristisch für ihn sind.

Die Ganzheit

Es ist hier nicht der Ort, Einsteins Gedankenexperimente im Detail vorzustellen. Was Bohr in seinen Antworten liefert, kann und muss man als radikale Revision der Einstellung gegenüber der physikalischen Realität verstehen. In dieser Sicht kündigt sich eine seltsame Korrelation an, die man am besten mit dem Begriff *Ganzheit* kenntlich machen kann, wobei anzumerken ist, dass Bohr sich bereits in den Entstehungstagen der neuen Atomphysik auf diese »Eventualität« eingestellt hatte, die er in einem am 18. April 1925 (!) geschriebenen Brief an Heisenberg als »Kopplung der Quantenprozesse in entfernten Atomen« bezeichnet hatte.

Die von der klassischen Physik und dem antiken Atomismus beschriebene Welt konnte stets in ihre Einzelteile zerlegt werden, die sich anschließend isoliert betrachten ließen. Das Materielle bestand für die Vertreter dieser Denkungsart aus kleinsten und unzerlegbaren Bauteilen, die sie Atome nannten und die – wie mikroskopisch kleine Legosteine – zusammengelegt werden können, ohne selbst weiter zerlegbar zu sein.

Die Quantenwelt ist oder zeigt sich den Menschen aber völlig anders. Offenbar kann sie nicht in ihre Einzelteile zerlegt und auf sie reduziert werden. Wenn zwei Bausteine dieser Welt miteinander in Wechselwirkung treten – zum Beispiel zusammenstoßen –, dann werden sie Teil eines physikalischen Systems (eines Ganzen), das *nicht* mehr erfasst werden kann, wenn man nur seine

Einzelteile beschreibt. Die Physik versteht auf diese Weise, dass es Wirkungen im Wirklichen (in der Realität) gibt, die nicht zur Physik gehören und somit per definitionem metaphysisch sind.

Man kann nun fragen, was für dieses Zusammenhängen und Zusammensein sorgt. Da agiert oder zeigt sich etwas, das bleibt, selbst wenn sich die Teilchen voneinander wegbewegen, nachdem sie zusammengestoßen waren. Woher kommt die (weniger physische und mehr metaphysische) Korrelation, wenn die (eigentlich physikalische) Wechselwirkung aufgehört hat?

Die Antwort klingt seltsam, aber mit Bohr muss man sich an seltsame Wendungen gewöhnen: Die Korrelation besteht nicht zwischen den wirklich vorhandenen Teilchen, sie besteht zwischen den Quantenzuständen, die mit diesen Teilchen verbunden sind und zu ihnen gehören, genauer gesagt, zwischen den Wahrscheinlichkeitsverteilungen, die festlegen, wie die Teilchen sich verhalten können. Im Rahmen der Quantenmechanik können diese unfassbaren Korrelationen die konkret messbaren Eigenschaften der Teilchen auch dann noch beeinflussen, wenn sie selbst längst getrennt sind und nicht mehr miteinander in Wechselwirkung stehen.

Zu erkennen gibt sich eine phantastische Ganzheit, die sich erst recht in der besonderen Form der Wechselwirkung zeigt, die beim Messen zum Tragen kommt und zu einer Beobachtung gehört. Durch diesen Akt finden der Messapparat und das untersuchte System zusammen und werden mit Quanten zu einem Ganzen verknüpft. Sie sind nun nicht mehr einzeln beschreibbar, über sie können Wissenschaftler noch nicht einmal mit gleichen Begriffen reden. Denn – so sieht es Bohr – das zum Versuch verwendete Gerät gehorcht der klassischen Physik und muss also mit deren Konzepten beschrieben werden. Die Teilchen selbst gehorchen aber der Quantenphysik und müssen unter deren Bedingungen beschrieben werden. Wenn Menschen reden, *müssen* sie somit etwas tun, was sie nicht dürfen, nämlich mit den Worten trennen, was der Sache nach ein Ganzes ist.

Durch diese eigentlich unzulässige Trennung verliert man Informationen, was zur Folge hat, dass nur noch die Wahrscheinlichkeiten bekannt sind, mit denen Quantenobjekte etwas einnehmen oder annehmen. Dennoch bleibt die Beschreibung des Systems nach Bohr vollständig, wenn die Physiker die experimentelle Anordnung berücksichtigen und mit in die Darstellung aufnehmen, mit der sie die Teilchen analysieren. Die wichtige Konsequenz, die hieraus zu ziehen ist, lautet:

In der Quantenmechanik kann man nichts über ein individuelles Teilchen (ein Elektron zum Beispiel) sagen, das ohne jede Wechselwirkung existiert und auch nicht beobachtet wird. Ein isoliertes Teilchen gehört nicht zur physikalischen Wirklichkeit. Es ist und bleibt sinnlos, von seinem Zustand zu sprechen. Es hat gar keinen.

Für diese besondere Art des quantenhaften Zusammenhängens hat Erwin Schrödinger den Begriff der »Verschränkung« vorgeschlagen, der im Englischen »entanglement« heißt (und auf diese Weise etwa an die Aufklärung – enlightment – erinnert). Dies sei nämlich das eigentliche Charakteristikum der Quantentheorie. Sie zeigt uns eine verschränkte Welt, die in gewisser Weise am Grund unserer Wirklichkeit existiert.

Die Idee der Komplementarität

Die Wirklichkeit ist eben anders, als selbst Einstein sich vorstellen konnte, und so bestanden zwischen Bohr und Einstein große Differenzen hinsichtlich der Fragen, was wirklich ist und was die Physik sagen oder wissen kann. Sie waren auch 1949 noch nicht beigelegt, als Bohr seinen oben erwähnten Bericht gab. In ihm stellt er ausführlich seinen philosophischen Grundgedanken vor, der als Komplementarität bezeichnet wird und von dem Einstein stets behauptete, ihn nicht verstehen zu können. Trotz größter Anstrengungen, so behauptete Einstein, sei es ihm nicht gelungen, klar zu formulieren, was dieses Kunstwort Komplementarität bedeute. Worauf Bohr geantwortet haben soll, dass Einstein damit auf dem richtigen Weg sei. Gerade Klarheit und Wahrheit seien typische Beispiele für komplementäre Begriffe, womit gemeint ist, dass eine Aussage, die wahr ist – etwa: Energie ist unzerstörbar –, geheimnisvoll bleibt und also wenig Klarheit bringt, während eine Aussage, die klar ist – etwa: Energie wird knapp – wenig Wahrheit enthält, falls überhaupt.

Bohr versuchte seit 1927 den Gedanken der Komplementarität zu verbreiten, mit dem er zunächst erfassen wollte, was Einstein über das Licht und andere über Elektronen herausgefunden hatten, dass es sich nämlich um Wellen und Teilchen zugleich handelt. Wer Licht untersuchen wollte, musste sich entscheiden, entweder den Wellencharakter zu bestimmen – seine Wellenlänge zu messen – oder seinen Teilchencharakter zu erfassen – seine Zusammenstöße mit Atomen und Molekülen auszuwerten. Die Idee der Komplementarität besagt, dass Licht insgesamt nur erfasst wird, wenn man die sich widersprechenden, zugleich aber untrennbaren Aspekte von Welle und Teilchen zusammenfügt. Allgemeiner: Zu jeder Beschreibung der Natur gibt es eine zweite Beschreibung, die der ersten zwar widerspricht, die trotzdem aber gleichberechtigt zu ihr ist. Das Eine, das man verstehen will – in diesem Fall das Licht –, begreift man nur, wenn man das Andere, das auch sein kann, mit in die Erklärung aufnimmt. Das Eine entsteht nur durch das Andere, und mit diesem Gedanken kann man jetzt zu dem großen Thema dieses Buches aufsteigen, nämlich zu dem Verhältnis von religiöser und naturwissenschaftlicher Wahrheit.

Für Bohr sieht die Sache sonnenklar aus. Er versteht die beiden im Verhältnis der Komplementarität, und wie dies im Detail funktioniert, hat vermutlich am besten der Physiker Wolfgang Pauli ausgedrückt, der 1945 mit dem Nobelpreis für Physik ausgezeichnet worden ist und seit Studententagen mit dem gleichaltrigen Heisenberg befreundet war (siehe unten: Wolfgang Pauli – Die

Wissenschaft und das abendländische Denken). Als Heisenberg um 1970 über das Verhältnis von naturwissenschaftlicher und religiöser Weisheit vorgetragen hat, stellte er Paulis Idee »von zwei Grenzvorstellungen [vor], die beide in der Geschichte des menschlichen Denkens außerordentlich fruchtbar geworden sind, denen aber doch keine echte Wirklichkeit entspricht. Das eine Extrem ist die Vorstellung einer objektiven Welt, die unabhängig von irgendwelchen beobachtenden Subjekten in Raum und Zeit gesetzmäßig abläuft; sie war das Leitbild der neuzeitlichen Naturwissenschaft. Das andere Extrem ist die Vorstellung eines Subjekts, das mystisch die Einheit der Welt erlebt und dem kein Objekt, keine objektive Welt mehr gegenübersteht; sie war das Leitbild der asiatischen Mystik. Irgendwo in der Mitte zwischen diesen beiden Grenzvorstellungen [eine Welt ohne Ich und ein Ich ohne Welt] bewegt sich unser Denken; wir müssen die Spannung, die aus den Gegensätzen resultiert, aushalten.«

So sieht auch Bohrs Grundhaltung aus, der natürlich nicht übersehen hat, dass seine Idee der Komplementarität etwas mit der Konstruktion der Dialektik zu tun hat, bei der eine These – Licht ist eine Welle – und eine Antithese – Licht ist ein Teilchen – aufeinanderprallen, um in einer Synthese aufgefangen zu werden. Bei der Komplementarität gibt es diesen Mechanismus nicht. Stattdessen gilt es, die Spannung der Gegensätze fruchtbar zu nutzen und zu verstehen, dass das Eine das Andere braucht, um seine Bedeutung zu bekommen.

Wolfgang Pauli – Die Wissenschaft und das abendländische Denken

In dem Jahr, in dem Einstein starb, hielt Wolfgang Pauli einen Vortrag über »Die Wissenschaft und das abendländische Denken«. Aus seiner historischen Analyse zieht er am Ende einen Schluss, der als Bekenntnis verstanden werden kann:

»*Ich glaube, dass es das Schicksal des Abendlandes ist, die beiden Grundhaltungen, die kritisch rationale, verstehen wollende auf der einen und die mystisch irrationale, das erlösende Einheitserlebnis suchende auf der anderen Seite immer wieder in Verbindung miteinander zu bringen. In der Seele des Menschen werden immer beide Haltungen wohnen, und die eine wird stets die andere als Keim ihres Gegenteils schon in sich tragen. Dadurch entsteht eine Art dialektischer Prozess, von dem wir nicht wissen, wohin er führt. Ich glaube, als Abendländer müssen wir uns diesem Prozess anvertrauen und das Gegensatzpaar als komplementär anerkennen. [...] Indem wir die Spannung der Gegensätze bestehen lassen, müssen wir auch anerkennen, dass wir auf jedem Erkenntnis- oder Erlösungsweg von Faktoren abhängen, die außerhalb unserer Kontrolle sind und die die religiöse Sprache stets als Gnade bezeichnet hat.*«

Der würfelnde Gott noch einmal

Die Debatte zwischen Einstein und Bohr kam 1949 zu einem Ende; die beiden lieferten danach keine direkten Beiträge mehr zu der Frage, wie sich die Wirklichkeit verstehen lässt, selbst wenn sie beliebig genau berechenbar – und in diesem simplen Sinn entzaubert – ist. Nachgedacht hat aber zumindest Bohr bis zu seinem Tode über die Fragen. Die letzte Skizze, die Bohr am Vorabend seines Todes auf die Tafel seines Studierzimmers zeichnete, zeigt eine Versuchsanordnung, die er mit Einstein diskutiert hat und die das Verhalten von Objekten verstehen will, die nur komplementär zu fassen sind.

Warum war diese Diskussion nun so bedeutend, und warum ist sie im Grunde immer noch nicht entschieden? Man kann darauf zwei Antworten geben. Einmal ist zu beachten, dass Bohrs komplementäre Antwort der menschlichen Vorstellung in jeder Hinsicht widerspricht, die doch meint, herausfinden und sagen zu können, was etwas ist. Wenn Bohrs Idee zutrifft, taucht die Frage auf, wieso es Menschen möglich ist, die als Quantenmechanik bezeichnete Fassung der Wahrheit zu finden. Wieso bleiben die Physiker mit ihrer Einsicht nicht auf das beschränkt, was wir mit unseren Sinnen kennengelernt haben? Wieso ist Quantenmechanik denkbar?

Eine mögliche Antwort zeigt sich dann, wenn man annimmt, dass das eigentliche Thema der Debatte nicht so sehr die durch eine physikalische Theorie ausgedrückte oder erfasste Wirklichkeit, sondern etwas Größeres war. Hier wird die Ansicht vertreten, dass das zugrundeliegende Thema »Gott« genannt werden kann. Bei Einstein war oft genug von Gott die Rede, wenn es um die Deutung der Physik ging. Sein wohl berühmtester Satz zu diesem Thema lautet »Gott würfelt nicht«, den er oftmals in Briefen gebrauchte, von denen einer an Bohr gerichtet war. Konkret gemeint ist das Schreiben vom 4. April 1949, in dem Einstein ein letztes Mal Bohr auf die Frage nach der physikalischen Wirklichkeit und ihrer Deutung ansprach. Er bedankte sich für dessen Glückwünsche zum siebzigsten Geburtstag und schrieb:

> »Jedenfalls ist dies eine der Gelegenheiten, die nicht von der bangen Frage abhängt, ob Gott wirklich würfelt und ob wir an einer der physikalischen Beschreibung zugänglichen Realität festhalten oder nicht.«

Einstein fasste seine Antwort an Bohr sogar in einem alten Refrain zusammen, dessen Knittelverse er einer Groteske des 18. Jahrhunderts über einen verbummelten Theologiestudenten entnommen hatte:

> *»Über diese Antwort des Kandidaten Jobses*
> *Geschah allgemeines Schütteln des Kopfes.«*

Bohr antwortete auf ähnlich scherzhafte Weise eine Woche später. Er schrieb am 11. April 1949, er könne nicht umhin, »über die bangen Fragen zu sagen, dass es sich meines Erachtens nicht darum handelt, ob wir an einer der physikalischen Beschreibung zugänglichen Realität festhalten oder nicht, sondern darum, den [von Einstein] gewiesenen Weg weiter zu verfolgen und die logischen Voraussetzungen für die Beschreibung der Realitäten zu erkennen. In meiner frechen Weise möchte ich sogar sagen, dass niemand – und nicht einmal der liebe Gott selber – wissen kann, was ein Wort wie würfeln in diesem Zusammenhang heißen soll.« Und niemand, nicht einmal Einstein könne Gott Vorschriften machen, wie er die Welt zu lenken und zu führen habe.

Nicht an Gott glauben

Kann man verstehen, warum Einstein den von ihm selbst gewiesenen Weg nicht gegangen ist, warum nur Bohr dies zu unternehmen vermochte? Wenn man die Debatte zwischen Bohr und Einstein in einem theologischen Kontext sieht, dann lautet das Thema, ob eine atheistische wissenschaftliche Annäherung an die Welt überhaupt eine rationale Möglichkeit ist. Natürlich hat man keine Schwierigkeiten, Wissenschaftler zu finden, die nicht an Gott glauben oder die wirklich glauben, nicht an Gott zu glauben. Aber haben sie diesen Gedanken wirklich zu Ende gedacht, und sind sie bereit, die philosophischen Konsequenzen zu tragen? Bohr jedenfalls versuchte, gleichzeitig Wissenschaftler und wahrhaftiger Atheist zu sein.

Einstein nahm daneben in gewisser Weise einen einfacheren Standpunkt ein. Er repräsentierte die traditionelle monotheistische Einstellung der westlichen Wissenschaft, was leicht übersehen wird, weil Einstein in seiner Zeit vom breiten Publikum als typischer gottloser Wissenschaftler angesehen wurde, was aber nicht zutrifft, wie oben geschildert wurde. Er glaubte vielmehr an den Gott Spinozas, und von solch einem Standpunkt aus besteht die Aufgabe der Wissenschaft darin, die Intention und das Design des Schöpfers zu ergründen. Ein Physiker betrachtet die Wirklichkeit in diesem Lichte wie ein Archäologe die Steine von Stonehenge. Er ist sicher, dass hinter ihrer Aufstellung ein Plan liegt, den es zu finden gilt. Der Vorteil für den Archäologen liegt darin, dass er annehmen kann, dass die Bewohner von Stonehenge ebenso rational dachten wie er selbst. Aber da Gott den Menschen zu seinem Ebenbild gemacht hat, sollte zumindest auch eine gewisse rationale Affinität bestehen und einem Physiker ermöglichen, Naturgesetze zu entdecken.

Bohr dachte da völlig anders. Für ihn war jeder Gott – auch der von Spinoza – noch nicht einmal eine Möglichkeit, die man verwerfen konnte. Die Welt ist keine Schöpfung eines Gottes, sie ist für Bohr einfach da – wie das Quantum der Wirkung und das Leben. Die Menschen sind ein untrennbarer Teil von dieser Welt, die kein Zufall, sondern ein Geschenk und den Menschen gegeben ist. Sie sind zugleich Akteure und Zuschauer im großen Drama des menschlichen Lebens, einem Drama, das keinen Autor hat und dem keine Handlung unterliegt.

Bohr konnte mit der Quantenmechanik zufrieden sein. Das Fehlen einer kausalen Determiniertheit störte ihn nicht, und ihre Beschreibung der Wirklichkeit genügte ihm. Bohr stand damit der fernöstlichen Philosophie und ihren Weisheiten viel näher als den nahöstlichen Religionen. An den traditionellen Religionen missfiel ihm besonders, dass man von vornherein darauf verzichtete, den verwendeten Worten einen eindeutigen Sinn zu geben. So sah er nicht ein, »was es bedeuten soll, wenn vom ›Sinn des Lebens‹ gesprochen wird. Das Wort ›Sinn‹ soll doch immer eine Verbindung herstellen zwischen dem, um dessen Sinn es sich handelt, und etwas anderem, etwa einer Absicht, einer Vorstellung, einem Plan«, wie er sich in der Erinnerung von Heisenberg ausgedrückt hat, um fortzufahren:

> *Aber das Leben – damit ist doch das Ganze gemeint, auch die Welt, die wir erleben, und da gibt es doch nichts anderes, mit dem wir es verbinden könnten.«*

Bohr sah deshalb nur eine Möglichkeit, diesen Begriff sinnvoll zu verwenden:

> *Der Sinn des Lebens besteht darin, dass es keinen Sinn hat zu sagen, dass das Leben keinen Sinn hat. So bodenlos ist eben dieses ganze Streben nach Erkenntnis.«*

Nur die Sprache bewahrt uns vor dem Absturz in einen bodenlosen Schacht. In ihr sind wir nicht nur gefangen. In ihr sind wir auch frei, Gleichnisse zu verwenden. Die Quantenmechanik betrachtete Bohr als Beispiel für den Fall, »dass man einen Sachverhalt in völliger Klarheit verstanden haben kann und gleichzeitig doch weiß, dass man nur in Bildern und Gleichnissen von ihm reden kann«.

Gerade diese Eigenschaft der neuen Physik erinnerte ihn an die Weisheit der Chinesen, die die Wahrheit nur in Erzählungen und Anekdoten aussprachen. Bohr erzählte in diesem Zusammenhang gern die Legende von den drei Philosophen, denen ein Schluck Essig (»Lebenswasser« auf Chinesisch) mit der Frage gereicht wurde, wie er ihnen schmeckt. Der erste sagte: »Es ist sauer.« Der zweite sagte: »Es ist bitter.« Der dritte sagte: »Es ist frisch.« Dies war die Antwort von Laotse. Ihm gehörte Bohrs Sympathie.

Exkurs: Stephen Hawking (*1942)
und der liebe Gott

Der bekannteste Physiker der Gegenwart ist der Brite Stephen Hawking, der versucht, den Einstein der Gegenwart zu spielen und keine Gelegenheit auslässt, seine Gedanken über den lieben Gott zu verkünden. Ihm ist ein abschließender Exkurs gewidmet:

Stephen Hawking ist am 8. Januar 1942 in Oxford geboren worden. Er studiert erst in seiner Heimatstadt und geht 1962 zur Promotion nach Cambridge. Ein Jahr später bricht bei ihm eine Nervenkrankheit aus. Sie heißt amyotrophe Lateralsklerose (ALS) und lässt dem 21-Jährigen nach erster Einschätzung nur wenig Lebenszeit.

Es ist zu bewundern, wie fest sich Hawking im Angesicht dieser Nachricht an das Leben klammert und der Wissenschaft zuwendet. Er heiratet und arbeitet sich in die Allgemeine Relativitätstheorie Einsteins ein. Die Krankheit nimmt zwar ihren Lauf, aber verlangsamt. Trotzdem wird Hawking bald bewegungs- und sprechunfähig, und seit der Mitte der 1980er-Jahre hat er seinen Geruchs- und Geschmackssinn verloren, aber er lebt. Hawking ist an einen Rollstuhl gefesselt und kann nur durch einen Stimmensynthesizer kommunizieren. Seine wissenschaftlichen Qualitäten bleiben aber unbeeinflusst, und er stellt Theorien eines expandierenden Kosmos auf, in dem Schwarze Löcher strahlen. 1983 entwickelt er die Idee eines Universums, das weder Ränder noch Grenzen und auch keinen Anfang kennt.

Der Ruhm wächst: Hawking erhält zahlreiche Preise und wird Lucasian Professor in Cambridge und damit Inhaber des Lehrstuhls, den einst Newton innehatte. 1988 legt er einen Bestseller mit dem Titel »Kurze Geschichte der Zeit« vor. In ihm geht es um große Fragen zum Universum. Was meinte Einstein, als er von der »Möglichkeit einer endlichen und doch nicht begrenzten Welt« sprach? Und lässt sich dieser Gedanke auf die Zeit übertragen? Kann man von einem Anfang der Zeit etwa im Urknall sprechen? Kann man sogar fragen, was vor dem Urknall geschehen ist?

Die Antworten sind in einem etwas altväterlichen Tonfall geschrieben, der keineswegs einfach und leicht verständlich daherkommt. Hawking mutet seinen Lesern »Singularitäten« und andere komplizierte Konzepte mit Namen wie Wurmlöcher und Ereignishorizonte zu und stellt mit diesen Konzepten unverdrossen raffinierte Verbindungen her, und zwar selbst beim abendlichen Ausziehen. Dabei geht ihm Folgendes durch den Kopf:

> »Die Grenze des Schwarzen Lochs, der Ereignishorizont, wird durch die Wege jener Lichtstrahlen in der Raumzeit festgelegt, die bei ihrem zum Scheitern verurteilten Versuch, dem Schwarzen Loch zu entfliehen, am weitesten nach außen dringen und sich für immer auf dieser Grenze bewegen.«

Und während er dies überlegt, wird ihm »plötzlich klar, dass die Bahnen dieser Lichtstrahlen nicht aneinanderrücken können, weil sie sonst schließlich ineinanderlaufen müssten«. Das versteht natürlich jeder Leser sofort kurz vor dem Schlafengehen, weshalb es mit einer immer verwickelter werdenden Kette von Argumenten weitergehen kann, bei der eine Grundaussage der Thermodynamik ebenso benötigt wird wie manche Besonderheit der Atomphysik, um zuletzt zu der sensationellen Einsicht zu kommen, dass Schwarze Löcher gegen jede Erwartung etwas aussenden können. Aus ihnen treten Teilchen aus, die aber »nicht aus dem Inneren des Schwarzen

Loches, sondern aus dem ›leeren‹ Raum unmittelbar außerhalb des Ereignishorizontes« stammen, wie sicher jeder Leser problemlos nachvollziehen kann, auch wenn er nicht Physik studiert hat. Oder?

Wer überlegt, wie man viele Millionen Menschen für solche Details begeistern konnte, wird erkennen, dass es Käufern des Buches weniger um den großen Kosmos und mehr um den lieben Gott ging, von dem viel die Rede ist. In der wohl berühmtesten Passage zu diesem Thema dehnt Hawking Einsteins Idee von einem Raum, der endlich ist, ohne eine Grenze (und damit weder Anfang noch Ende) zu haben, auf die Zeit aus. Er unterbreitet den Vorschlag einer »endlichen Raumzeit ohne Grenze« und hält ein Universum für möglich, das »in sich abgeschlossen und keinerlei äußeren Einflüssen unterworfen« ist:

>»Die Vorstellung, dass Raum und Zeit möglicherweise eine geschlossene Fläche ohne Begrenzung bilden, hat ... weitreichende Konsequenzen für die Rolle Gottes in den Geschicken des Universums. Als es wissenschaftlichen Theorien immer besser gelang, den Ablauf der Ereignisse zu beschreiben, sind die meisten Menschen zu der Überzeugung gelangt, Gott gestatte es dem Universum, sich nach einer Reihe von Gesetzen zu entwickeln, und verzichte auf alle Eingriffe, die im Widerspruch zu diesen Gesetzen stünden. Doch diese Gesetze verraten uns nicht, wie das Universum in seinen Anfängen ausgesehen hat – es wäre immer noch Gottes Aufgabe gewesen, das Uhrwerk aufzuziehen und zu entscheiden, wie alles beginnen sollte. Wenn das Universum einen Anfang hatte, können wir von der Annahme ausgehen, dass es durch einen Schöpfer geschaffen worden sei. Doch wenn das Universum wirklich völlig in sich selbst geschlossen

ist, wenn es keine Grenze und keinen Rand hat, dann hätte es auch weder einen Anfang noch ein Ende: Es würde einfach sein. Wo wäre dann noch Raum für einen Schöpfer?«

Gott beschäftigt Hawking bis zum letzten Satz seines Buches, in dem er seiner Hoffnung Ausdruck gibt, dass es eines Tages eine vollständige Theorie der physikalischen Welt gibt, der man sogar entnehmen könne, »warum es uns und das Universum gibt«. Und er fügt hinzu: »Wenn wir die Antwort auf diese Frage fänden, wäre das der endgültige Triumph der menschlichen Vernunft – denn dann würden wir Gottes Plan kennen.«

Hawking versucht offenbar, Einstein zu spielen. Er greift sowohl seine komplexen Theorien als auch seine schlichten Bemerkungen auf, und er tut dies im Beruf mathematisch erfolgreich und im Alltag sprachlich witzig. Das berühmte Diktum »Gott würfelt nicht!« wandelt Hawking etwa dahingehend um, dass er sagt, Gott würfelt nicht nur, er wirft die Würfel sogar dorthin, wo man sie nicht sehen kann. Dann wäre er boshaft, ein Gedanke, den Einstein abgelehnt hätte.

8. »Zigeuner am Rand des Universums«

Zur Gottlosigkeit der Molekularbiologen in Zeiten des Urknalls

---

»Today we are learning the language in which God created life.«

»Heute lernen wir die Sprache kennen, in der Gott das Leben geschaffen hat.«

Der amerikanische Präsident Bill Clinton im Weißen Haus im Jahre 2000 bei der Vorstellung der ersten Sequenz eines menschlichen Genoms

»Der Alte Bund ist zerbrochen; der Mensch weiß endlich, dass er in der teilnahmslosen Unermesslichkeit des Universums allein ist, aus dem er zufällig hervortrat. Nicht nur sein Los, auch seine Pflicht steht nirgendwo geschrieben. Es ist an ihm, zwischen dem Reich und der Finsternis zu wählen.«

Diese Worte finden sich in dem 1970 erschienenen Bestseller »Zufall und Notwendigkeit«, in dem der als glänzender Forscher ausgewiesene und verehrte französische Nobelpreisträger für Medizin mit Namen Jacques Monod »philosophische Fragen der modernen Biologie« erörtert, wie der Untertitel verspricht. Der Molekularbiologe Monod versucht dabei, seine längst triumphal erfolgreiche »Fachdisziplin in dem Gesamtzusammenhang der modernen Kultur zu sehen« und solche Kenntnisse aus ihr zu gewinnen, »die für die Menschheit wichtig sein könnten«. Dabei fällt ihm vor allem ein, dass sich seine Mitmenschen »als Zigeuner am Rand des Universums« charakterisieren lassen, wobei Monod tatsächlich den Anschein zu erwecken versucht, diese Verurteilung folge unweigerlich aus dem, was seine Wissenschaft über das Leben im Allgemeinen und das des Menschen im Besonderen herausgefunden habe. Monod ist wie der Philosoph Karl Popper der Ansicht, dass es sich zwar für einen Gelehrten schickt, persönlich bescheiden zu sein, dass dies aber nicht für seine Ideen gilt. Und so trompetet Monod seine ernüchternde Ansicht in die andachtsvoll lauschende Welt hinaus, dass es weder einen Schöpfergott gibt, der so etwas wie einen Anfang und ein Ende der Welt festsetzt, noch eine sich vom einfachsten Atom zum kompliziertesten Lebewesen höherwindende Materie, die sich dabei einer Art Vollendung oder Perfektion nähert. Für Monod sind sowohl das Leben als auch der Mensch durch Zufall entstanden, und keinerlei Entwicklungsgesetz greift dabei mit irgendwelchen Fingern weder absichtsvoll noch zielgerichtet in das folgende abenteuerliche Spiel ein, bei dem kein Gott zuzuschauen scheint, wenn man das so salopp sagen darf. Der Herr lässt seiner Schöpfung einfach freien Lauf, wie es scheint.

Als Monod seine knochentrockene und wenig trostreiche These zum ersten Mal im Jahre 1967 vorstellte – und zwar in seiner Antrittsvorlesung am Pariser Collège de France –, entsetzte sich der zum Katholizismus bekennende Nobelpreisträger für Literatur, der Romancier François Mauriac, indem er ausrief: »Was dieser Professor sagt, ist noch viel unglaublicher als das, was wir anderen armen Christen glauben« – wobei es an dieser Stelle nicht falsch ist, an den etwas kecken und bekannten Satz zu denken: »Wahr sind nur Gedanken, die sich selber nicht verstehen.«

Die Molekularbiologie und die Gentechnik

Monods Gottlosigkeit und sein Zufallsglaube stellen erste Beispiele für das dar, was aus Reihen der Biologie zu hören ist, wenn die traditionellen Fragen nach Gott und den Glauben an ein höheres Wesen wie ihn und seine verkündeten religiösen Wahrheiten auftauchen. Die Antworten der Lebenswissenschaftler bestehen – im auffälligen Gegensatz zu den Ansichten der großen Physiker, wie sie im letzten Kapitel vorgestellt wurden – nicht nur unnachgiebig darauf, dass Biologie und Religion unvereinbar sind. Es scheint sogar so, dass – völlig anders als bei Planck – eine intensive wissenschaftliche Beschäftigung mit dem Leben weg von Gott und hin zu einem atheistischen oder zumindest agnostizistischen Standpunkt führt. Die Bioforscher der Gegenwart übernehmen damit eine Denktradition, die bis auf den streitbaren Zoologen Ernst Haeckel zurückgeht, der um 1900 eine »monistische Weltanschauung« vertrat, die allein auf den Naturwissenschaften beruhte. »Die Göttin der Wahrheit wohnt im Tempel der Natur, im grünen Walde, auf dem blauen Meere, auf den schneebedeckten Gebirgshöhen«, meinte Haeckel, »aber nicht in den dumpfen Hallen der Klöster … und nicht in den weihrauchduftenden christlichen Kirchen.« Von einem Gott der Wahrheit findet man bei dem Zoologen kein Wort.

Während es zu Haeckels Zeiten nicht unbedingt leicht war und sogar einer besonderen Anstrengung bedurfte, ein glühender Verfechter von Darwins evolutionären Ansichten zu werden, führten die Entwicklungen der Lebenswissenschaften im 20. Jahrhundert immer deutlicher vor die wissenschaftlich beobachtenden Augen, dass Darwins Grundidee von zufälligen Muta-

tionen im genetischen Material den berühmten Nagel genau auf
den Kopf traf. Es konnte beim Studium von Bakterien und ihren
Viren in den 1940er-Jahren sogar gezeigt und nachverfolgt werden, wie sich spontan auftretende Änderungen des Erbmaterials
zum Vorteil ihrer Träger bei dem auswirken konnten, was seit
dem 19. Jahrhundert Überlebenskampf hieß und den Tüchtigs-
ten unter den Nachfahren auswählte. Dieses Ringen konnte man
jetzt gut und höchst präzise mittels selektiver Vermehrungsraten
von Bakterien messen, und als die übrige Welt mit dem Zweiten
Weltkrieg beschäftigt war, stand für die überwiegende Zahl der
Biologen zweifelsfrei fest, dass Darwin recht hatte und sich alles Leben und sein evolutionäres Werden als Produkt aus »Zufall
und Notwendigkeit« verstehen ließ, wie es der Titel von Monods
Buch später auf den begrifflichen Punkt brachte. Man konnte
sie genau quantifizieren, die zufällig auftretenden Mutationen in
den Genen, aus denen das Erbgut bestand, und diese Varianten
in den Molekülen konnten ihren Trägern im praktischen Leben
Vorteile bringen, mit denen sie sich notwendigerweise behaupteten und verstärkt vermehrten.

Die Form der Lebenswissenschaft, die diese triumphalen
Einsichten verkündete, trug seit 1938 den Namen »Molekularbiologie«, und in den Jahren nach dem Zweiten Weltkrieg fand
sie mit atemberaubender Dynamik Zugang zu den Genen, was
ihren Protagonisten den Gedanken nahelegte, dass sich auf dieser Grundlage das Leben vollkommen verstehen lasse. Der frühe
große Höhepunkt der modernen Genetik fällt dabei in die frühen
1950er-Jahre, als zunächst endgültig die Molekülsorte bekannt
und identifiziert wurde, aus der Gene bestehen – sie trägt che-
misch korrekt einen langen Namen, den aber jeder mit den drei
Buchstaben DNA abkürzt. Unter dieser Vorgabe fanden sich der
umtriebige amerikanische Tausendsassa James D. Watson und
der intellektuelle britische Physiker Francis Crick in Cambridge zusammen, und es gelang ihnen in einem interdisziplinären

Ansatz und mit großem Geschick und viel Chuzpe, gemeinsam die berühmte und höchst elegante Struktur für das Erbmaterial vorzuschlagen und damit das zu präsentieren, was als Doppelhelix nicht nur in die Geschichte der Naturwissenschaften eingegangen ist, sondern auch die Kunst beflügelt hat. Salvador Dalí sah in der höchst eleganten Struktur der Gene einen Beweis für die Existenz Gottes oder zumindest eine enge Verbindung der Menschen zu Gott, was nicht nach jedermanns Geschmack sein muss und nicht unbedingt als wissenschaftliche Aussage zu verstehen ist.

Was Crick angeht, der als die treibende Kraft der Molekularbiologie in den 1950er- und 1960er-Jahren anzusehen ist und dem grundlegende Einsichten in die Struktur des Erbmaterials sowie den genetischen Code und seine Aufgabe zu verdanken sind, so muss ihn Dalís Ansicht eher verwirrt oder abgestoßen haben. Der Brite lieferte früher als Monod ein Beispiel für die Gottlosigkeit der Molekularbiologen. Crick hat sich nämlich nach dem Riesenerfolg mit der DNA dahingehend geäußert, dass es seiner Ansicht nach mit der Kenntnis der Genstruktur keine Geheimnisse im Leben mehr gebe und man daher die jetzt überflüssigen Kirchen schließen und in nützliche Schwimmhallen umwandeln könne.

Solch eine religionsfeindliche Sicht findet sich bereits bei dem jungen Crick, der in sehr zartem Alter entschieden hatte, »Wissenschaftler zu werden«, wie er in seiner Autobiographie »What Mad Pursuit«, auf Deutsch »Ein irres Unternehmen«, mitteilt. Doch so verlockend die Aussicht auch war, ein großer Forscher zu werden, zunächst quälte den kleinen Francis vor allem die Furcht, dass »alles bereits entdeckt sein« könnte, wenn er erwachsen wäre.

Unabhängig von diesen Ängsten erlangt der heranwachsende Francis früh eine unerschütterliche Gewissheit, an der er sein Leben lang festhält. Es ist die Gewissheit, »dass detailliertes wissenschaftliches Wissen bestimmte religiöse Glaubenssätze unhaltbar

macht«. Der Teenager Crick hört noch vor dem Einsetzen der
Pubertät auf, religiös zu empfinden. Da große Teile der Bibel
»ganz offensichtlich falsch« sind, wie er meint, sieht Crick keinen
Grund, irgendetwas aus dem Buch der Bücher zu akzeptieren,
und er bleibt diesem Entschluss fortan treu. Ihm ist unklar, warum Leute noch in die Kirche gehen, wo man doch die Wissenschaft hat, die Geheimnisse in Rätsel verwandeln und anschlie
ßend erkunden und offenlegen kann. Crick will ausschließlich
rational vorgehen und ohne doppelten Boden verstehen, was ihm
erzählt wird, obwohl – so meint man – jeder normal empfindende Mensch doch wissen sollte, dass genau dies weder mit den
biblischen Geschichten noch mit anderen Formen der Literatur
und Kunst geht und die wahre Bedeutung der dazugehörigen
Hervorbringungen hinter oder zwischen den Zeilen steckt, wo
Crick aber nicht suchen will.

Crick kann sein Leben lang nicht verwinden, dass er sich als
Jugendlicher einmal blamiert hat, weil er auf Angaben und Erklärungen der Bibel vertraute und sie als wissenschaftliche Information ansah. Die Schöpfungsgeschichte legt ihren Lesern bekanntlich den Gedanken nah, dass Männer über eine Rippe weniger als
Frauen verfügen. Crick hat lange und fest an diese Asymmetrie
der Geschlechter geglaubt, bis er auf der Universität zu seinem
Entsetzen lernte, dass ihn Gottes Wort anatomisch in die Irre
geführt und reingelegt hatte. Seitdem nimmt er nur noch zur
Kenntnis, was direkt zur Sache spricht und sich logisch nachvollziehen lässt, und auf dieser Ebene – der einzigen, die er akzeptiert
und die für ihn relevant ist und existiert, – agiert er souverän,
ideenreich und fleißig, und hier ist er den meisten von uns haushoch überlegen, wobei es besonders sein Talent ist, die lösbaren
Aspekte von offenen Fragen zu erkennen, das ihn auszeichnet.

Als er – zusammen mit dem ganz und gar nicht religiösen
James D. Watson – im Jahre 1953 die ohne Zweifel erstaunlich
schöne Doppelhelix als Struktur des Erbmaterials präsentiert,

verkündet er großspurig (in sicher ausgelassener Stimmung), die beiden hätten damit das Geheimnis des Lebens gelöst – ohne zu merken, dass das elegante Aussehen der genetischen Moleküle aus DNA dieses Geheimnis überhaupt erst stellt und erkennen lässt. An der schönen Schraube offenbaren sich dem eingehenden Betrachter vor allem Geheimnisse, die das Leben in seinem Werden ausmachen. Dies zeigt sich schlicht und einfach daran, dass mit Watsons und Cricks Vorstellung der Doppelhelix die Wissenschaft der Molekularbiologie nicht beendet war, sondern im Gegenteil mächtig Schwung geholt hat und eigentlich erst richtig beginnen konnte. Dabei wurden und werden so viele Daten und Einsichten gewonnen, dass die Lehrbücher der modernen Genetik immer umfangreicher werden und immer mehr Autoren brauchen, die gerne zugeben, dass es heute keinen Biowissenschaftler mehr gibt, der alles über Gene weiß. Alle Forscher zusammen wissen das auch nicht.

Tatsächlich entwickelt die Molekularbiologie im Verlauf der 1950er-Jahre eine unvergleichliche Dynamik, und die 1960er-Jahre scheinen das Projekt sogar zu einem triumphalen Abschluss zu bringen. In der Zeit wird der genetische Code offengelegt und verstanden, wofür Gene eigentlich zuständig sind, nämlich die Information für den Bau von Proteinen zu liefern, die in den Zellen all die biochemischen Aufgaben übernehmen, die zum Leben gehören. Die Mitglieder dieser extrem vielfältigen Molekülsorte sorgen unter anderem für den Stoffwechsel, das Wachsen, die Empfindlichkeit für äußere Reize und vieles andere, was in vielen Laboratorien untersucht wurde. Vor 1970 verbreitete sich dabei die Vorstellung, alles jetzt oder in naher Zukunft verstanden zu haben, was zum Leben gehört, obwohl bislang sämtliche genetischen Forschungen ausschließlich an Bakterien wie *E. coli* und deren Viren unternommen worden waren. Dies hinderte Monod aber nicht, großzügig oder großspurig zu verkünden: »Was für E. coli gilt, gilt auch für E. lefant«, wobei einige Zyniker sogar noch über das Säugetier hinausgingen und den Menschen in Form einer E. lise oder eines E. duard hinzufügten. Wer die Gene von Bakterien versteht, so meinte Monod, versteht die Gene von Menschen und damit diese Spezies selbst, wie an vielen Orten in den Jahren zu hören war, in denen die Studenten der 1968er-Generation von einer gesellschaftlichen Revolution träumten.

Der Satz von Monod zeigt, wie selbstsicher sich die Biologen am Ende der 1960er-Jahre aufführten, und es ist dieses Gefühl des umfassenden Weltwissens, das Monod dazu bringt, Menschen als »Zigeuner am Rand des Universums« zu betrachten und dabei noch das unbescheidene Gefühl zu entwickeln, »philosophische Fragen der modernen Biologie« angesprochen oder sogar geklärt zu haben.

Wie es der historische Zufall so will, entstand genau in den Jahren von Monods Betrachtungen die technische Möglichkeit, erste DNA-Moleküle gezielt zu zerlegen und dann präzise neu zusammenzusetzen, was zu einer umgestalteten – eben rekombinierten – DNA führte, wie man sagte, mit der dann das zuwege gebracht wurde, was bald Gentechnik hieß und eine Menge Gegner aus dem linken politischen Lager und den ethischen Abteilungen der philosophischen Seminare auf den Plan rief. Sie befürchteten, die Molekularbiologen würden nun massiv in das Erbgut eingreifen und anfangen, Gott zu spielen. Während die neue Technik für die Genetiker nur ein effizientes Verfahren lieferte, um bestimmte DNA-Moleküle genauer zu erkunden und deren Funktion sowohl im normalen Leben als auch in gestörten (krankheitserregenden) Fällen – etwa bei der Tumorbildung – zu untersuchen, bereitete die Gentechnik für ihre Gegner den schrecklichen Weg zu einer Manipulation von Organismen vor, bei denen die Menschen Grenzen überschreiten konnten, die ihnen heilig sein sollten und die deshalb besser unangetastet blieben.

Mit dem Aufkommen und der breiten Anwendung der Gentechnik in den 1970er-Jahren kam es zu zwei völlig verschiedenen Entwicklungen, die man als wissenschaftlich und ethisch unterscheiden kann. Wissenschaftlich stellte sich bald heraus, ohne dass Monod dies kommentiert hätte, dass seine Ansicht von E. coli und E. lefant völlig danebenlag. Die Gene in höheren Organismen wie einem Elefanten erwiesen sich als vollkommen anders strukturiert als die Gene in niederen Organismen wie Bakterien. Es stellte sich sogar heraus, dass es in den Zellen von Elefanten und Menschen gar keine Gene in dem Sinne gibt, dass sich dort ein Molekül finden lässt, das als Gen funktioniert und so identifiziert werden kann. Vielmehr enthalten die Zellen getrennte Abschnitte auf den DNA-Molekülen – also Genstücke –, deren Information bei Bedarf geeignet zusammengestellt werden kann, um das Protein, das die Zelle für ihre Biochemie benötigte, anfertigen zu können. Mit anderen Worten, die vielleicht merkwürdig klingen: Es gibt keine Gene, es gibt nur Stücke, die zusammengesetzt werden können und müssen, was natürlich zu den Fragen führt, wie das wann und wodurch geschieht, und mit solchen Themen ist die Zunft bis heute ausgelastet, wobei sie unentwegt neue Überraschungen zutage fördert.

Ethisch betrachtet tauchten Probleme der Art auf, ob man mit der Gentechnik jede Art von DNA aus den Zellen eines Organismus ausschneiden und in einen beliebigen anderen einsetzen kann und darf. Darf man zum Beispiel DNA, die in der Lage ist, das Wachstum von Tumoren zu fördern, aus Krebszellen entfernen und in Bakterien einbauen, die von ihrer Natur her in der Lage sind, sich im menschlichen Darm zurechtzufinden und also zu vermehren. Auf der einen Seite kann man das gefährliche Gen in dem Bakterium gut untersuchen. Auf der anderen Seite besteht die Gefahr, unbeteiligte Menschen hohen Risiken auszusetzen und deren Gesundheit oder gar deren Leben zu gefährden.

Die beiden Aspekte spielen in dem hier verhandelten Kontext, dem Verhältnis von Wissen und Glauben, deshalb eine Rolle, weil zum einen klar wird, wie wenig selbst ein Nobelpreisträger über seine Wissenschaft wusste, als er existenzielle Fragen und das Verhältnis zu Gott meinte klären zu können, und weil es zum anderen in der Ethikdebatte nicht lange dauerte, bis Philosophen die Kategorie des Heiligen aufriefen, um die neue Methode der genetischen Wissenschaft zu bewerten. Berühmt geworden ist dabei ein Buch über »Das Prinzip Verantwortung«, das 1979 erschienen ist und von Hans Jonas stammt. In diesem »Versuch einer Ethik für eine technologische Zivilisation« betont Jonas zunächst, dass »das hochtechnische Zeitalter eine neue Besinnung erfordert, weil die Macht des Menschen eine Reichweite und Größenordnung angenommen hat, von der man bislang keine Vorstellung hatte«. Er konstatiert besorgt, was Monods Buch erkennen lässt, nämlich eine »Nacktheit des Nihilismus, in der größte Macht sich mit größter Leere paart, größtes Können mit geringstem Wissen über das: Wozu?«. Jonas empfiehlt als Gegenmittel eine »Wiederherstellung der Kategorie des Heiligen, die am gründlichsten durch die wissenschaftliche Aufklärung zerstört wurde«, um mit ihrer Hilfe eine Ethik entwickeln zu können, »welche die extremen Kräfte zu zügeln vermag, die wir [nicht nur] besitzen, [sondern] ständig erweitern und auszuüben beinah gezwungen sind«.

Konkret bedeutet die Rückbesinnung auf das Heilige die Anerkennung, dass es Bereiche des Lebens gibt, an die Menschen keine Hand legen dürfen oder sollen, die also dem wissenschaftlich-technischen Zugriff versperrt bleiben sollen, und viele Anhänger von Jonas meinten damit den Zellkern, in dem die DNA verpackt zu finden ist. Doch so gut sich dieser Vorschlag anhörte und so gerne er von der Öffentlichkeit aufgegriffen wurde – »Das Prinzip Verantwortung« stand wochenlang auf den Bestsellerlisten –, Jonas selbst räumte in seinem Buch – wie oben zitiert – ein, dass Menschen vor Grenzen noch nie stehengeblieben sind, sondern stets gefragt haben, wie sie sich überwinden lassen. Das gehört zur menschlichen Natur, und eine Kultur, die der Natur zu widersprechen versucht, wird es für den Menschen nicht lange geben, wie jeder Blick in die Kulturgeschichte zeigt.

Zu den negativ besetzten und abwertend benutzten Stichworten der Gentechnikdebatte gehört der Begriff des Klons oder des Klonierens, mit dem eigentlich nur gemeint ist, einen Zellhaufen zu schaffen, der von einer einzelnen Zelle ausgegangen ist. Wenn es mit gentechnischer Hilfe gelungen ist, ein bestimmtes Gen in ein Bakterium zu schleusen, braucht man dieses nur noch zu klonieren, um die vielen Exemplare des Gens zu bekommen, die man von Anfang an haben wollte und brauchte, um sie biochemisch untersuchen zu können.

Natürlich steckt in diesem Klonen von Bakterien kein besonderes Problem. Das zeigt sich erst, wenn man den Begriff auf höhere Lebewesen ausdehnt und etwa davon spricht, Hunde oder Katzen zu klonieren, also genetisch identische Exemplare der Haustiere anzufertigen, die vor allem Kinder so lieben. Das Problem bekommt seine Brisanz, wenn es um das Klonieren von Menschen geht, und tatsächlich haben einige obskure Sekten solch ein Unterfangen in den 1990er-Jahren angekündigt, ohne die dazugehörigen Arbeiten wirklich begonnen oder gar unternommen zu haben. Bei dem Versuch, Menschen zu klonieren, stellen sich mindestens zwei Fragen: Einmal die, ob genetische Identität wirklich zu personaler Identität führt und die Gene überhaupt die gewünschte Wirkung erzielen. Ist der Klonzwilling eines frommen Christen oder eines skrupellosen Managers automatisch ebenfalls ein frommer Christ oder ein skrupelloser Manager? Und zum Zweiten die, ob es wirklich erstrebenswert ist, einen Haufen von gleich aussehenden Menschen zu produzieren. Bekanntlich sorgen Uniformen – etwa bei Soldaten – dafür, die aggressive Hemmschwelle herabzusetzen und kampfbereit zu werden. Moral entsteht, wenn man die Individualität seines Gegenübers wahrnimmt, und genau sie geht beim Klon verloren.

Der Blick auf die Evolution

Wenn Monod die Zufälligkeit des Lebens und seiner Entstehung betont, dann schließt er seine molekularbiologischen Einsichten an die große Theorie der Biologie an, die als Evolution bekannt ist. Wie im vorletzten Kapitel erläutert, hat Darwin die universelle und weitreichende Gültigkeit des statistischen Gedankens auf das Leben übertragen und damit dem Zufall in seinen Abläufen Tor und Tür geöffnet (siehe unten: Eine Fußnote zum Gotteswahn).

Seit Darwins Tagen hinterlässt das Zufällige mächtige Spuren im biologische Weltbild, vor allem dann, wenn das individuell Unberechenbare in Form von Mutationen in den Genen zu den geeigneten Variationen führen, die sich dann der natürlichen Zuchtwahl im Lebenskampf stellen können. Der Zufall ist das große Bekenntnis der Evolutionsbiologen geworden, wie sich vor allem bei dem kürzlich im biblischen Alter von 100 Jahren verstorbenen Ernst Mayr vielfach nachlesen lässt, der sein Leben lang mit einem strahlenden Lächeln und in völliger Zufriedenheit seinen Zuhörern verkündet, dass wir nur zufällig in der Welt sind, dass wir nichts als ein Zufall sind. Mehr nicht. Für Mayr stellt Darwins Idee eines evolutionären Ursprungs und der fortlaufenden Anpassungen der Arten die endgültige Säkularisierung der Naturwissenschaften dar, die ohne jeden Schöpfungsakt erklären kann, wie sich Leben entwickelt und entfaltet. Wie im 18. Jahrhundert bei dem Mathematiker Laplace stellt Gott keine Hypothese dar, die Mayr und seine Kollegen brauchen, und sie bemerken anscheinend nicht den Widerspruch, in dem sie sich dabei täglich verheddern.

Eine Fußnote zum Gotteswahn

Der britische Evolutionsbiologe und Erfolgsautor Richard Dawkins hat 2007 ein Buch mit dem Titel »Der Gotteswahn« vorgelegt, das trotz seines Umfangs von 500 Seiten wochenlang die

Spitze der Bestsellerlisten einnahm. Dawkins wollte den Glauben an ein höheres Wesen – die Existenz eines Heaven neben dem Sky – als gewaltigen Irrtum der Menschen entlarven. Er zweifelt die Existenz Gottes an und bietet dazu die Methoden der Naturwissenschaft auf, was aber nicht funktionieren kann. Kein Pathologe wird in einer Leiche eine Seele finden, was ihn trotzdem nicht zu dem Schluss führen darf, dass es deshalb nachweislich keine Seele gibt. Vielleicht forscht der Pathologe ja nur nach ihr, weil er selbst eine Seele hat.

In seinem Buch »Ein säkulares Zeitalter«, das über 1000 Seiten dick ist, geht der Philosoph Charles Taylor in einer Fußnote auf das Werk von Dawkins ein. Sie soll hier zitiert werden, und mehr ist dazu nicht zu sagen:

»*Dawkins' Gründe für seine Meinung, die Wissenschaft könne die Religion an den Rand drängen, wirken nicht sonderlich vertrauenserweckend. Sie stützen sich weitgehend auf eine allzu simple Unterscheidung zwischen Glauben und Wissenschaft:* ›*Manches spricht dafür, dass der Glaube zu den großen Übeln dieser Welt gehört, vergleichbar dem Pockenvirus, aber schwerer auszumerzen. Der Glaube – also eine Überzeugung, die nicht auf Belegen beruht – ist das Hauptlaster jeder Religion.*‹ *Was die Wissenschaft betrifft, so* ›*ist sie frei vom Hauptlaster der Religion, nämlich dem Glauben*‹. *Aber die Meinung, die Arbeit eines Wissenschaftlers beinhalte keine Annahmen, die nicht bereits auf Belegen basieren, ist doch gewiss ein Reflex blinden Glaubens, und zwar eines Glaubens, der nicht einmal den gelegentlichen Schauder des Zweifels spüren kann. Nur wenige religiöse Menschen sind so unbeirrt.*«

Wenn Menschen – wie Mayr und Monod – behaupten, ihre Existenz dem Zufall zu verdanken, dann lässt sich dieser Anspruch

nicht untersuchen, jedenfalls nicht mit den Mitteln der Naturwissenschaft, die für das Regelmäßige zuständig ist. Im Rahmen
des evolutionären Argumentierens wird aber gerade die menschliche Existenz zum Thema des Diskurses, und allein dadurch
drücken die Forschenden aus, dass ihr Vorhandensein und das
anderer Menschen auf der Erde mehr ist als das, was sie behaupten, nämlich mehr als ein Zufall.

Es ist daher kein Wunder, dass es Vertreter des evolutionären
Gedankens gibt, die bei der Frage nach der Kontingenz des Menschen nicht so sicher sind, wie die Antwort darauf lautet. Der zeit
seines Lebens höchst populäre amerikanische Paläoanthropologe
Stephen J. Gould hat seiner Überzeugung unserer Zufälligkeit
durch den Vorschlag sprachliche Form verliehen, sich die Evolution wie einen Film vorzustellen, den man noch einmal von
vorne laufen lässt. Er kann sich nicht vorstellen, dass dabei am
Ende wieder Menschen auftreten, die unser Verhalten an den Tag
legen, und er hat dazu einen kleinen Text verfasst, den »man sich
wie ein Hare-Krishna-Mantra mehrmals am Tag vorsingen sollte,
damit es umso tiefer in die Seele eindringt:

> *Menschen sind nicht das Endergebnis eines vorhersehbaren Evo-
> lutionsfortschritts, sondern ein zufälliger kosmischer Nachzüg-
> ler, ein winzig kleiner Zweig an dem unglaublich üppigen Busch
> des Lebens, der, würde er ein zweites Mal aus dem Samen her-
> anwachsen, mit ziemlicher Sicherheit nicht noch einmal diesen
> Zweig oder überhaupt einen Zweig mit einer Eigenschaft, die
> wir Bewusstsein nennen könnten, hervorbringen würde.«*

Ihm widersprochen hat der britische Evolutionsbiologe Simon
Conway Morris, der weniger Kontingenz und mehr Konvergenz
im Leben und seiner Entwicklung sieht. Konvergenz meint die
Tendenz von Organismen, von deutlich verschiedenen Ausgangspositionen herkommend mit Hilfe von Mutation und Selektion

zu ähnlichen Lösungen zu gelangen. Der Evolution stehen einfach nicht beliebig viele Alternativen zur Verfügung, was zahlreiche Wege zu dem gleichen Ergebnis führen lässt (das man auch ein Ziel nennen könnte, nur dass dies in der Biologie ein verbotenes Wort ist). Nicht nur Augen und andere Sinnesorgane sind konvergent – im Laufe der Evolution mehrfach gleichartig entstanden –, sondern auch eine so komplexe Organisationsform wie die Landwirtschaft. Sie findet sich tatsächlich auch bei Ameisen. Deren »Getreide« ist ein Pilz, der in großen Anlagen tief in der Erde angebaut wird, die sich durch eine komplexe innere Struktur auszeichnen, zu der Abfallkammern und Lüftungsrohre gehören. Bei genauerem Hinsehen werden die Parallelitäten zu unserer Art der Nahrungsmittelerzeugung auffällig. Der Pilz wird auf einem Blätterbeet (Mulch) gezogen, dessen Bereitstellung auf hoch komplexe Weise organisiert wird und den Ameisen den Namen Blattschneideameisen eingetragen hat. Das Laub von Bäumen wird eingesammelt, und die Ernte wird zum Nest gebracht, wobei unterwegs Zwischenlager eingerichtet werden können. Wenn das Blätterbeet und der Pilz, der darauf blühen soll, erst einmal im Nest der Ameisen sind, werden beide kontinuierlich versorgt und in Ordnung gehalten. Zu diesen Tätigkeiten gehören die Vernichtung von Unkraut, der Einsatz von stickstoffhaltigem Dünger (der aus analen Ausscheidungen stammt), Herbiziden und Antibiotika.

Conway Morris zufolge ist es nicht a priori Unsinn, wenn jemand von der Unvermeidlichkeit des Menschen spricht. Selbst gestandene und ausgewiesene Evolutionsbiologen fangen an, sich über die Frage Gedanken zu machen, ob nicht irgendwie doch in den Naturgesetzen so etwas wie Sinn und Zweck enthalten sind. Ihnen reicht es auch nicht mehr, alles auf irgendeinen Zufall zu reduzieren, und als Beispiel lässt sich der Paläontologe Michael Denton anführen, der 1998 in seinem Buch »Nature's destiny« erkundet hat, »how the laws of nature reveal purpose in the universe«, wie also die Gesetze der Natur etwas Absichtsvolles in ihren Abläufen und Erscheinungsformen erkennen lassen.

Auf diesen Mangel an Sinn einer reduktionistisch vorgehenden Biologie hat bereits in den 1950er-Jahren der Physiker Wolfgang Pauli hingewiesen, der grundsätzlich den Gedanken der Komplementarität vertreten hat, demzufolge es für jede oder zu jeder Beschreibung der Wirklichkeit eine zweite gibt, die gleichberechtigt gilt, obwohl sie der ersten oberflächlich widerspricht. Im Rahmen dieses besonders von Niels Bohr propagierten Gedankens – der sich früher schon bei William James findet, der gleich zu Wort kommt –, stellen Religion und Wissenschaft ein Paar von übergreifender Komplementarität dar, wie im letzten Kapitel erläutert worden ist. Konkret bedeutet Komplementarität, dass der Kausalität eine gleichberechtigte Konzeption gegenüberstehen muss, und der Zufall kann dies nicht leisten. Er ist zu schwach dafür. Pauli schlägt an dieser Stelle im Anschluss an den Psychologen Carl Gustav Jung den Begriff der Synchronizität vor, durch den Ereignisse verbunden werden können, auch wenn es eine kausale Beziehung zwischen ihnen gibt. Synchronizität meint so etwas wie eine Sinnkorrespondenz, womit unter anderem gemeint ist, dass den zufälligen Mutationen im Inneren einer Zelle und eines Organismus ein passendes Außen (in der Umwelt) entsprechen muss, um zu der Evolution zu führen, die das Leben ausmacht. Diese Überlegung soll aber an dieser Stelle nicht weiter verfolgt werden, da Paulis Idee noch keine spürbare Resonanz in Kreisen der Biologie gefunden hat.

Die Rückkehr des Designers

Unabhängig davon ist klar, dass derjenige, der Zufall predigt, um Gott auszuschließen, nur dessen Rückkehr bewirkt. Genau passiert es vor allem in der Evolutionsbiologie, in der sich nicht der Gesamttrend zu Gott ändert, sondern nur die Art, wie auf ihn hingewiesen oder wie er in das Werden der Welt eingebaut wird. Zurzeit ärgern sich die gottlosen Evolutionsbiologen maßlos über die nicht verstummenden Versuche von Kreationisten und anderen Fundamentalisten, der wissenschaftlichen (säkularen) Erklärung des Lebens etwas anderes an die Seite zu stellen. Vor einigen Jahren gab es viel Lärm um den Vorschlag, das Erscheinen von Arten und das Auftreten des Menschen einem »intelligenten Designer« zu überlassen, worauf die Evolutionsbiologen zu recht und oft sehr witzig mit dem Hinweis auf viele organische Unzulänglichkeiten der Körper (auch des Menschen) antworteten. Sie wollten damit klarmachen, dass in dem Fall, in dem das Leben seine Existenz einem Designer verdanken würde, man diesem Wesen bestenfalls Dummheit und Nachlässigkeit vorwerfen sollte, ihm aber auf keinen Fall Intelligenz nachsagen könnte.

Wer die Natur und den Menschen verstehen will, muss anders vorgehen, und Darwin hat es versucht. Es ist keine Frage, dass sein gefährlicher Gedanke, wie er manchmal genannt wird, auch ein großartiger Gedanke ist, der es erlaubt, sehr vielen (vielleicht sogar allen?) Phänomenen des Lebens eine einleuchtende und befriedigende adaptive Erklärung zu geben. Es ist aber ebenso wenig eine Frage, dass die burschikose Art, daraus das ganze Vorhandensein von Menschen als Zufall zu banalisieren, notwendigerweise Gegenkräfte auf den Plan rufen muss. Schließlich findet dies viele Tausend Jahre nach dem historischen Abschnitt der Achsenzeit statt, und seitdem suchen Menschen nicht nur nach immanenten Gesetzen, sie suchen auch nach einem höheren Sinn und nach tieferer Bedeutung. Menschen treiben sowohl Astronomie als auch Astrologie, und sie müssen und können mehr aus dem Zufall machen, als ihm die Schuld für ihre humane Existenz »als Zigeuner als Rand des Universums« zu geben, wie Monod seine Artgenossen mit merkwürdigem Vergnügen nennt.

Offenbar kommt – wie nach einem umfassenden Yin-Yang-Prinzip, das die moderne Physik als Idee der Komplementarität kennt und nutzt – Gott dann zurück und macht sich erneut bemerkbar, wenn er fast verschwunden ist. Das gilt nicht nur für die Evolution, sondern auch für die Kosmologie, die zunächst konstatierte, dass das Universum immer weniger Sinn ergab oder enthielt, nachdem sie es immer besser erklären konnte. Als man meinte, selbst den Anfang der Welt – etwa in Form eines Urknalls – verstanden zu haben, fiel einigen Kosmologen auf, dass sie ja nicht über das kosmische Werden im Allgemeinen reden können, sondern nur von einer einzigen Welt wissen, und zwar der, in der sie leben. Dieses Universum kann kein Zufall, sondern muss so eingerichtet und ausgestattet sein, dass Menschen darin entstehen und leben können. »Wir sind, wie wir sind, weil die Welt so ist, wie sie ist«, wie man manchmal lesen kann, und dieses auf die menschliche Existenz angelegte Verstehen des Kosmos läuft unter der Bezeichnung »anthropisches Prinzip«. Der dazugehörige Gedanke bleibt umstritten. Er beeindruckt aber zum Beispiel den intellektuellen Physiker Freeman Dyson, der dazu geschrieben hat:

> *»Je näher ich das Universum und die Einzelheiten seiner Architektur betrachte, desto mehr Hinweise finde ich, dass das Universum gleichsam gewusst haben muss, dass wir kommen.«*

Damit wird nicht behauptet, dass die Feinjustierung des Universums sich einer einstellenden Hand verdankt, wie es die starke Version des Prinzips verlangt, die zwar von vielen Physiker vehement abgelehnt wird, die trotzdem aber nicht verstummen will und immer wieder vorgetragen wird. Alles Bemühen in diese anthropische Richtung hat vor allem den Sinn, dem Menschen seine Zufälligkeit zu nehmen und ihm einen sinnvollen Platz einzuräumen, was einige Zeitgenossen sicher als Trost empfinden.

Noch einmal die Komplementarität

Im letzten (und diesem) Kapitel ist erwähnt worden, dass Physiker nicht wirklich Probleme haben, sowohl religiöse als auch wissenschaftliche Wahrheiten anzuerkennen, und zwar dadurch, dass sie dem Gedanken der Komplementarität Gewicht beimessen, der ihnen geholfen hat, etwa den Welle-Teilchen-Dualismus beim Licht und bei den Elektronen in den erkenntnistheoretischen Griff zu bekommen. Die Toleranz, die sich dabei in der grundlegendsten Wissenschaft und bei ihren Vertretern zeigt, findet man ganz und gar nicht im Reich der Biologie, die sich mit der Evolution beschäftigt. Erkennbar wird das zum Beispiel an der Gründung einer »Stiftung zur Förderung des evolutionären Humanismus«, die sich mit dem Namen von Giordano Bruno schmückt und die zum Beispiel im Darwin-Jahr 2009, als der fünfzigste Jahrestag der Publikation seines Ursprungs der Arten zu feiern war, den Vorschlag öffentlich unterbreitete, statt Christi Himmelfahrt einen »Evolutionsfeiertag« einzuführen. Die Giordano-Bruno-Stiftung, in dessen Beirat unter anderem der Hirnforscher Wolf Singer sitzt, hat 2005 auf einer Gegenveranstaltung zum Weltjugendtag eine »Religionsfreie Zone« eingerichtet und dabei die kühne und geschmacklos wirkende Aussage verbreitet, Jesus habe ein »jenseitiges Auschwitz mit Engeln als Selektionären an der himmlischen Rampe« versprochen.

In ihren Publikationen wird stets betont, »warum Biologen ihre Nöte mit Gott haben«, wobei natürlich nicht übersehen wird, dass es eine Metaphysik-Bedürftigkeit des Menschen gibt und der Glaube an einen Gott tief in der Evolution der Spezies *Homo sapiens* verwurzelt ist. Die Tatsache, dass Papst Johannes Paul II. im Jahre 1986 erklärt hat, »recht verstandener Schöpfungsglaube und recht verstandene Evolutionslehre stehen sich nicht im Wege«, finden die Anhänger der Stiftung bestenfalls gut gemeint und auf jeden Fall überflüssig. Und wenn der oberste Kirchenhirte noch versöhnlich hinzugefügt, »Evolution setzt Schöpfung voraus; Schöpfung stellt sich im Lichte der Evolution als zeitlich erstrecktes Geschehen, als creatio continua, dar, in dem Gott als Schöpfer des Himmels und der Erde den Augen des Glaubens sichtbar wird«, dann erklären die Funktionäre der Stiftung, dass solche Aussagen sinnlos seien, denn »bei näherer Hinsicht erweisen sich Evolution und Schöpfung als unvereinbar«, wie es ihnen ihre feste und unerschütterliche Überzeugung eingibt. »Religion und Wissenschaft beruhen auf zwei grundverschiedenen Denk- und Erklärungsansätzen und sind nicht zu versöhnen«, wie es zu lesen ist und wie es den Autor dieser Zeilen traurig stimmt.

Natürlich tragen die Vertreter des Neuen Atheismus gerne das Theodizeeproblem vor, das es für viele Menschen wirklich schwierig macht, an einen gütigen Gott zu glauben, wo doch in jeder Stunde, jeder Minute, jede Sekunde unschuldige Lebensformen in der Natur erbarmungslos niedergemetzelt werden. Und sie fordern die Leser ihrer Beiträge auf, sich »die Last der Selbstverwirklichung und Eigenverantwortung aufzubürden«, die einem aufgeklärten Menschen zukommt.

Doch um diesen personalen Gott geht es überhaupt nicht, mit dem auch die Physiker wie Einstein, Heisenberg und andere wenig bis gar nichts anfangen konnten und den sie deshalb links liegen gelassen haben. Es geht erstens um die historische Erfahrung, dass sich die Probleme der Welt nicht durch wissenschaftlichen Fortschritt oder soziale Techniken gelöst, sondern zu einer Rückbindung – Religion – an den Glauben geführt haben. Und es geht zweitens um die philosophische Beobachtung, dass aus den alten Gegensatzpaaren Glaube und Vernunft und Religion und Wissenschaft die neuen Oppositionen aus Subjekt und Objekt, aus Innen und Außen, aus Mensch und Welt geworden sind, die sich auf der akademischen Ebene in dem Wechselspiel aus Natur- und Geisteswissenschaften wiederfinden. Damit ist »eine neue Form des Universums der zwei

Wahrheiten entstanden«, wie Richard Tarnas es nennt, wenn er die »Wege des westlichen Denkens« verfolgt und beschreibt. In diesem Universum mit seinen zwei Wahrheiten gibt es Himmel mit Vögeln und Himmel mit Engeln, in ihm gibt es Augen, die nach außen blicken, und Augen, die nach innen schauen, in ihm gibt es Wahrheiten, die sich beweisen lassen – wie den Satz des Pythagoras –, und Wahrheiten, die man glauben kann – wie die des poetischen Satzes »Ich liebe dich« –, in ihm gibt es den Menschen als Einzelwesen und als Mitglied einer Gemeinschaft etwa des Glaubens, in ihm gibt es vor allem Geheimnisse, die durch den Zugriff der Wissenschaft nicht aufgehoben, sondern vertieft werden und die Menschen weiter staunen lassen.

Was konkret die Wissenschaft der Molekularbiologie und ihren erstaunlichen Beitrag zum Verständnis des Lebens angeht, so wird niemand bezweifeln, dass zum Beispiel das Verständnis von Genen ungeheuer gewachsen ist und viele Mutationen bekannt sind, die sowohl nützlich als auch schädlich sind. Das Leben besteht aber bekanntlich aus zwei Teilen, die seit der Antike als Materie und der Fähigkeit unterschieden werden, dem Lebensstoff die Gestalt zu geben, die einen Organismus auszeichnet und erkennbar macht. Die aktuell tätigen Biologen versuchen dieser geheimnisvollen Kraft des werdenden und sich entfaltenden Lebens mit dem der Computersprache entlehnten Begriff des Programms beizukommen, ohne dass sie auf diese Weise wirklich weiterkommen, vor allem, weil es dabei keinen Programmierer geben darf – im 19. Jahrhundert gab es ja auch keinen Uhrmacher. Es ist vorgeschlagen worden, stattdessen von der Kreativität der Gene zu sprechen, die dann analog zu einem Maler oder Bildhauer operieren, um das Leben und seine Formen zu bilden, wie sie sich zeigen. Es ist hier nicht der Platz, die beiden Konzepte ausführlich zu vergleichen. Hier wird aber die Ansicht vertreten, dass mit der Idee von schöpferischen Genen ein geisteswissenschaftlicher Aspekt in den Erklärungen für biologische Vorgänge auftaucht, der komplementär zu den naturwissenschaftlichen Erklärungen und Kausalitäten einzusetzen ist, sodass beide zusammen erkennen lassen, wie das Leben ist und wird und bleibt und anderes Leben erfreut (siehe: Genom und Glaube).

Genom und Glaube

»Genom und Glaube« – so heißt ein Buch, das 2001 erschienen ist und in dem sich der Heidelberger Nobelpreisträger Harald zur Hausen Gedanken macht, was die Genomforschung um die Jahrtausendwende aus dem Glauben gemacht hat. Genom – das meint das gesamte genetische Material einer Zelle, wobei Biologen, Biochemiker und Datenfachleute seit den 1980er-Jahren daran arbeiten, die dazugehörigen Sequenzen der genetischen Bausteine bestimmen und vergleichen zu können. Als großes Projekt wurde zu Beginn des 21. Jahrhundert das menschliche Genom vorgelegt, das aus immerhin drei Milliarden Bausteinen besteht. Die Präsentation fand im Weißen Haus in Washington statt, und der damals amtierende Präsident der USA, Bill Clinton, sprach bei dieser Gelegenheit davon, dass die Biologen Gott nun in seine Karten schauen und seine Sprache lernen könnten, wie zu Beginn des Kapitels zitiert worden ist.

Die Methoden, mit denen die Reihenfolge der DNA-Bausteine festgestellt werden kann, haben sich in der Zwischenzeit derart rasant entwickelt – und verbilligt –, dass das Erstellen von Genomsequenzen fast zur Routine geworden ist, und Harald zur Hausen denkt darüber nach, was sich den Menschen bei diesem neuen Blick auf sich selbst zeigt. Er redet einem dynamischen Rationalismus das Wort, weil die vielen Genome, die jetzt in Datenbanken gespei-

chert vorliegen und zum Vergleich mit anderen Sequenzen – Sequenzen von anderen Menschen oder anderen Lebewesen – bereitstehen, vor allem eines zeigen, nämlich
das, was zur Hausen als »die Dynamik unserer eigenen Evolution, die kontinuierliche Veränderung und die unbemerkt
fortschreitende Selektion« identifiziert und charakterisiert.
Er zieht daraus den folgenden Schluss:

> »Wir sind nicht der Schlussstrich der Schöpfung und be-
> finden uns wie unsere tierischen Vorfahren und unsere
> jetzt lebende Umwelt in einer überwiegend kontinuier-
> lichen Übergangsphase.«

Zur Hausen beklagt, dass christliche Weltbilder zu statisch
sind, um die genetische Dynamik erfassen zu können. Und da
sich das »Abbild des Schöpfers« ändert, könnte es nicht sein,
dass sich damit auch der Schöpfer ändert?

Zugegeben – der Professor aus Heidelberg nennt das eine »naiv-ironische Frage«, aber sie greift das alte Problem
auf, das seit Platons und Jesus' Zeiten als Essentialismus
den Blick auf die variable bleibende Vielfalt der Lebensformen verstellt hat. Das soll und darf nicht noch einmal passieren, weshalb zur Hausen sein Buch mit dem Vorschlag abschließt: »[E]rsetzen wir – wo immer möglich – den Glauben
durch Wissen, die geistige Statik durch die Dynamik, die uns
die Evolution vorgibt.«

Natürlich kann niemand sagen, ob eine solche plastische
und flexible Rationalität die Zukunft der Menschen und der
Erde sichert. Aber welche Alternative bietet sich an? Und
was anders können Menschen von der Zukunft erwarten, als
dass sie sich offen zeigt und das Leben einlädt, zu ihr zu
kommen? Diesen Glauben und diese Hoffnung lasse ich mir
nicht nehmen.

Gott im Gehirn

Eben ist der Name des Hirnforschers Wolf Singer gefallen, mit dem der Übergang von den Genen zum Gehirn gelingen kann, in dem Neurobiologen inzwischen meinen, den Ort finden zu können, den der Herr im Kosmos verloren hat. Seit 1984 gibt es für solche Untersuchungen den Namen Neurotheologie, und Zeitungen, die darüber berichten, stellen die Frage: »Ist Gott im Hirn?«, und sie spekulieren mit einer hübschen Alliteration über eine »Hotline zum Himmel«. Um das sofort und unmissverständlich klarzustellen: Singer hat mit diesen Bemühungen nichts zu tun. Er hat sich dafür in einem sorgfältig auf Wissenschaftlichkeit bedachten Rahmen bei persönlichem Interesse mit dem Einfluss des Meditierens auf das Nervengewebe unter der Schädeldecke und seine Aktivität befasst und natürlich auch von dem sogenannten Jesus-Syndrom gehört. Dies zeigt sich bei Patienten, in deren Temporallappen im Gehirn epileptische Anfälle entstehen, die auf jeden Fall ekstatische Erfahrungen suggerieren und manchmal in den Betroffenen den Eindruck entstehen lassen, sie seien Gott begegnet. Ein Mann (ein Patient) hat seinem Neurologen erzählt, er habe ein helles Licht gesehen und darin eine Person erkennen können, die Jesus geähnelt haben soll (was allein deshalb schwer nachzuvollziehen ist, weil natürlich niemand weiß oder sagen kann, wie Jesus wirklich ausgesehen hat).

Verfechter eines Ortes für das Göttliche im Gehirn haben sofort an die Bekehrung des Apostels Paulus erinnert, der in seinen ersten Lebensjahren Jagd auf Christen machte, bevor ihn auf seinem Weg nach Damaskus ein helles Licht überkam, während eine Stimme zu ihm sprach: »Ich bin Jesus, den du verfolgst«.

Man sollte solche Geschichten zur Kenntnis, aber nicht unbedingt ernst nehmen, vor allem nicht, ohne das zu kennen, was der Psychologe William James bereits im März 1902 publiziert hat, als sein Werk über »Die Vielfalt religiöser Erfahrung« zum ersten

Mal erschien. In dem ersten Kapitel »Religion und Neurologie« geht James auch auf die bereits damals kursierende Behauptung ein, Paulus sei ein Epileptiker gewesen, dessen Vision sich einer Läsion im Sehzentrum seines Gehirns verdankt. James nennt solch eine Einstellung »medizinischen Materialismus« und hat dazu folgende Meinung:

> »Sich auf die organische Verursachung eines religiösen Geisteszustandes zu berufen, um damit dessen Anspruch auf einen höheren spirituellen Wert zurückzuweisen, ist ziemlich unlogisch und willkürlich, wenn man nicht schon im Voraus irgendeine psycho-physikalische Theorie ausgearbeitet hat, die spirituelle Werte grundsätzlich mit bestimmten Formen physiologischer Veränderungen in Verbindung bringt. Andernfalls dürfte keiner unserer Gedanken und Gefühle, nicht einmal unsere wissenschaftlichen Lehren, nicht einmal unser Unglaube, irgendeinen Wahrheitswert beanspruchen, denn sie alle entströmen ausnahmslos der jeweiligen körperlichen Verfassung ihres Besitzers.«

Selbst wenn ein Theologe über das Nervensystem einer sanften Kuh verfügt, würde das seine Lehren nicht retten, wenn sie nicht unmittelbar einleuchten, philosophisch verständlich und moralisch nützlich sein würden. Die medizinischen Materialisten sind für James verspätete Dogmatiker, denen es nicht einfallen würde, die Theorie eines Physikers oder die Einsichten eines Biologen durch den Hinweis auf die neurotische Verfassung ihres Urhebers zu widerlegen.

Der Weg ist das Ziel

Wer in diesen Tagen beurteilen will, ob etwas an der Neurotheologie dran ist, der trifft auf Experten, die bei der neurologischen

Analyse des religiösen Erlebens zu unterschiedlichen Ergebnissen kommen. Es gibt Professoren, die meinen, das Geheimnis der Religion lösen und das mythische Einheitsgefühl des Gläubigen (oder Meditierenden) auf eine Folge neuronaler Prozesse zurückführen zu können, wobei es schade ist, dass James selbst nicht mehr darauf antworten kann. Ihnen gegenüber stehen Psychologen, die der Ansicht sind, dass die Hirnforschung eigentlich nichts über Gott sagen kann, und zwar aus dem einfachen Grund, dass die Neurologie Menschen ins Visier nimmt – und keinen transzendenten Gott untersucht.

Singer ist der Ansicht, bei solchen Fragen gelassen zu bleiben und nicht zu verbissen nach einer klärenden Antwort zu suchen. »Das Beste, was man tun kann, ist, sich mit sich selbst zu versöhnen. Dann wird man auch großzügiger gegenüber anderen«, wie er in einem Interview gesagt hat.

Tatsächlich – wenn das Geheimnis, das einen Menschen erstaunen und kreativ werden lässt, bei jeder Antwort, die er vorschlägt, immer nur tiefer wird, und wenn vorausgesetzt wird, dass niemand ins Bodenlose abrutschen kann, dann wird der Suchende zuletzt bei sich selbst landen – was auch die Giordano-Bruno-Stiftung meint, da sie zuletzt jedem Einzelnen die Verantwortung für sich und sein Leben zutraut. »Wo gehen wir denn hin?«, hat der romantische Dichter Novalis zur Goethezeit gefragt, um zu antworten: »Immer nach Hause«, also zu uns selbst. »Wir träumen von Reisen durch das Weltall – ist denn das Weltall nicht in uns? Nach innen geht der geheimnisvolle Weg«, wie Novalis meint und wie in heutigen Zeiten in dem Satz ausgedrückt wird, der Weg ist das Ziel, so wie die Evolution es vormacht. Der geheimnisvolle Weg – vielleicht können ihn die Gläubigen und die Forschenden gemeinsam antreten. Sie haben sich viel zu erzählen. Und der Eine, der redet, braucht immer den Anderen, der zuhört. Der Eine durch den Anderen. Das Eine durch das Andere.

Ausblick

»Wer Wissenschaft und Kunst besitzt, der hat auch Religion« (Goethe)

Am Ende des Textes ist es dem Autor erlaubt, auf die Tatsache hinzuweisen, dass er Mühe damit hat, wenn jemand sagt, er glaubte an einen oder den Gott. Ich kann mir kein Bild von Gott machen, so wie es dem Mystiker Meister Eckhart gelungen ist. Ich kann mir auch nicht vorstellen, wie der Herr im Himmel denkt oder anders zu Entscheidungen kommt. Einstein wollte wissen, welche Freiheiten Gott bei der Erschaffung der Welt gehabt hat, und die Physik, die nach ihm kam und auf seine Theorien aufbaute, vertritt die Meinung, dass es so etwas wie eine Freiheit – etwa bei der Wahl der Naturkonstanten – nicht gab, wenn Gott das herbeiführen wollte, was jetzt zu betrachten ist, nämlich ein Universum mit mindestens einem belebten Planeten, dem inzwischen eine Art – nämlich der *Homo sapiens* – über den Kopf zu wachsen scheint.

Ich habe schon Probleme, einen oder den Anfang des Universums zu denken, aus dem mit dem Auftreten des Menschen die Welt wurde, über die sich reden und die sich betrachten und bewerten lässt. Die Schwierigkeit, sich eine göttliche Schöpfung vorzustellen, hat zum einen damit zu tun, dass sie mit oder in irgendeinem dunklen Nichts vollzogen werden muss, was sich mir entzieht. Sie hat daneben auch damit zu tun hat, dass ich dem Satz von der Erhaltung der Energie eine besondere Bedeutung beimesse, weil er aus einer Eigenschaft der Zeit resultiert. In der ersten Hälfte des 20. Jahrhunderts hat die Mathematikerin Emmy Noether gezeigt, dass Symmetrien, die in Naturgesetzen auftreten, dazu führen, dass in der Wirklichkeit eine Größe gefunden werden kann, die erhalten bleibt, die also unzerstörbar ist. Da physikalische Gesetze unverändert bleiben, wenn man die Uhrzeit verstellt – Experten sprechen von Translationsinvarianz und nennen das eine Symmetrie –, da das Ergebnis einer Messung nicht davon abhängen kann, ob man sie vor oder nach der unsinnigen Zeitumstellung – Uhrumstellung – durchführt, die die Politik den Menschen zumutet, da also die Naturgesetze in diesem Sinne eine Zeitsymmetrie aufweisen, gibt es in der Realität die Energie, die zwar die Gestalt ändern kann, in der sie auftritt, die aber insgesamt erhalten bleibt – und damit immer schon da war. Also bereits vor der Schöpfung, was immer das heißen soll. Es gibt für das menschliche Denken keine Welt, die leer ist und in die sich dann etwas hineinsetzten lässt. Es gibt nur einen Zustand mit all der Energie, die auch heute noch zu verteilen ist, und mir bleibt verborgen, wie sich dabei ein Schöpfungsprozess ergeben kann, eine Schöpfung aus dem Nichts heraus. Ich kann mir vorstellen, wie sich die Energie entfaltet und daran macht, verschiedene Formen anzunehmen, um auf diese Weise die Dynamik entstehen zu lassen, die zur Genese der Welt und ihrer Gestalten werden kann. Es ist schön, dass es dazu gekommen ist, und es bleibt geheimnisvoll, wie dieser Weg eingeschlagen und gegangen werden konnte, was wiederum als schön empfunden werden kann.

Kunst und Wissenschaft

Wenn oben angedeutet wurde, dass der Autor keine religiösen Gefühle entwickelt, so soll hinzugefügt werden, dass er einige Personen bewundert oder bestaunt, die offenbar ihren Weg zu Gott gefunden haben und sich dabei gut aufgehoben fühlen und ein fröhliches Leben führen. Ich kann sie nur beneiden, ohne den Schritt nachvollziehen zu können, der ihnen gelungen ist, wobei ich besonders an Freunde aus Israel denke, die einen ungeheuren Lebensmut aus ihrem jüdischen Glauben und seiner langen – schmerzensreichen – Geschichte ziehen, während sie ihren beruflichen Alltag in Universitätslaboratorien mit Naturwissenschaften verbringen und systematisch die Gesetzmäßigkeiten chemischer Reaktionen erkunden. Wenn überhaupt, dann kann meine Religion aus der Kombination stammen, die Goethe genannt hat, als er Kunst und Wissenschaft miteinander verband und meinte, wer sich die beiden zu eigen gemacht hat und mit und in ihnen lebt, der gibt sich dadurch auch eine Religion. Der Gedanke fügt sich deshalb in den in diesem Buch vorgestellten Rahmen ein, weil sich Kunst und Wissenschaft als komplementäre Bemühungen von Menschen verstehen lassen, wie es etwa der amerikanische Romancier Raymond Chandler in seinen »Notizbüchern« formuliert hat. Unter dem Datum vom 19. Februar 1938 findet sich ein Eintrag unter der um besondere Aufmerksamkeit werbenden Überschrift »Großer Gedanke« (»Great Thought«):

»Es gibt zwei Arten von Wahrheit: Die Wahrheit, die den Weg weist, und die Wahrheit, die das Herz wärmt. Die erste Wahrheit ist die Wissenschaft, und die zweite ist die Kunst. Keine ist unabhängig von der anderen oder wichtiger als die andere. Ohne Kunst wäre die Wissenschaft so nutzlos wie eine feine Pinzette in der Hand eines Klempners. Ohne Wissenschaft wäre die Kunst ein wüstes Durcheinander aus Folklore und emotionaler Scharlatanerie (emotional quackery). Die Wahrheit der Kunst verhindert, dass die Wissenschaft unmenschlich wird, und die Wahrheit der Wissenschaft verhindert, dass die Kunst sich lächerlich macht.«

Wenn jemand seinen Weg kennt und ihn frohen Mutes beschreitet, könnte es sein, dass dabei ein religiöses Gefühl entsteht, das ganz sicher auch aus der Musik fließen kann. Der Physiker Victor Weisskopf betont in seiner Autobiographie »Mein Leben« die Bedeutung des komplementären Gedankens aus der Erfahrung, die er mit Mozart und der Quantenmechanik gemacht hat. Er glaubt, dass Menschen nur dann die bessere Welt zustande bringen, nach der doch alle streben, wenn sie komplementäre Erfahrungen zusammendenken und auf das Andere eingehen, um das Eine zu erleben.

Das Eine, das ist zum Beispiel bei Alexander von Humboldt der Dreiklang aus »Humanität, Kunst und Wissenschaft«, der so zu spielen ist, dass ihn alle Menschen hören können. Diese Aufgabe ist uns immer noch aufgegeben, wobei sich einige Menschen dagegen sträuben. Ihnen scheint es, als ob sich in Humboldts Naturverständnis eine romantische Sehweise zeigt, die viele Menschen für rückwärtsgewandt halten. Dabei geht es Humboldt nicht nur um die von Menschen genutzte, sondern auch um die von Menschen erlebte Natur, also um die Einheit der menschlichen Seele. Es heißt bei ihm konkret:

> *»Die Außenwelt existiert nur für uns, indem wir sie aufnehmen, indem sie sich in uns zu einer Naturanschauung gestaltet. So geheimnisvoll unzertrennlich als Geist und Sprache, der Gedanke und das befruchtende Wort sind, ebenso schmilzt, uns gleichsam unbewusst, die Außenwelt mit dem Innersten im Menschen, mit dem Gedanken und der Empfindung zusammen.«*

Humboldt beschreibt die von ihm sorgfältig erforschte und vermessene Natur wie ein Dichter und Maler – mit poetischer Sprache und in lebendigen Bildern. Er bezieht die Spiegelung der Natur in die menschliche Seele mit ein und redet von Genuss, Gefühl, Furcht, Bewunderung und Erlebnis. Vermutlich meint

Goethe dasselbe mit der Religion, nämlich das Aufkommen eines Gefühls beim Naturerleben und das Erfasstsein der Seele, wie es Humboldt beschrieben hat:

> »*Am Gestade eines Sees, in einem großen Walde, am Fuß dieser vom ewigen Eis bedeckten Berggipfel ist es nicht die materielle Größe, die uns mit dem heimlichen Gefühl der Bewunderung erfüllt. Was zu unserer Seele spricht, was so tiefe und mannigfache Empfindungen in uns wach ruft, entzieht sich unseren Messungen, wie auch den Formen der Sprache.*«

Wer Wissenschaft wie eine Kunst versteht, die von kreativen Menschen gemacht wird, und wer Kunst wie eine Wissenschaft versteht, die von anderen nachvollzogen und verstanden werden kann, wer dabei erkennt, dass die dabei entstehenden Werke zur Verzauberung der Welt beitragen, weil sie ein »heilig öffentliches Geheimnis« enthalten und anbieten, wie Goethe es in einem als »Epirrhema« bezeichneten Gedicht ausgedrückt hat, der wird seine Bindung an die Welt nicht verlieren und also eine Religion haben. Sie zeigt das Eine, das nur mit dem Anderen zu haben ist. Es ist wie die große Liebe. Sie ist das Eine, das es ohne einen Anderen oder eine Andere nicht gibt. Das Eine mit dem oder der Anderen. Kann es etwas Schöneres geben?

Angaben zur Literatur und Zitaten

Einblick

Zur Himmelskunde des Aristoteles findet man die Quellen und mehr zum Beispiel in dem Buch »Aristoteles in Oxford«, in dem John Freely erzählt, »wie das finstere Mittelalter die moderne Wissenschaft begründete« (Stuttgart 2014). Ich selbst habe darüber in meinem Buch »Aristoteles, Einstein und Co.« berichtet (München 1995).

Das Thema der Achsenzeit behandelt ausführlich der Band »Die kulturellen Werte Europas«, den Hans Joas und Klaus Wiegandt herausgegeben haben (Frankfurt am Main 2005). Das Zitat von Joas findet sich in dem einleitenden Kapitel mit der gleichen Überschrift.

Die Doppelnatur des Lichtes erläutert im Detail mein Buch »Die Verzauberung der Welt« (München 2014). Jörg Lauster hat im selben Jahr ein Werk mit demselben Titel vorgelegt (München 2014).

Kapitel 1

Das dem Kapitel titelgebende Zitat stammt von Thales von Milet.

Das Zitat von Max Planck zu Beginn des Kapitels findet man in seinen »Vorträgen und Erinnerungen« (Darmstadt 1965), und genauer zu Beginn des darin abgedruckten Aufsatzes über »Religion und Naturwissenschaft«.

Ausführliche Informationen zu Thales finden sich unter anderem in der »Kulturgeschichte der Physik«, die Károly Simony vorgelegt hat (Frankfurt am Main ³2001). Vergleiche dazu auch die »Naturwissenschaften im Kulturvergleich« von Karl Wulff (Frankfurt am Main 2006).

Die Texte von Aristoteles sind der Ausgabe der »Werke in deutscher Übersetzung« entnommen, die in zahlreichen Bänden von der Wissenschaftlichen Buchgesellschaft im Darmstadt herausgebracht werden. 2013 ist zum Beispiel Band 16 erschienen, die »Historia Animalium«.

»Das Lachen der Thrakerin« von Hans Blumenberg ist als Suhrkamp Taschenbuch Wissenschaft erschienen (Frankfurt am Main 1987).

Über »die Welt der Planeten in Astronomie und Mythologie« findet man mehr in dem Buch »Wanderer am Himmel«, dessen Autoren Caryad, Thomas Römer und Vera Zingsem sind (Heidelberg 2015). Die Wege des westlichen Denkens als Kombination aus »Idee und Leidenschaft« hat Richard Tarnas kurz vor Ende des letzten Jahrhunderts beschrieben (München 1999). In diesem Band findet sich auch viel zu Thales und wie Aristoteles über ihn berichtet. Tarnas geht zudem ausführlich auf das Problem der Planeten ein, und er stellt die Schriften der Sophisten vor.

»Über die Natur der Dinge« von Lukrez liegt seit kurzem in einer neuen Übersetzung von Klaus Binder vor (Berlin 2014).

Kapitel 2

Aus dem Munde von Albertus Magnus stammt das Zitat, das dem Kapitel seinen Titel gab.

Werner Heisenbergs Rede von 1964 über »Das Naturgesetz und die Struktur der Materie« gibt es in einer Sonderausgabe mit Zeichnungen von Hans Erni (Stuttgart 1967).

Das Zitat von Augustinus ist dem Buch »Naturwissenschaften im Kulturvergleich« von Karl Wulff (Frankfurt am Main 2006) entnommen.

Jörg Lauster, »Die Verzauberung der Welt«, München 2014.

Friedhelm Winkelmann, »Geschichte des frühen Christentums«, München [4]2007

Über die Anfänge der Geschichte einer europäischen Institution, die als »Die Universität« bekannt ist, informiert zuverlässig Hans-Albrecht Koch (Darmstadt 2008).

Mehr zu Ptolemäus und dem Almagest bei Ernst Peter Fischer, »Aristoteles, Einstein und Co.« (München 1995).

Bruno Binggeli, »Primum Mobile – Dantes Jenseitsreise und die moderne Kosmologie«, Zürich 2006

Zu der Modernität des Mittelalters vergleiche die »Kulturgeschichte der Physik« von Károly Simony (Frankfurt am Main [3]2001).

Mehr zur Impetustheorie bei Ernst Peter Fischer, »Kritik des gesunden Menschenverstandes« (Hamburg 1989).

Zu Robert Grosseteste gibt es einen grundlegenden enzyklopädischen Aufsatz, der von Philosophen der Stanford Universität verfasst worden und im Internet zugänglich ist.

Zu Albertus Magnus finden sich mehr Informationen und Quellen in meinem Buch »Aristoteles, Einstein und Co.« (München 1995). Albertus selbst wird zitiert nach den »Ausgewählten Texten – Lateinisch Deutsch«, die von A. Fries herausgegeben worden sind (Darmstadt [3]1994).

Kapitel 3

Johannes Kepler ist das Zitat zuzuschreiben, das als Titel dieses Kapitels dient.

Die Zitate von Karl Kraus findet man in dem Band »Aphorismen – Sprüche und Widersprüche« (Frankfurt am Main 1986).

Über »Ein säkulares Zeitalter« informiert Charles Taylor in seinem gleichnamigen umfangreichen Buch (Frankfurt am Main 2009).

Die Rolle der Jesuiten behandelt ausführlich Amir Alexander in seinem Buch »Infinitesimal – How a dangerous mathematical concept shaped the modern world« (New York 2014).

Zu den Kränkungen von Sigmund Freud siehe Ernst Peter Fischer, »Warum Spinat nur Popeye stark macht – Legenden und Mythen in der Wissenschaft« (München 2011).

Das Zitat von Ficino findet sich bei Charles Taylor, »Ein säkulares Zeitalter« (Frankfurt am Main 2009), S. 175.

Kapitel 4

Dem Werk von Ibn al-Haitham ist das titelgebende Zitat für dieses Kapitel entnommen.

Als Literatur diente in diesem Kapitel:

Paolo Rossi »Geburt der modernen Wissenschaft in Europa«, München 1997

Jim Al-Khalili, »Im Haus der Weisheit«, Frankfurt am Main 2011

David C. Lindberg, »Die Anfänge des abendländischen Wissens«, München 2000

David C. Lindberg, »Auge und Licht im Mittelalter«, Frankfurt am Main 1987

Karl Wulff, »Naturwissenschaften im Kulturvergleich«, Frankfurt am Main 2006

Hans Belting, »Florenz und Bagdad – Eine westöstliche Geschichte des Blicks«, München 2008

Gudrun Krämer, »Geschichte des Islam«, München 2005

Gotthard Strohmaier, »Avicenna«, München 2006

Manfred Schlapp, »Islam heißt nicht Salam«, Zürich 2015

David Wirmer (Hg.), »Averroes – Über den Intellekt«, Freiburg 2008

Philippe Boulanger, »1001 Nacht – Scheherezade erzählt Geschichten aus dem Wissenschaft«, Basel 1999

Kapitel 5

Keinem anderen als Isaac Newton konnte das titelgebende Zitat dieses Kapitels entnommen werden.

Weitere Literatur:

Isaiah Berlin, »Wider das Geläufige«, Frankfurt am Main 1981 (darin der Aufsatz über »Die Originalität Machiavellis«)

Jörg Lauster, »Die Verzauberung der Welt«, München 2014

Charles Taylor, »Ein säkulares Zeitalter«, Frankfurt am Main 2009

Raymond Flood, Mark McCartney und Andrew Whitaker (Hg.), »James Clerk Maxwell – Perspectives on his Life and Work«, Oxford 2014

Michael Faraday, »The Chemical History of a Candle«, Oxford 2011

Kapitel 6

Selbstverständlich stammt das Zitat der Kapitelüberschrift von Charles Darwin.

Folgende Bücher halfen beim Abfassen dieses Kapitels:

Walter Burkert, »Kulte des Altertums«, München 1998

Ernst Peter Fischer, »Gott und die anderen Großen«, München 2013

Ernst Peter Fischer, »Ein Abenteuer wird besichtigt«, Hamburg 1990

Richard Fortey, »Leben. Die ersten vier Milliarden Jahre«, München 1999

Eckart Voland, »Die Natur des Menschen«, München 2007

Jörg Lauster, »Die Verzauberung der Welt«, München 2014

Robert J. Berry, »Adam und der Affe – Gott, die Bibel und die Evolution«, Hamburg 1989

Joachim Klose und Jochen Oehler (Hg.), »Gott oder Darwin? – Vernünftiges Rede über Schöpfung und Evolution«, Berlin u. Heidelberg 2008

Kapitel 7

Max Planck ist Urheber des Zitats, das diesem Kapitel seinen Titel gibt.

Weitere Literatur:

Albert Einstein, »Mein Weltbild«, Zürich 1953

Werner Heisenberg, »Gesammelte Werke, Abt. C: Allgemeinver-
ständliche Schriften«, München 1984

Ernst Peter Fischer, »Brücken zum Kosmos«, Lengwil 2004

Ernst Peter Fischer, »Gott und die anderen Großen«, München 2013

Paul Davies, »Gott und die moderne Physik«, München 1986

Max Planck, »Vorträge und Erinnerungen«, Darmstadt 1969

Jörg Lauster, »Die Verzauberung der Welt«, München 2014

Rudolf Bultmann, »Neues Testament und Mythologie«, München
1985

Max Weber, »Schriften 1894–1922«, ausgewählt von Dirk Kaesler,
Stuttgart 2002

Rémi Brague, »Die Weisheit der Welt«, München 2006

Ernst Peter Fischer, »Die Verzauberung der Welt«, München 2014

Jürgen Osterhammel, »Die Verwandlung der Welt«, München 2009

Lise Meitner, »Max Planck als Mensch«, in: Hans Roos, Armin Hermann (Hg.), »Max Planck – Vorträge, Reden, Erinnerungen«,
Heidelberg 2001

Ernst Peter Fischer, »Einstein für die Westentasche«, München 2005

Ernst Peter Fischer, »Niels Bohr«, München 2012

Ernst Peter Fischer, »Der Physiker – Max Planck und das Zerfallen
der Welt«, München 2007

Rudolf Hild, »Spinoza«, Heidelberg 2005

Wolf Lepenies, »Gefährliche Wahlverwandtschaften«, Stuttgart 1989

William James, »Die Vielfalt religiöser Erfahrung«, Frankfurt am
Main 1997

Stephen Hawking, »Eine kurze Geschichte der Zeit«, Hamburg
1988

Kapitel 8

Jacques Monod ist das Zitat entnommen, das als Titel dieses Kapitels
dient.

Auf folgende Literatur wurde zurückgegriffen:

William James, »Die Vielfalt religiöser Erfahrung«, Frankfurt am Main 1997

Harald zur Hausen, »Genom und Glaube«, Berlin u. Heidelberg 2002

Richard Tarnas, »Idee und Leidenschaft«, München 1999

Jacques Monod, »Zufall und Notwendigkeit«, München 1971

Ulrich Schnabel, »Die Vermessung des Glaubens«, München 2008

Dick Swaab, »Wir sind unser Gehirn«, München 2011

Hans Küng, »Der Anfang aller Dinge – Naturwissenschaft und Religion«, München 2005

Eckart Voland, »Die Natur des Menschen«, München 2007

Victor Weisskopf, »Mein Leben«, Bern 1991

Michel Serres (Hg.), »Elemente einer Geschichte der Wissenschaften«, Frankfurt am Main 1994

Zeittafel

Jahr	Ereignis
Vor der christlichen Zeitrechnung	
700	Hesiod verfasst die Theogonie
600	Thales von Milet wirkt in Athen
525	Pythagoras begründet eine philosophisch-religiöse Brüderschaft
450	Auftreten der Sophisten
446	Herodot verfasst seine Historien
410	Hippokrates legt die Grundlagen der antiken Medizin
399	Platon beginnt mit dem Schreiben der Dialoge
367	Aristoteles beginnt sein Studium an der Akademie Platons
295	Euklids »Elemente« begründen die klassische Geometrie
240	Höhepunkt des Wirkens von Archimedes
60	Lukrez schreibt »De rerum naturae«
45	Cicero verfasst seine philosophischen Werke

Jahr	Ereignis
	Jesus von Nazareth wird geboren, Beginn der modernen Zeitrechnung
Um 30	Tod Jesu
Ab 50	Paulus verfasst seine Briefe
Ab 64	Das Evangelium des Markus
70–80	Die Evangelien des Matthäus und des Lukas
90–100	Das Evangelium des Johannes
248	Origines verteidigt das Christentum gegen heidnische Gelehrte
265	Plotin lehrt in Rom und begründet den Neoplatonismus
312	Kaiser Konstantin konvertiert zum Christentum
400	Augustinus verfasst seine »Bekenntnisse«
622	Beginn des Islam
1170	Gründung der Universität von Paris, Oxford und Cambridge
1245	Thomas von Aquin beginnt sein Studium bei Albertus Magnus
1247	Roger Bacon unternimmt experimentelle Forschungen in Oxford
1310	Dante beginnt die Arbeit an der »Göttlichen Komödie«
1320	Wilhelm von Ockham lehrt in Oxford – das Rasiermesser
1347	Pest in Europa – der Schwarze Tod

Jahr	Ereignis
1440	Nikolaus von Kues, »Über erlernte Ignoranz«
1455	Die Gutenberg-Bibel markiert eine Revolution im Buchdruck
1492	Kolumbus erreicht Amerika
1512	Erster Entwurf des Kopernikus für ein heliozentrisches Weltbild
1517	Thesenanschlag Luthers in Wittenberg, Beginn der Reformation
1540	Ignatius von Loyola gründet die Gesellschaft Jesu (Jesuiten)
1543	Kopernikus publiziert »Über die Kreisbewegungen der himmlischen Körper« Andreas Vesalius publiziert »Über die Struktur des menschlichen Körpers«
1582	Die Gregorianische Kalenderreform
1596	Johannes Kepler publiziert »Mysterium Cosmographicum«
1600	Giordano Bruno wird von der Inquisition verbrannt; William Gilbert publiziert »Über den Magneten«
1609	Kepler beschreibt in seiner »Astronomia Nova« zwei Gesetze für Planeten
1610	Galileis »Sidereus Nuncius«, der Sternenbote mit dem Fernrohr
1616	Die Jesuiten streiten mit Galilei wegen seiner Hinwendung zu Kopernikus und seinem Gebrauch des Infinitesimalen.
1619	Keplers »Harmonices Mundi« mit dem dritten Gesetz

Jahr	Ereignis
1632	Galileis »Dialog über die beiden hauptsächlichen Weltsysteme«
1632	Die Jesuiten publizieren eine Verdammung des Infinitesimalen
1637	René Descartes publiziert »Methoden zum richtigen Vernunftgebrauch«
1665/6	Isaac Newton macht seine großen Entdeckungen
1675	Gottfried Wilhelm Leibniz entwickelt seine eigene Version des Differentialkalküls
1678	Newton publiziert »Naturalis philosophiae principia mathematica«
1724	Johann Sebastian Bach komponiert die Johannespassion
1748	David Humes »Untersuchung über den menschlichen Verstand«
1751	Benjamin Franklin unternimmt Experimente zur Elektrizität
1776	Die amerikanische Unabhängigkeitserklärung
1781	Immanuel Kant, »Kritik der reinen Vernunft«
1789	Beginn der Französischen Revolution
1795	James Hutton, »Theorie der Erde«
1799	Friedrich Schleiermacher, »Über die Religion«
1800	Novalis, »Hymnen an die Nacht«
1800	Jean-B. de Lamarck schlägt einen Wandel der Arten vor

Jahr	Ereignis
1819	Arthur Schopenhauer, »Die Welt als Wille und Vorstellung«
1824	C. F. Gauß postuliert eine nicht-euklidische Geometrie
1831	Charles Darwin beginnt seine Weltreise
1841	Ludwig Feuerbach, »Das Wesen des Christentums«
1847	Der Erste Hauptsatz der Wärmelehre, die Erhaltung der Energie
1848	Karl Marx und Friedrich Engels, »Manifest der kommunistischen Partei«
1850	Rudolf Clausius und das Konzept der Entropie
1859	Charles Darwin publiziert seine Ideen vom Ursprung der Arten
1871	Darwins »Abstammung des Menschen«
1873	James Clerk Maxwells »Treatise of Electricity and Magnetism«
1883	Friedrich Nietzsche, »Also sprach Zarathustra«
1895	Die Röntgenstrahlen werden beschrieben
1896	Die Radioaktivität wird beschrieben
1899/1900	Adolf von Harnack, »Das Wesen des Christentums«
1900	Max Planck führt das Quantum der Wirkung ein
1902	William James publiziert »Die Vielfalt der religiösen Erfahrung«
1905	Albert Einsteins Wunderjahr

Jahr	Ereignis
1912	C. G. Jung und die »Psychologie des Unbewussten«
1913	Niels Bohr stellt ein Atommodell vor; der erste Band von »Auf der Suche nach der verlorenen Zeit« von Marcel Proust erscheint
1914	Beginn des Ersten Weltkriegs
1915	Einsteins Allgemeine Relativitätstheorie
1917	Max Weber spricht von der »Entzauberung der Welt«
1919	Einsteins Theorie wird bestätigt und er wird über Nacht weltberühmt
1921	Ludwig Wittgensteins »Tractatus logico-philosophicus«
1925/6/7	Die Quantenmechanik und ihre Kopenhagener Deutung
1931	Kurt Gödel beweist, Wahrheit und Beweisbarkeit sind verschieden
1934	C. G. Jung, »Archetypen der kollektiven Unbewussten«
1938	Der Ausdruck »Molekularbiologie« wird geprägt
1941	Rudolf Bultmann, »Neues Testament und Mythologie«
1945	Erwin Schrödinger fragt: »Was ist Leben?«
1952/3	DNA wird als Erbmaterial identifiziert und als Doppelhelix erkannt
1955	Teilhard de Chardin, »Der Mensch im Kosmos«

Jahr	Ereignis
1957	Der Westen erlebt den Sputnik-Schock
1961	Erste Flüge von Menschen ins Weltall. Es zeigt sich kein Gott
1962	Beginn des Zweiten Vatikanischen Konzils
1964	Die Theorie der Quarks und die Bell'sche Ungleichung
1969	Die Mondlandung und das Wort »Umweltschutz«
1972	Dennis Meadows et al., »Die Grenzen des Wachstums«
1973	Die Grundoperation der Gentechnik
1975	Gründung von Microsoft
1980	Der Personalcomputer breitet sich aus
1986	Vorschlag, das Genom zu sequenzieren, um Krebs zu verstehen
1989	Das World-Wide-Web wird entwickelt
1995	Erste vollständige Gensequenz eines Bakteriums
1998	Google als Suchmaschine und der PageRank-Algorithmus
2000	Die erste Version des Humangenoms im Weißen Haus vorgestellt
2007	Terabyte-Festplatten und das Personal Genome Projekt

Namensregister

A

Adorno, Theodor W. 232
Africanus, Julius 187
Albertus Magnus 57,
  62–68, 71, 300 f., 308
Al-Biruni, Abu Rayhan
  Muhammed 120 f.
Al-Khalili, Jim 106,
  108, 110, 120, 302
Al-Kindi, Ya'qûb ibn
  Ishaq 116 f.
Al-Ma'mum, Abdallah 107
Alexander, Amir 301
Anaxagoras 96
Archimedes 96 f., 99–101, 307
Arendt, Hannah 147
Aristoteles 9 f., 13, 21 f.,
  24, 26, 30, 34–37, 48,
  51, 53, 56–61, 64 f., 67,
  73, 97 f., 111, 122, 124,
  134, 299–301, 307
Ar-Raschid, Harun 107, 111
Augustinus 17, 42–44, 47,
  50, 60 f., 64, 300, 308

B

Bach, Johann Sebastian 310
Bacon, Roger 308
Beethoven, Ludwig van 9
Bellarmin, Robert 92
Ben Halafta, Josef 187
Bennett, Charles 178
Bentley, Richard 152
Berlin, Isaiah 148, 303
Bernard, Sarah 156
Berry, Robert J. 210, 303
Bessel, Friedrich Wilhelm 79
Binder, Klaus 300
Binggeli, Bruno 51, 301
Blumenberg, Hans 23,
  188, 300
Bohr, Niels 248 f., 251–261,
  282, 304, 312
Boulanger, Philippe 107, 302
Boyle, Robert 143
Brague, Rémi 213, 304
Brahe, Tycho 86 f., 106
Brecht, Bert 12
Browne, Thomas 195
Bruno, Giordano 285, 309

Bultmann, Rudolf 222f.,
304, 312

Buridan, Jean 58f.

Burkert, Walter 218, 303

Burnet, Thomas 144

C

Calvin, Johannes 79

Cantor, Georg 97

Caryad 300

Cavalieri, Bonaventura 100

Chandler, Raymond 295

Chardin, Teilhard de 210, 312

Cicero 307

Clausius, Rudolf 170, 175, 311

Clavius, Christophorus 84

Clinton, Bill 267, 288

Crick, Francis 270–273

D

Dalí, Salvador 271

Dante, Alighieri 52f.,
73, 80, 301, 308

Darwin, Charles 146,
179–182, 184–188,
192, 196–208, 211f.,
214f., 218, 269f., 278,
283, 285, 303, 311

Davies, Paul 304

Dawkins, Richard 278f.

Demokrit 31, 38, 97

Denton, Michael 281

Descartes, René 123, 310

Dürrenmatt, Friedrich 237

Dyson, Freeman 284

E

Edison, Thomas Alva 226

Einstein, Albert 14f.,
75, 94, 158, 160, 163,
176, 223–226, 231f.,
235–243, 248–252,
254–260, 262–265, 286,
293, 299, 303f., 311f.

Engels, Friedrich 311

Epikur 38

Erni, Hans 300

Euklid 84, 86, 96, 98f.,
119, 137, 320

F

Faraday, Michael 152,
154–161, 303

Feuerbach, Ludwig 311

Feynman, Richard 163

Ficino, Marsilio 89, 302

Flood, Raymond 303

Fortey, Richard 193, 303

Franklin, Benjamin 246f., 310

Fraunhofer, Joseph von 79

Freely, John 299

Freud, Sigmund 82,
211–213, 215–218, 302

Fries, Albert 301

Fuchs, Leonhardt 123

G

Galenos von Pergamon
64, 122–124

Galilei, Galileo   12, 57, 84,
91–96, 100–102, 105 f., 120,
130 f., 165 f., 213, 309 f.

Gauß, Carl Friedrich   311

Gilbert, William   309

Gödel, Kurt   312

Goethe, Johann Wolfgang von
113, 137, 161, 189, 217,
234, 245 f., 293, 295–297

Gould, Stephen J.   191,
195 f., 280

Grassi, Orazio   95

Grosseteste, Robert   59–62, 301

H

Haeckel, Ernst   208 f., 269

Harnack, Adolf von
224, 226, 311

Hausen, Harald zur   288 f., 305

Hawking, Stephen
262–265, 304

Hayek, Friedrich August
von   219

Hegel, Georg, Wilhelm
Friedrich   190

Heidegger, Martin   38, 232, 244

Heisenberg, Werner   41 f.,
250–252, 255 f., 261,
286, 300, 303

Heraklit   42

Hermann, Armin   304

Herodot   20, 188, 307

Hesiod   18, 307

Hild, Rudolf   304

Hippokrates   307

Hoffmann, Ernst Theodor
Amadeus   138

Hölderlin, Friedrich   195

Humboldt, Alexander
von   221, 296 f.

Hume, David   310

Hutton, James   190–192, 310

Huxley, Thomas Henry   202

I

Ibn al-Haitham, Abu Ali al-Hasan
Ibn al-Hasan   117 f., 302

Ibn Hayyan, Jabir   112

Ibn Ishaq, Hunayn   111, 118

Ibn Musa al-Khwarizmi,
Muhammad   115 f.

Ibn Rushd, Abu'l-Walid
(Averroes)   124 f., 302

Ibn Sina, Abu Ali al
Hussein ibn Abdullah
(Avicenna)   121–123

J

Ignatius von Loyola   83, 309

James, William   216 f., 282,
290–292, 304 f., 311

Jaspers, Karl   11

Jesus   14, 47, 285, 289 f., 308

Joas, Hans   12, 299

Jonas, Hans   276

Jung, Carl Gustav   282, 312

K

Kaesler, Dirk   304

Kant, Immanuel   66, 78, 137,
    189, 197, 214, 246, 310

Karl der Große   54, 112 f.

Kästner, Erich   7

Kepler, Johannes   29, 84–91,
    102, 105 f., 117, 132 f., 184,
    188, 234, 236, 242, 301, 309

Klose, Joachim   303

Koch, Hans-Albrecht   301

Kolumbus, Christoph   309

Konstantin der Große   45, 308

Kopernikus, Nikolaus   51 f.,
    75–83, 85 f., 106, 125,
    212–214, 309

Krämer, Gudrun   108, 110, 302

Kraus, Karl   69, 301

Küng, Hans   305

L

Lamarck, Jean-Baptiste de
    182–184, 189, 310

Landauer, Rolf   177 f.

Laplace, Pierre-Simon   278

Lauster, Jörg   15, 44 f.,
    299, 301, 303 f.

Leibniz, Gottfried Wilhelm   98,
    106, 144–151, 227, 310

Lennon, John   7

Leonardo da Pisa
    (Fibonacci)   54

Lepenies, Wolf   243, 304

Lightfoot, John   187

Lindberg, David C.
    108, 126, 302

Longomontanus, Christian   188

Lord Kelvin, William
    Thomson   175

Lukrez   37–40, 48, 300, 307

Luther, Martin   79 f.,
    83, 157, 309

Lyell, Charles   192

M

Machiavelli, Niccolò   148 f., 303

Malthus, Thomas Robert   197 f.

Mann, Thomas   194

Marx, Karl   211, 311

Mauriac, François   268

Maxentius, röm. Kaiser   45

Maxwell, James Clerk   160–168,
    173–181, 229, 303, 311

Mayr, Ernst   184, 215, 278 f.

McCartney, Mark   303

McPhee, John   195 f.

Meadow, Dennis L.   313

Meister Eckhart   293

Meitner, Lise   232, 234, 304

Mendel, Gregor   181

Michelangelo   46, 202

Monod, Jacques   268–271,
    273–276, 278 f., 283, 304 f.

Morris, Simon Conway   280 f.

Musil, Robert   12

N

Nero, röm. Kaiser 49

Newton, Isaac 59, 90 f., 98,
102, 106, 129–146, 151 f.,
154, 158 f., 163, 184, 188,
204, 229, 242, 262, 302, 310

Nietzsche, Friedrich 46,
183, 188, 211, 311

Noether, Emmy 294

Novalis 292, 310

O

Ockham, Wilhelm von
73–76, 79, 81 f., 308

Oehler, Jochen 303

Origines 47, 308

Ørstedt, Hans Christian
153–155

Osterhammel, Jürgen 225, 304

P

Paley, William 186, 206

Papst Benedikt XVI. 209

Papst Gregor XIII. 99 f.

Papst Johannes Paul II. 93, 285

Papst Urban VIII. 93

Pauli, Wolfgang 255 f., 282

Paulus 43, 47, 157, 290 f., 308

Petrus 47

Planck, Max 17, 170,
172, 175 f., 218, 221,
223–225, 227–236,
269, 299, 303 f., 311

Platon 21–23, 28–30,
32, 50 f., 84, 111, 118,
183, 201, 289, 307

Playfair, John 190 f.

Poggio Bracciolini,
Gianfrancesco 37

Pope, Alexander 129

Popper, Karl 190, 268

Protagoras 31 f.

Proust, Marcel 312

Ptolemäus, Claudius
49–51, 81 f., 112

Pythagoras 26, 84, 287, 307

R

Römer, Thomas 300

Roos, Hans 304

Rossi, Paolo 105, 302

S

Sandeman, Robert 156 f.

Sarton, George 41, 115

Schelling, Friedrich
Wilhelm Joseph 147

Schiller, Friedrich 9

Schlapp, Manfred 302

Schleiermacher,
Friedrich 166, 310

Schnabel, Ulrich 305

Schrödinger, Erwin
250, 254, 312

Seneca 49

Serres, Michel 305

Siemens, Werner von 247

Simony, Károly   300 f.

Singer, Wolf   285, 290, 292

Sloterdijk, Peter   244

Sokrates   27, 30 f., 47, 217

Spinoza, Baruch de 238 f.,
  260, 304

Strauß, David Friedrich   167

Strohmaier, Gotthard   302

Swaab, Dick   305

Szilárd, Leó   175–177

T

Tarnas, Richard   28, 74,
  287, 300, 305

Taylor, Charles   70–72,
  279, 301–303

Temple, Frederick   204

Thales von Milet   19–26,
  42, 189, 299 f., 307

Thatcher, Margaret   74

Thierry von Chartres   55

Thomas von Aquin   57, 308

Torricelli, Evangelista   100, 106

Twain, Mark   196

U

Ussher, James   187 f.

V

Vesalius, Andreas   83, 309

Vinci, Leonardo da   46

Voland, Eckart   219, 303, 305

Voltaire   139, 147

W

Watson, James D.   270, 272 f.

Weber, Max   89,
  222–225, 304, 312

Weisskopf, Victor   296, 305

Welles, Orson   46

Whitaker, Andrew   303

White, Andrew D.   187

Wiegandt, Klaus   299

Wilberforce, Samuel   201

Winkelmann, Friedhelm
  44, 301

Wirmer, David   302

Wittgenstein, Ludwig   312

Wulff, Karl   108, 300, 302

Y

Young, Thomas   159

Z

Zenon von Elea   98 f.

Zingsem, Vera   300